Adalbert Fuchs / Helmut Wachowiak (Hrsg.)

Zwischen Rhein und Wingert

Lese-, Bilder- und Wanderbuch für Bruchhausen, Erpel, Rheinbreitbach und Unkel

Idee und Konzept von

Adalbert Fuchs

Zusammengestellt und verfasst von

Martina Rohfleisch

unter Mitarbeit von

Romy Bidassek, Patrick Fassbender, Jutta Mingers, Maike Möllemann, Nikola Richarts, Christian Sommer

Fotos von

Hans-Joachim Röder

Martina Rohfleisch u.a.

edition wolkenburg

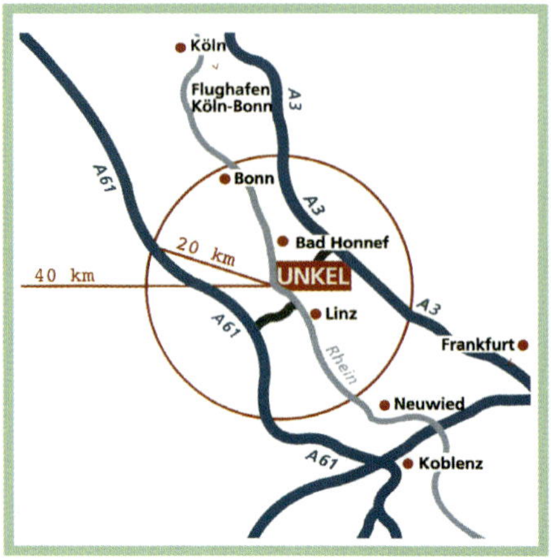

Das Gebiet

Die Verbandsgemeinde Unkel mit den Orten Bruchhausen, Erpel, Rheinbreitbach und Unkel liegt am Rhein, zwischen Köln und Koblenz

Das Team

Adalbert Fuchs (Herausgeber)*, geb. 1952, Dipl. Verwaltungs- und Dipl. Betriebswirt (VWA), Dozent am Kath. Sozialen Institut der Erzdiözese Köln, Bürgermeister von Bruchhausen 1984–1995.*

Prof. Dr. phil. Helmut Wachowiak (Herausgeber)*, geb. 1967, Studium der Angewandten Geographie/Fremdenverkehrsgeographie an der Universität Trier (1993 Abschluss als Dipl.-Geogr., 1997 Promotion zum Dr. phil.). Seit 1993 berufstätig als wissenschaftlicher Mitarbeiter sowie Projekt- und Bereichsleiter in wirtschaftswissenschaftlichen Forschungs- und Beratungsunternehmen in Trier und Köln. Seit 1995 Lehrbeauftragter an der Universität Trier im Fachbereich Geographie/Geowissenschaften für den Bereich Angewandte Geographie/Fremdenverkehr. Seit September 2000 Gründungsprofessor und Leiter des Fachbereiches Tourismusmanagement an der Internationalen Fachhochschule Bad Honnef · Bonn.*

Martina Rohfleisch (Text und Fotos)*, geb. 1964, Studium der Geographie und Geologie an der Universität Bonn, Redaktions- und Lektoratsvolontariat in einem Fachverlag. Seit 1992 tätig als freie Lektorin und Journalistin für verschiedene naturwissenschaftliche und kulturhistorische Publikationen. Gründete 1999 die »edition wolkenburg« in Rheinbreitbach als Verlag für heimatkundliche Werke aus Siebengebirge und Westerwald.*

Hans-Joachim Röder (Fotos)*, geb. 1945. Abschlüsse als Staatl. geprüfter Fotograf (HFP), Dipl.-Ing. (FH) und Dipl.-Soziologe. Universitäts-Lehrbeauftragter für Kommunikation. Medienerfahrung (seit 1969) bei Printmedien, Hörfunk und TV. Viele Jahre im Ausland für diverse Medien tätig und Buchautor. Wohnt seit 1995 in Scheuren; seit 1995 u.a. für Medien der Region tätig (Videofilme, Text und Fotos).*

Lektorat, Satz und Umschlaggestaltung: Martina Rohfleisch
Belichtung und Druck: Medienhaus Plump OHG, Rheinbreitbach

edition wolkenburg, Rheinbreitbach
ISBN 3-934676-13-8

INHALT

... UND FLUR – Landwirtschaft

IM WINGERT – Weinbau

AM RHEIN – Hochwasser, Fischerei und Schifffahrt

DIE ORTE

GESCHICHTE

WIRTSCHAFT

ORTSPORTRÄTS

DIE MENSCHEN

BRAUCHTUM

WANDERTOUREN

ERSTES VORWORT

Es ist kein Geheimnis, dass die Tourismusentwicklung einer Region nur im Rahmen von funktionierenden Partnerschaften und Netzwerken vonstatten gehen kann. Dass sich diese Zusammenarbeit aber keinesfalls nur auf die Leistungsträger (Hotels, Tourist-Informationen, Freizeit- und Kultureinrichtungen, Heimatvereine etc.) beschränken muss, hat sich vielerorts noch nicht herumgesprochen. Gerade von dem Engagement der Institutionen und Personen, die auf den ersten Blick nur am Rande mit dem Tourismus in einer Region zu tun haben, kann aber bisweilen ein wichtiger Impuls ausgehen, der Gäste motiviert, in eine Region zu kommen und sich zu erholen.

Der vorliegende geographische Führer, der sich im Kern auf das Gebiet der Verbandsgemeinde Unkel bezieht, stellt ein solches Beispiel hierfür dar. Er ist Resultat einer langen, fruchtbaren und angenehmen, aber sicher nicht augenscheinlichen Kooperation zwischen der Angliederungsgenossenschaft des Eigenjagdbezirkes der Stadt Unkel, der Jagdgenossenschaft Rheinbreitbach sowie der Internationalen Fachhochschule Bad Honnef · Bonn, Deutschlands erster englischsprachiger Hochschule im Bereich Dienstleistungsmanagement mit den Schwerpunkten Tourismus-, Hotel- und Luftverkehrsmanagement. Was nämlich diese Institutionen miteinander verbindet, ist das Interesse an Konzepten, wie das regionalkulturelle Erbe einer »Destination« erfolgreich für Gäste als auch für die Bevölkerung in Wert gesetzt werden kann.

Trotz der Philosophie, kompetente Entscheidungsträger mit internationaler Ausrichtung auszubilden, versteht sich die Internationale Fachhochschule Bad Honnef · Bonn im besonderen Maße als Kompetenzzentrum für die Gestaltung eines angepassten Tourismus von Morgen, in dem die ökonomische Rolle der touristischen Entwicklung im Einklang mit ökologischen Ressourcen und bestehenden sozialen Rahmenbedingungen gewürdigt wird.

Nicht zuletzt aus diesem Grunde stellt die Internationale Fachhochschule Bad Honnef · Bonn nicht nur eine Ausbildungsinstitution, sondern auch einen regionalen Partner dar, von dem Impulse für die touristische Entwicklung des Rheinlandes und darüber hinaus ausgehen sollen.

Gerne hat die Internationale Fachhochschule Bad Honnef · Bonn daher die Idee aufgenommen, an der Aufbereitung der kulturellen und kulturlandschaftlichen Besonderheiten der Verbandsgemeinde Unkel in Form eines an den Gast sowie die Bevölkerung gerichteten Buches mitzuwirken. Neben der intensiven organisatorischen und inhaltlichen Mitarbeit von Studierenden geschah dieses durch die Bereitstellung von technischen und räumlichen Infrastrukturen und vor allem: Zeit!

Über das Ergebnis sind wir dankbar. Nicht, weil wir dem vorliegenden Werk eine Qualität unterstellen, dessen Beurteilung besser den Lesern überlassen werden sollte. Vielmehr deswegen, weil wir mit diesem Werk unseren Anspruch dokumentieren können, Partner der Städte und Regionen im Rheinland sein zu wollen.

Allen Beteiligten, insbesondere Adalbert Fuchs, Martina Rohfleisch, Manfred Adenauer sowie dem Team der Fachhochschule (Romy Bidassek, Patrick Fassbender, Jutta Mingers, Maike Möllemann, Nikola Richarts, Christian Sommer) herzlichen Dank für ihre jeweiligen persönlichen Beiträge und das hohe Engagement bei der Erarbeitung und allen Nutzern viel Freude mit dem vorliegenden Buch »Zwischen Rhein und Wingert«!

Bad Honnef / Hürth-Efferen, im April 2004

Prof. Dr. Helmut Wachowiak

ZWEITES VORWORT

Zwei unterschiedliche Vorworte bei einem Herausgeberteam. Nun, es ist nicht die einzige Besonderheit an diesem Buch. Es beginnt schon mit den Auftraggebern: Die Angliederungsgenossenschaft des Eigenjagdbezirks der Stadt Unkel und – als zusätzliche Stütze – die Jagdgenossenschaft des gemeinschaftlichen Jagdbezirks der Gemeinde Rheinbreitbach. Was sind denn das für »Gesellschaften«, werden Sie sich vermutlich fragen?

Die Jagdgenossenschaften sind Körperschaften öffentlichen Rechts, die aber (intern) nach den Bestimmungen des Vereinsrechts geführt werden. Es sind die Vereinigungen der Grundbesitzer in einer Kommune, wo in der Regel die Jagd ausgeübt werden kann. Sie haben die Aufgabe, die Ausübung der Jagd zu regeln und den Wildschaden zu regulieren.

Schon seit Jahrzehnten war es in der hiesigen Region üblich, dass die Jagdgenossenschaften den Reinerlös der Jagdpacht für den gemeindlichen Wegebau und darüber hinaus für Naturschutz- und Kulturmaßnahmen (z.B. Restauration von Wegekreuzen o.ä.) zur Verfügung gestellt haben. Nun also für einen Kultur- und Reiseführer. Warum eigentlich nicht? Aber dies ist nicht selbstverständlich, und insofern sind wir den Jagdgenossenschaften bzw. den Mitgliedern zu besonderem Dank verpflichtet. An dieser Stelle darf ich dem Jagdvorsteher des Jagdbezirks von Rheinbreitbach und gleichzeitig stellvertretendem Jagdvorsteher der Angliederungsgenossenschaft des Eigenjagdbezirks der Stadt Unkel – Herrn Manfred Adenauer – meinen Dank aussprechen. Ohne seine Mithilfe und Unterstützung wäre manches nicht möglich gewesen.

Aber es geht weiter mit den Besonderheiten: Das vorliegende Buch entstand unter intensiver Mitarbeit von Studierenden der Internationalen Fachhochschule Bad Honnef • Bonn, die überwiegend nicht aus der Region stammen, sondern in Aachen, München, Münster, Potsdam aufgewachsen sind. Nur eine Person kommt aus der Verbandsgemeinde, nämlich aus Rheinbreitbach. Mit Quellenstudien und Vor-Ort-Recherchen bis hin zum Textentwurf für die einzelnen Kapitel haben sie einen wertvollen Beitrag zum Gelingen des Vorhabens geleistet.

Dass sich ein Professor der Internationalen Fachhochschule für Tourismus ehrenamtlich für die Betreuung eines solchen Werkes zur Verfügung stellt, ist ebenfalls nicht selbstverständlich. An dieser Stelle darf ich also meinem Mitherausgeber Herrn Prof. Dr. Helmut Wachowiak ebenfalls sehr herzlich danken.

Weiterer Dank gilt Frau Dr. Gisela Born-Siebicke, dem Bürgermeister von Erpel, Herrn Edgar Neustein, Herrn Georg Adenauer, dem Revierförster Herrn Hartmut Hennig, dem Winzer Bruno Krupp, Herrn Torsten Leuchter, dem Unkeler Stadtarchivar Herrn Rudolf Vollmer, Herrn Gerhard Reuter vom Heimat- und Geschichtsverein Bruchhausen, Herrn Franz Josef Federhen, Herrn Bernd Hamacher und Herrn Jürgen Fuchs vom Heimatverein Rheinbreitbach für ihre wertvollen Hinweise und Korrekturen, ebenso Herrn Hans-Joachim Röder, der uns neben eigens für diesen Band angefertigten Fotos mit seinem Bildarchiv von Foto- und Reproaufnahmen das Ergebnis seiner jahrelangen Arbeit zur Verfügung gestellt hat. Besonderer Dank dann an die Hauptautorin und Verlegerin Frau Martina Rohfleisch, die zudem die Text- und Bildredaktion sowie Layout und Satz übernommen hat.

An dieser Stelle sei schließlich auch den Sponsoren gedankt, die zur Realisierung dieses Projekts beigetragen haben.

Bruchhausen/Köln, im April 2004

Adalbert Fuchs

(Vorsitzender der AG-Jagdgenossenschaft)

ZUM GELEIT

Wie der eine oder andere sicher weiß, kam es im 19. und 20. Jahrhundert zu einer ***Bewegung,*** *die über Deutschland hinaus den Lebensstil der Menschen neu prägte: »Hinaus in die freie Natur« war ihr Motto. Sie nahm ihren Ausgang in Italien und wurde in ganz Deutschland begeistert aufgenommen. In den Industriestädten zählen die Menschen, die an jedem Wochenende und in den Ferien, vielleicht sogar noch kurz am Feierabend den Weg ins »Grüne« suchen, nach Millionen. Sie suchen in einer ihnen zuträglichen Landschaft einen Erholungs-, Erlebnis- oder Freizeitraum.*

Man begann, in der Landschaft mehr als nur ein Mosaik nutzbarer Flächen zu sehen. »Ein Dach über dem Kopf und ein Huhn im Topf« reichte nicht mehr als Inhalt der »Humanökologie«. Für den Menschen ist die Landschaft also nicht mehr länger nur ein Biotop wie für andere Lebewesen, sondern eine ***Heimat****. Die Änderungen, die die Vorstellungen von »Heimat« durchgemacht haben, sind beträchtlich.*

*Als Gegensatz dazu erschien zunächst der Begriff »****Wildnis****«. Der zunehmende Überdruss an der Zivilisation prägte die Beurteilung der Wildnis; Wildnis bietet Zuflucht vor ihr, das Ideal der »unberührten Natur« entsteht. Deren Schutz und pietätvolle Pflege werden zur Aufgabe des Menschen.* ***Malerei und Dichtkunst*** *beschäftigen sich mit dem »Landschaftsbewusstsein«. In der* ***Literatur*** *entstand landschaftsgebundene Heimatdichtung à la Hermann Löns.*

Auch in den Reiseberichten setzte sich immer mehr der Respekt vor der Schönheit der Natur durch. ***Alexander von Humboldt*** *(1769–1859) stellte sich die Aufgabe der wissenschaftlichen Landschaftsbeschreibung, die zur Pflichtlektüre aller späteren Geographen wurde. Die Gesichtspunkte der Betrachtung verfeinerten sich ebenso wie das Empfinden der Landschaft.*

Aber die Menschen wollen die Natur nicht nur beobachten, sondern auch mit ihr und in ihr leben. Fast überall haben sie einen natürlichen idealen Lebensraum wenigstens in kleinstem Maßstab im eigenen ***Garten*** *zu verwirklichen gesucht. In Mitteleuropa fand der Garten zuerst als Klostergarten, als Quelle für Nahrung und Heilpflanzen sowie als Ort der inneren Einkehr, liebevolle*

*Pflege. Die »**Holzersche Permakultur**« (Vorstellung u.a. bei der Weltausstellung in Hannover) wäre heute ein Weg für alle: eine Form der alternativen Landbewirtschaftung, aber auch von Interesse für den Stadtmenschen mit Garten und sogar im Hochhaus mit Balkon oder Terrasse.*

*Während der Mensch früher seinen Lebensraum der Natur abgetrotzt hat, sieht er sich seit dem ausgehenden 18. Jahrhundert im Einklang mit der Natur und entdeckt sie als Erholungs- und Freizeitraum. Also, **Natur** hat viel mit **Kultur** zu tun.*

Andersherum: Die Kultur des Menschen muss sich nicht zuletzt an seinem Umgang mit der Natur messen lassen. Das geht jeden Einzelnen von uns an; verordneter Naturschutz macht noch keine Kultur.

*Dieses Buch richtet sich an unterschiedliche Zielgruppen mit unterschiedlichen Vorkenntnissen, und dementsprechend ist es auch geschrieben. Es schildert nicht nur die herrliche Natur unserer Region und die Jahrtausende alte Kultur; es macht natürlich auch Vorschläge zum Reisen und Wandern in unserer abwechslungsreichen Landschaft »zwischen Rhein und Wingert«. Dabei soll es nicht nur allein um das leibliche Wohl beim Wandern gehen. **Wandern und genießen** – das ist eben Wandern mit »allen Sinnen«. In diesem Sinne – schöne Tage auf allen Wegen!*

***Übrigens:** »Die Seele wird vom Pflastertreten krumm. Mit Bäumen kann man wie mit Brüdern reden und tauscht bei ihnen seine Seele um.« (Erich Kästner)*

Adalbert Fuchs

ZUR EINFÜHRUNG

Lage und Abgrenzung

Das Gebiet der Verbandsgemeinde Unkel mit ihren Orten Erpel, Unkel, Rheinbreitbach und Bruchhausen liegt am nördlichen Mittelrhein auf der rechten Seite des Stroms, eingebettet in die fruchtbare Tallandschaft zwischen den Vulkanruinen Erpeler Ley, Drachenfels und Rolandsbogen. Es gehört zum Naturpark Rhein-Westerwald und grenzt im Norden an den sich anschließenden Naturpark Siebengebirge. So wird es also umrahmt vom Rhein im Westen und Süden, vom Siebengebirge im Norden und vom Westerwald im Osten.
Obwohl sich die Verbandsgemeinde flächenmäßig recht bescheiden ausnimmt – sie umfasst nur 2.655 ha – hat sie einen beachtlichen Höhenunterschied aufzuweisen: von der tiefsten Stelle am Rheinufer Rheinbreitbachs

Reizvoll gelegen am Rhein – die Stadt Unkel an der Grenze des Westerwalds, im Hintergrund das markante Profil des Siebengebirges

(52 m über NN) bis zum Asberg (436 m über NN) sind es fast 400 m. Insgesamt betrachtet, zeichnet sich die Verbandsgemeinde durch ein besonders vielfältiges Landschaftsbild aus. Der Rhein beschreibt hier einen malerischen Bogen und dementsprechend abwechslungsreich gestaltet sich auch sein Ufer mitsamt den Höhengebieten. Weitet sich das Tal im N zur lieblichen Bucht von Rheinbreitbach und Bad Honnef, so ragt im S der imposante Basaltkegel der Erpeler Ley direkt neben dem Strom empor. Sanft gewölbte wald- und rebenbewachsene Hügel werden unterbrochen durch die schroffen Felswände in Unkel. Fast tischeben erstreckt sich die sonnige Hochfläche von Bruchhausen, im angrenzenden dunklen Wald haben sich kleine Bäche schluchtartige Täler gegraben.

Geologie

Wie ist wohl eine solch mannigfaltige Landschaft entstanden, fragt sich mancher Wanderer. Nicht aus einem Guss jedenfalls, lautet eine erste Antwort. Sie entwickelte sich in Jahrmillionen, wobei drei Phasen schwerpunktmäßig unterschieden werden können.

Devon: Ein tropisches Meer

Die erste Zeitreise führt uns in das geologische Erdaltertum, in die Zeit vor rund 400 Mio Jahren, die von den Wissenschaftlern Devon genannt wird. Damals gab es weder Baum noch Gras – und auch noch längst keine Dinosaurier. Das Leben spielte sich überwiegend im Wasser ab: Muscheln tummelten sich hier, Seelilien und so mancher altertümliche Fisch. Auch das Gebiet der heutigen Verbandsgemeinde Unkel lag unter Wasser, bedeckt von einem tropischen Meer – tropisch deshalb, weil die Kontinente sich damals noch ganz anders um den Erdball verteilten als heute und gerade hier der Äquator verlief. Die Küste war nicht weit, bei Köln begann das Festland von dem so genannten »Old Red Continent«. Wenn dieses auch äußerlich einer rötlich gefärbten Steinwüste glich (daher der Name), so wälzte sich doch ein mächtiger Wasserstrom durch das

Geologischer Wanderführer

Die geologische Vergangenheit unserer Region wird hier nur kurz abgehandelt, da zu dieser höchst interessanten Thematik ein eigenes Werk erschienen ist: »Aus Feuer und Wasser – Geologischer Wanderführer durch Stadt und Land«.
Band 1: Unkel und Bruchhausen ist bereits erschienen.
Die Bände 2 (Rheinbreitbach) und 3 (Erpel) sind noch in Arbeit.

Der Stux in Unkel mit seinen waagerechten Schichten aus Sandsteinen und Tonschiefern – Ablagerungen eines uralten tropischen Meeres

Land, der just hier ins flache Meer mündete. Das Gebiet rund um Unkel lag also in diesem Deltabereich mit seinen unruhigen Strömungsverhältnissen. Und genau das lässt sich heute noch an den Ablagerungen ablesen: Die felsigen Hänge des Stux in Unkel, an denen sich in steilen Terrassen der Weinbau hinaufzieht, sind nämlich nichts anderes als Meeresablagerungen. In dem langgestreckten Bergzug in Richtung Heister erkennt man deutlich die waagerechte Wechselschichtung von feinkörnigem und grobkörnigem Material, das sich damals auf dem Meeresboden abgesetzt hat – über einen Zeitraum von Jahrmillionen. Immer wieder lieferte der Urstrom in Form von Sanden und Tonen neues Gesteinsmaterial nach; der Meeresboden sackte inzwischen immer tiefer und machte auf diese Weise Platz für weitere Ablagerungen, die schließlich bis auf mehrere Tausend Meter Mächtigkeit anwuchsen. Sie sollten später das Rheinische Schiefergebirge bilden. Irgendwann nämlich – vor rund 360 bis 290 Millionen Jahren (in der Karbonzeit) – gab der Meeresboden nicht mehr nach, im Gegenteil: die ganze Region rund um Unkel hob sich empor und wurde seitlich zusammengepresst. Das Meer ebbte ab, und die bisherigen Meeressedimente, mittlerweile zu Gestein verfestigt, ragten heraus. Der seitliche Druck allerdings hat seine Spuren hinterlassen: Die vorher feinsäuberlich geschichteten Ablagerungen wurden aufgefaltet und verformt. Am Gerhardswinkel in Unkel (oder auch von der B 42 aus) kann man hervorragend eine solche Stelle aus nächster Nähe betrachten: Hier steht der ursprüngliche Meeresboden sogar senkrecht. Die Felsen aus **Tonschiefer und Sandstein** sind als »Unkeler Falte« in wissenschaftlichen Kreisen wohl bekannt.

Zudem ist Unkel als Fossilfundstelle berühmt geworden. Hier stießen in vergangenen Jahrhunderten Forscher auf eine Vielzahl von versteinerten Meeresbewohnern, die zur Datierung der Sedimente beitrugen. Eines dieser **Fossilien** erhielt nach seinem Fundort den Namen »Chonetes unkelensis«. Dieser »Urbewohner« von Unkel, wie er von den Einheimischen liebevoll genannt wird, war ein kleines Schalentier: ein Armfüßer, der sich mit einem Fuß an den Meeresboden heftete und mit seinen Armen Nahrung einfing. Heute gelten die Fossilfundstellen allerdings als ausgebeutet.

Rheinbreitbach erlangte dagegen bei Mineralogen einen hohen Bekanntheitsgrad. In den Hohlräumen, die bei der Auffaltung entstanden sind, sammelten sich im Devon wässrige Lösungen, aus denen sich **Quarzgänge mit Erzen** entwickelten. Um Rheinbreitbach und Bruchhausen wurden in mehreren Bergwerken insbesondere Kupfererz, aber auch Blei- und Eisenerze abgebaut. In den Halden von Rheinbreitbach fanden Mineraliensammler besonders schöne Stufen (Kristalle) seltener Mineralien, darunter den blaugrünen Pseudomalachit, der am Bergwerk Virneberg in einer einzigartigen Formenvielfalt auftritt. Doch auch hier sind die Fundstellen entweder nicht mehr zugänglich oder ausgebeutet.

Alter Meeresbewohner in Unkel – Brachiopoden als Fossil

Malachit aus Rheinbreitbach ist unter Mineraliensammlern berühmt

In der langen Zeitspanne vom Erdaltertum bis zum Erdmittelalter wurde das Rheinische Schiefergebirge mit seinen steilen Auffaltungen durch Wind und Wetter zu einer sanft gewellten Oberfläche eingeebnet.

Tertiär: Vulkanausbrüche

Vor rund 25 Mio Jahren – wir befinden uns bereits in der Erdneuzeit – ging es in der Region um Unkel wieder »hoch« her: In unmittelbarer Nachbarschaft, im heutigen Siebengebirge, ereigneten sich hochexplosive Vulkanausbrüche, bei denen Unmengen von Aschen in die Atmosphäre geschleudert wurden. Insgesamt schichtete sich die vulkanische Asche als so genannter »**Tuff**« bis auf 200 m Höhe auf. In seiner Art verlief dieser Vulkanausbruch ähnlich wie der spektakuläre Vesuvausbruch im Jahre 79 v.Chr., bei dem Pompeji und Herculaneum untergingen, jedoch noch wesentlich heftiger und länger während. Zumindest kamen dabei keine Menschen zu Schaden – es gab sie ja noch nicht –, aber die Tier- und Pflanzenwelt der Region wurde bei dieser Katastrophe sicher fast völlig zerstört.

Dieser explosive Ausbruch markierte nur den Anfang einer Reihe von vulkanischen Aktivitäten. In der Folgezeit wurde immer wieder neues Magma

Das imposante Bergmassiv der Erpeler Ley – ein erloschener Vulkan. Die Basaltlava erstarrte in markanten Säulen und Rosetten

(glutflüssiges Gestein) aus dem Erdmantel nach oben gedrückt. Hin und wieder blieb es in der dicken Tuffschicht stecken: Auf diese Weise entstand z.B. der Drachenfels, der erst später durch Erosion vom Tuffmantel befreit wurde. An anderen Stellen drang Lava bis zur Erdoberfläche empor, z.B. bei der Löwenburg oder beim Ölberg. Auch auf dem Gebiet der heutigen Verbandsgemeinde Unkel wuchsen gewaltige Vulkanbauten aus **Basalt** empor, die Erpeler Ley mit ihren Säulenstrukturen ist wohl der markanteste, der höchste dagegen ist der Asberg im Nordosten der Verbandsgemeinde; einige kleinere dieser Basaltvulkane sind weniger bekannt, wie z.B. der Kuckstein oder der Wiesbösch. Gegenüber des heutigen Stadtkerns von Unkel (auf der anderen Seite des Rheins, der sich allerdings erst viel später dort sein Bett gegraben hat) entstanden die Unkelsteine. Sie erlangten als besonders imposanter Steinbruch Berühmtheit, mehr aber fast noch durch ihren spektakulären Bergrutsch im vorletzten Jahrhundert, bei dem sie verschüttet wurden.

Als geologische Besonderheit sind auch die geringen Vorkommen von **Blätterkohle bei Orsberg** zu erwähnen. Sie entstanden ebenfalls im Tertiär, möglicherweise in einer kleinen Senke innerhalb des Tuffmantels. Auf jeden Fall gab es hier unter subtropisch anmutenden Klimaverhältnissen einen kleinen See. Kieselalgen haben sich hier zu

Bunte Kiesel aus aller Herren Länder – aufgeschüttet vom Rhein

fein lamellierter Blätterkohle entwickelt, in der sich zahlreiche Fossilien erhalten konnten, u.a. ein Riesenfrosch, der unter Wissenschaftlern Aufsehen erregte.

Quartär: Terrassen und Löss

Im Eiszeitalter (im so genannten Pleistozän), d.h. vor rund 1,8 Millionen bis vor 12.000 Jahren, präsentierte sich also die Landschaft als mehr oder minder flache Ebene mit aufgesetzten Vulkankuppen. Nun kam der Rhein ins Spiel – er sollte die Landschaft in den folgenden Jahrtausenden zu dem modellieren, was sie heute ist. Als zunächst träges Flüsschen grub er sich ein flaches, dafür aber breites Bett. In den kalten Phasen schüttete er dabei große Mengen von **Kies** auf, in den

Fast tischeben ist die Hochfläche von Bruchhausen und Orsberg – hier schuf sich der Rhein ein flaches Bett zwischen den Höhen des Westerwalds

warmen Phasen dagegen war er eher erosiv tätig. Der Klimawechsel während der Eiszeiten wirkte sich also auch auf die Tätigkeit der Flussläufe aus und damit ebenfalls auf das Landschaftsbild. So lassen sich drei verschiedene Phasen des Ausräumens und Aufschüttens (oder wie der Geograph sagt: der Erosion und der Sedimentation) an drei verschiedenen Höhenstufen ausmachen. In rund 180 m Höhe hat der Rhein die so genannte Hauptterrasse als Hochfläche (rund um Bruchhausen und Orsberg) hinterlassen; in ca. 130 m Höhe sind einige schmale Reste einer Mittelterrasse zu erkennen; die Ortskerne von Unkel und Erpel liegen auf der jungen Niederterrasse oder sogar noch im jetzigen Hochflutbett des Rheins, wie es Hochwasserzeiten eindrucksvoll dokumentieren; Rheinbreitbach dagegen hat sich hochwasserfrei auf einem Schuttkegel angesiedelt. In den Eiszeiten wurde aus den vegetationslosen Flächen **Löss** angeweht: mehlfeiner Gesteinsstaub, der heute noch große Teile der Hauptterrasse überdeckt und sehr fruchtbar ist.

Eine Vielzahl kleiner Flussläufe durchzieht diese Flussterrassenlandschaft und gliedert die Stufen mit ihren Tälern und Tälchen, so insbesondere der Hähnerbach, der bei Bruchhausen entspringt, und der Kasbach, zu dem sich das Wasser vieler Quellen rund um den Asberg, den Mehrberg und Kalenborn vereinigt.

Böden

Entsprechend der komplexen geologischen Vergangenheit unserer Region fällt auch der Reichtum an verschiedenen Gesteinen aus. Eng verknüpft mit der Gesteinsgrundlage sind die Böden, die – beim Anlegen eines geologischen Maßstabs – nur eine »haut«dünne Schicht bilden. Sie stellen die oberste Verwitterungsschicht des Gesteins dar und sind mit organischen Substanzen (Humus) angereichert.

Rheintal: In unmittelbarer Umgebung zum Rhein haben sich **Hochflutlehmflächen** gebildet, rund 1 m mächtige Anschwemmungen feinster Flusstrübe, die einen guten Lehmboden ergeben. Sie lassen sich zwar nicht leicht bearbeiten, liefern aber in regenreichen Jahren gute Erträge. In niederschlagsärmeren Jahren dagegen trocknet der Boden leicht aus.
In den angrenzenden Flächen der Nieder- und Inselterrassen herrschen Kies- und Sandablagerungen vor, auf denen sich ein **sandiger Lehmboden** entwickelt hat. Genutzt werden die Böden im Rheintal für Sonderkulturen, insbesondere Steinobst und Gemüse (z.B. Gut Vilszelt in Heister). In Scheuren gibt es auch Sandablagerungen, die nicht vom Fluss, sondern vom Wind

Mitunter bildet der Boden nur eine dünne »Haut« über dem Gestein, wie hier über dem Schiefergestein, das von Baumwurzeln durchzogen wird

Schieferverwitterungsboden auf dem »Schauweingarten« in Unkel

Lösslehmböden sind fruchtbar, neigen aber zur Erosion

hierhin getragen wurden (»Düne«). Im Stadtgebiet von Unkel wurde der Kies an zahlreichen Stellen abgegraben und wirtschaftlich genutzt.

Hanglagen: Hier tritt oft das Grundgebirge zu Tage: die Tonschiefer- und Sandsteinschichten des Unterdevons, wie z.B. am Stux. Das graubraune, leicht spaltbare Gestein wurde vielerorts als Bruchstein zu Bauzwecken gewonnen. Der **Schieferverwitterungsboden** eignet sich hervorragend für den Weinbau: er enthält mit seinen Tonmineralen wichtige Nährstoffe und speichert aufgrund seiner dunklen Farbe die Wärme.

In Weinbaulagen sind die Böden allerdings anthropogen beeinflusst. Man nennt sie **»Rigosole«** nach dem Arbeitsgang des Rigolens: ein Umbrechen und Umschichten des Bodenmaterials, das alle 30 bis 80 Jahre durchgeführt wurde.
Noch vor einem Jahrhundert waren fast alle Süd- und Südwest-Hanglagen mit Weinreben bewachsen. Nach Aufgabe der Weinberge entwickelt sich dort in natürlicher Sukzession oft Wald mit Eichen, Hainbuchen, Kirschen und Buchen.

Hauptterrasse: Dort herrscht grober **Kies und Sand** vor, die ältesten, bis zu

8 m mächtigen Ablagerungen des Rheins auf der Hochfläche. Wo sie von Löss überdeckt sind, haben sich **Lösslehmböden** entwickelt (z.B. auf dem Orsberger Feld). Sie sind leicht zu bearbeiten und fruchtbar, weniger aufgrund der Fülle ihres Nährstoffangebots als wegen ihrer physikalischen Eigenschaften. Löss zeichnet sich nämlich durch eine hohe Durchlässigkeit und Kapillarität aus: Niederschläge können schnell versickern, bei Trockenheit steigt Feuchtigkeit jedoch leicht wieder auf. Das macht den Boden geeignet für Pflanzen mit hohen Ansprüchen wie Weizen, Rüben etc. Andererseits kommt es bei heftigen Niederschlägen oft zu Erosionsrillen.

Wo die Lössabdeckung fehlt, z.B. auf dem Gebiet der »Bruchhausener Heide«, hat sich nur eine geringe Lehmdecke entwickelt, die zu Staunässe und darum zur Bildung von **Gleyböden** neigt.

An den Rändern vermischt sich der Lösslehm mit devonischem Verwitterungsschutt, z.B. in den Hanglagen des Hähnerbachs. Dort finden wir Forstwirtschaft vor, insbesondere mit gut wachsenden Buchen.

Höhengebiete – Grundgebirge: Aus den devonischen Tonschiefer- und Sandsteinschichten entstehen schwere, nährstoffarme **Tonböden**, die zumeist der Forstwirtschaft vorbehalten sind. Mitunter ist hier ein schöner Hochwald aus Buchen, Eichen und Fichten zu finden.

Landwirtschaftlich sind sie nur nutzbar, wo Gehängeschuttbildung und Auflockerung durch unzersetzte Schie-

Der Kiesboden auf der Hochfläche ist nur schwer zu bearbeiten

Bodenprofil mit Staunässe, erkennbar am weißen »Gleyhorizont«

ferstücke sie zu leichter bearbeitbaren **Lehmböden** macht. Allerdings erreichen sie nur an flachen Hängen die dafür nötige Mächtigkeit von mindestens einem Meter.

Höhengebiete – Basaltkuppen: Auf verwittertem Basalt entwickeln sich **Braunerden** von mittlerem bis gutem Basengehalt, die sich für die Forstwirtschaft eignen. Auf mittelfeuchten und nicht zu nährstoffarmen Standorten gedeiht insbesondere die Buche; auf steilen Felshängen mit extrem trockenen, flachgründigen Böden herrschen Eichenwälder vor.

Klima

Gehört der Köln-Bonner Raum schon zu den wärmsten Gebieten Westdeutschlands, so herrscht in der Verbandsgemeinde Unkel ein noch milderes Klima – hier beginnt der Frühling rund einen Monat früher als im übrigen Rheinland.
Gut 11° C beträgt das Jahresmittel der Temperaturen in Unkel. Mit mäßig warmen Sommern und milden Wintern zeichnet sich ein ozeanisch ausgeglichenes Klima ab. Dafür sorgt die Umrandung des Gebiets durch Höhenzüge: Im Norden wirkt das Siebengebirge als Barriere gegen kalte Nord- und Nordost-Winde, im Süden, Westen und Osten fangen die Erpeler Ley, die Ahrberge der Eifel und die Rücken

Im sonnigen Rheintal gedeihen auch mediterrane Pflanzen

des Westerwaldes mögliche Unwetter ab.
Auch die Tagestemperaturen schwanken nur wenig: Die große Wasserfläche des Rheins und die dunklen Felsen von Stux und Erpeler Ley speichern die Tageswärme und sorgen damit für einen Temperaturausgleich.
Der Windschatten insbesondere der Ahrberge macht sich ebenfalls beim Niederschlag bemerkbar, der mit rund 600 mm im Jahr relativ niedrig ausfällt – der Durchschnitt in Deutschland liegt bei 800 mm.
Freilich herrscht in den Höhenlagen von Bruchhausen und Orsberg schon ein etwas raueres und feuchteres Klima (mit immerhin 700 mm Niederschlag). Dies hat allerdings auch seine Vorteile: Wenn es sommers im Rheintal schwül-warm wird, weht hier oben immer noch ein kühleres Lüftchen.

In Wald ...

WALD-
WIRTSCHAFT

Entstehung unseres »Urwalds«

Es ist noch gar nicht so lange her – zumindest für geologische Maßstäbe, nämlich vor rund 15.000 Jahren, als bereits Menschen im Rheintal lebten –, da war ein großer Teil Mitteleuropas noch von Eismassen bedeckt. In Nordeuropa hatte sich ein bis zu drei Kilometer dicker Eispanzer gebildet. Bis in unsere Region reichte er allerdings nicht; gerade einmal das Gebiet um Düsseldorf wurde während der Eiszeiten von den Gletscherzungen erreicht.

Eine üppige Vegetation herrschte freilich auch bei uns nicht. Die Kälte ließ höchstens einen Bewuchs mit spärlichen Steppenpflanzen zu, und selbst im Zuge der allmählichen Erwärmung entstand hier lediglich eine baumlose Tundrenlandschaft. Hier tummelten sich bis vor rund 10.000 Jahren Wollnashorn, Mammut und Riesenhirsch, wie Knochenfunde in Orsberg und am Unkelstein auf der anderen Rheinseite nachweisen.

Die Birken gehörten zu den ersten Bäumen, die sich als Pioniere ansiedelten; ihre winzigen geflügelten Samen können mit dem Wind weite Strecken zurücklegen. Auch an den Boden stellen sie keine besonderen Ansprüche; Hauptsache, es ist hell genug. Zusammen mit Kiefern bildeten sie lichte »Primärwälder«, die später von der Hasel unterwandert und schließlich abgelöst wurden. Vor rund 7.000 Jahren fassten bei besseren Klimabedingungen auch Eichen, Eschen und Ulmen Fuß, und es entstanden großflächige Eichen-Mischwälder. Eine vorübergehende Klimaverschlechterung führte zur Einwanderung der Buche. Da sie Schatten gut verträgt, ist sie in der Lage, andere Baumarten zu »unterwandern«. So löste sie allmählich die Eiche als beherrschende Baumart ab.

Die Buche – z.Z. die vorherrschende Baumart in unserer Region

Lebensgemeinschaft Wald

»Man sieht den Wald vor lauter Bäumen nicht.« – Diese Redensart ist auch im ökologischen Sinn treffender als man denkt. Bäume prägen sicher das Bild des Waldes, doch komplett ist die Lebensgemeinschaft erst mit vielerlei Pflanzen, Tieren und Pilzen. Ein Mischwald, wie er auch in der Verbandsgemeinde Unkel üblich ist, gliedert sich in verschiedene Stockwerke, in denen unterschiedliche Lebensbedingungen herrschen, was Licht, Wärme, Wasser und Nährstoffe betrifft:

- **Baumschicht:** Damit sind hoch wachsende Bäume wie Eiche, Buche (siehe Foto) und Kiefer bis in eine Höhe von 40 Metern gemeint. Ihre Kronen bilden das Dach des Waldes. Sie fangen Licht, Wind und einen Teil des Niederschlags ab. Hier fühlen sich Baumbewohner wie der Marder und das Eichhörnchen wohl, darüber kreisen die zahlreichen Vögel des Waldes. Bei uns sind dies u.a. Milan, Wanderfalke, Turmfalke, Baumfalke, Uhu, Waldkauz, Waldohreule, Schleiereule, Steinkauz.

- **Strauchschicht:** Zum mittleren Stockwerk gehören Schwarzer und Roter Holunder, Weißdorn (siehe Foto), Schlehdorn, Haselnuss und Ilex, die in der Regel drei Meter Höhe selten überschreiten. Im Dickicht verbergen sich u.a. Hirsche, Rehe, Wildschweine, Hasen, Wildkaninchen, Fuchs, Dachs, Waschbär, Igel, Maulwürfe und Mäuse.

- Krautschicht: *Darunter fallen Farne, Blütenpflanzen wie Springkraut, Waldmeister, Veilchen, Lerchensporn (s. Foto) sowie Gräser. Ihre Zusammensetzung hängt vom Boden und Baumbestand ab. In einem Fichtenwald fehlt sie fast ganz, unter Buchen ist sie unregelmäßig ausgebildet. Von ihrer Beschaffenheit hängt schließlich der Artenreichtum an Tieren ab.*

- Moosschicht: *Sie umfasst Moose, Flechten und Pilze. Die immergrünen Moose können in wenigen Minuten das Sechsfache ihres Gewichts an Wasser aufnehmen und speichern. Gleichzeitig halten ihre Wurzelhaare das Erdreich fest und schützen es vor Erosion.*

- Bodenschicht: *Ihr kommt für das Ökosystem Wald die größte Bedeutung zu. Die oberste Schicht (Waldstreu) besteht aus Blättern, Nadeln, Zweigen, Früchten, Samen und abgestorbenen Pflanzen oder Tieren. Scharen von Schnecken, Regenwürmern, Tausendfüßlern, Asseln, Käfern, Milben u.a. Insekten, Einzellern, Bakterien und Pilzen sorgen durch Fressen und Ausscheiden für eine Kompostierung und damit für die lebensnotwendige Rückgabe von Humus-, Mineralstoffen und Spurenelementen an den Waldboden.*

Der Mensch bezwingt den Urwald

»Umgestürzte Holzveteranen liegen vor uns kreuz und quer. Sie recken ihre bizarren Wurzeln fast gespenstisch in die Höhe. Farne, Flechten, Pilze, Efeu, Gräser sowie vereinzelte Sträucher und nur daumendicke Jungbäume überziehen die vielleicht schon vor fünf oder zehn Jahren umgestürzten Stämme mit einem undurchdringlich erscheinenden und doch filigranen, grünen Filzumhang. Aber nicht nur das Altholz, sondern alles scheint hier verwoben zu sein: mächtige efeubehangene Baumriesen, emporstrebende jüngere Baumgenerationen, Sträucher und dort, wo ein durchlöchertes Blätterdach über uns das Licht bis auf den Waldboden durchkommen lässt, ein Gewirr aus Farnen und Blütenstauden.« (aus: Claus-Peter Hutter, Fritz-Gerhard Link: Wunderland am Waldesrand, Stuttgart Wien 1990)

Noch vor rund 2000 Jahren sah es in fast ganz Mitteleuropa so aus: ein geheimnisvoller, undurchdringlicher Zauberwald. Hier wohnten Götter, Zwerge und Elfen; wer hier seinen Lebensraum suchte, musste sich anpassen und auf der Hut sein.

Von der Unwirtlichkeit des deutschen »Dschungels« berichtet wieder einmal Caesar in seiner Beschreibung der Schlacht am Teutoburger Wald, als die kampfstarken, aber ortsunkundigen römischen Legionen tief in den sumpfigen Morast der schaurigen Wälder gelockt wurden und nicht mehr herausfanden.

In der Folgezeit machten sich die Menschen jedoch den Wald mehr und mehr untertan. Das Roden – also das Entwalden – wurde zur landschaftsprägenden Tätigkeit des Menschen. Insbesondere zwischen dem 8. und dem 13. Jahrhundert entstanden zahlreiche Ortschaften wie z.B. Bruchhausen. Mit dem Zurückdrängen des Waldes für bauliche und für bäuerliche Zwecke schuf der Mensch eine Kulturlandschaft, die charakterisiert ist durch vielfältige Übergange zwischen Wald und freier Flur.

Waldtypen in unserer Region

- ***Buchen-Springkraut-Waldgesellschaft*** *(vorherrschende natürliche Waldgesellschaft)*
- ***Eichen-Hainbuchen-Niederwald*** *(beeinflusst durch menschliche Wirtschaftsweise)*
- ***Eschenschluchtwälder*** *(an tiefen Tälern, so z.B. im Hähnerbachtal)*
- ***Edellaubholzwald*** *mit Ahorn, Esche und Linde (an nährstoffreichen Standorten)*
- ***Auwälder*** *mit Weide, Pappel, Esche, Ulme, Erle, Schwarzerle (an sumpfigen Standorten entlang der Flussläufe)*

Wald – Sitz der Götter

Von jeher fühlen sich Menschen den Bäumen auf besondere Weise verbunden. Die Vorstellung vom Baum des Lebens oder Weltenbaum findet sich in den Mythen, Sagen oder Legenden fast aller Kulturvölker wieder. Yggdrasil etwa, die Weltenesche der Germanen – ihr Stamm trägt die Erde, ihre Krone stützt den Himmel, und ihre Wurzeln reichen in die Tiefen der Unterwelt. Viele Religionen sehen in den Bäumen die Vorfahren des Menschen oder den Sitz der Götter. In der griechischen Mythologie bedeutete das Rauschen einer Eiche die Nähe des Göttervaters Zeus. Und auch die Bibel stellt den Baum des Lebens und den Baum der Erkenntnis mitten in den Garten Eden.

Das Christentum hingegen pflegte hierzulande ein nicht ganz ungebrochenes Verhältnis zu den Bäumen. Vielleicht lag dies daran, dass Jesus an einem Kreuz aus Holz starb oder aber, dass sich in vielen Gemeinden der heidnische Glaube an heilige Bäume nicht so schnell ausrotten ließ. Noch bis zum Ende des 18. Jahrhunderts zum Beispiel wurde noch in einigen Gegenden das alte »Judicium sub tilia« praktiziert, also der Richtspruch unter einer Linde, die nicht nur bei den Germanen und Slawen als Gerichtsbaum galt. Angeblich kam unter einer Linde die Wahrheit ans Licht und es wurden zumeist milde Urteile gesprochen. Die Kirche störte sich allerdings daran, dass dieser Baum der Liebe mit seinen herzförmigen Blättern der Göttin Freya geweiht war, und widmete sie fortan Maria, der Muttergottes. Als Marienlinde mit ihrer frischgrünen, weit ausladenden Krone galt sie weiterhin als Treffpunkt der Liebenden und als Zentrum dörflicher Geselligkeit.

Der urwüchsige Wald erfuhr in ähnlicher Weise eine Änderung in seiner »Funktion« als Sakrallandschaft. Wohnten zuvor noch die Götter selbst in den Kronen mächtiger Bäume, so wurden nun an markanten Stellen Bildstöcke und Wegekreuze aufgestellt, die zum Beten aufforderten. Der Gottesdienst als solcher fand jedoch weitestgehend nicht mehr unter freiem Himmel statt, sondern in geschlossenen Räumen.

Und doch – erinnern die gedrungenen Säulen einer romanischen Krypta oder das hohe Kreuzgewölbe eines gotischen Doms nicht an einen geheimnisvollen, schönen Wald?

Das hölzerne Zeitalter

Im ausgehenden Mittelalter war es dann endgültig vorbei mit der alten Ehrfurcht vor dem Walde. Er wurde in solch einer intensiven und mannigfaltigen Weise wirtschaftlich genutzt, dass man sich heute davon kaum ein Bild machen kann. An dieser Stelle seien nur einige Beispiele erwähnt:

- **Nahrungsquelle:** Beeren, Pilze und Kräuter, Honig von Wildbienen, Vogeleier, Fische aus Waldgewässern und natürlich Wildfleisch ergänzten den Speiseplan. In diesem Zusammenhang sei auch erwähnt, dass ja zahlreiche Haustiere, z.B. Huhn, Schwein und Rind, und Kulturpflanzen, etwa Obstbäume, ursprünglich aus dem Wald stammen.

- **Medikamente:** Nicht nur Schmackhaftes, auch Heilsames wussten die Menschen früher dem Wald zu entnehmen; so war z.B. bekannt, dass aus Rosskastanien ein entzündungshemmendes Mittel gewonnen werden konnte und die Weide das Schmerzmittel Salicin enthält; Lindenblüten-

Waldfrüchte: Schlehe, Brombeere, Walderdbeere und Wildkirsche – seit Jahrtausenden Nahrung, aber auch Ausgangspunkt der Züchtung

Eichelmast vor 1000 Jahren: Männer treiben die Schweine (man beachte ihr Äußeres) in den Wald und schlagen Eicheln vom Baum

tee wird auch heute noch gern bei Erkältungen getrunken.

- **Waldweide:** Schweine, Ziegen, Schafe, Rinder und sogar Pferde wurden zum Weiden in den Wald getrieben. Sie fraßen dort nicht nur die Gräser ab, sondern auch Blätter und Sprossen von jungen Bäumen, so dass sich der Wald nicht mehr verjüngen konnte; er wurde mit der Zeit immer lichter. Im Winter wurden getrocknete Laubzweige zugefüttert.

- **Schweinemast:** Das Borstenvieh fand als Allesfresser sogar noch weitere Nahrungsquellen. Mit ihren feuchten Rüsseln durchwühlten die Schweine den Waldboden nach Wurzeln, Würmern, Käferlarven sowie – besonders beliebt – Eicheln und Bucheckern.

- **Waldstreu:** Nahezu die gesamte bewegliche Biomasse wurde abtransportiert: Laub- und Nadelstreu, Borke, Flechten, fein gehackte Zwergsträucher und Nadelreisig wanderten als Streu in den Stall oder zur Aufbereitung des Stallmistes als Dünger auf das Feld. Selbst ganze Bodenplaggen wurden für diesen Zweck entnommen.

- **Bauholz:** Der **Fachwerkbau,** dessen Grundprinzipien vermutlich schon den Menschen der Bronzezeit bekannt waren, hat sich früh als führende Holzbauweise in Europa durchgesetzt. Im Garten des Siebengebirgsmuseums Königswinter wurde vor einigen Jahren ein eisenzeitlicher Pfostenbau rekonstruiert, den so oder ähnlich keltische Siedler rund 200 v.Chr. in Stieldorferhohn (rund 10 km von der VG

Unkel entfernt) errichtet hatten. Die Ähnlichkeit zu heutigen Fachwerkhäusern ist erstaunlich. Zunächst zimmert man mit vierkantig behauenen Hölzern sozusagen das »Skelett« des Hauses, darauf passt man in die entstandenen »Gefache« ein Weidengeflecht ein (hier findet also ebenfalls der Naturstoff Holz Verwendung), das schließlich mit einem Stroh-Lehm-Gemisch bestrichen wird. In allen vier Orten der Verbandsgemeinde lässt sich noch heute eine Reihe vielgestaltiger Fachwerkbauten, insbesondere Winzerhöfe, bestaunen. Viele der zumeist aus Eichenholz gefertigten Balken sind mehrere Jahrhunderte alt und immer noch bestens erhalten. Unersetzlich ist Holz heute noch bei der Konstruktion von **Dächern, Fußböden, Treppen, Türen und Fenstern.**

Wichtig war das Holz auch für Stütz- und Pfeilerteile in Stollen und Schächten des **Bergbaus.**

Werkholz: Unerschöpflich ist das Material in seiner Verwendungsvielfalt als Werkholz, deshalb seien an dieser Stelle nur einige Schlagwörter erwähnt:

- Bootsbau: Flöße, Kanus, Boote und Schiffe
- Fahrzeugbau: von der einrädrigen Schörreskaar über den Schlagkarren bis zur Kutsche (s. auch S. 183)

Rekonstruktion einer keltischen Arbeitshütte in Stieldorferhohn; der einfache Fachwerkbau diente möglicherweise der Lederbearbeitung (Zeichnung: Friederike Hilscher-Ehlert)

- Möbel: Tische, Stühle, Schränke usw.
- Geräte im Haushalt: vom Löffel bis zum Waschbrett
- Arbeitsgeräte in der Landwirtschaft: z.B. Eggen, Heurechen
- Gefäße aller Art, insbesondere Fässer und Kübel (Küfner bzw. Böttcherhandwerk)
- künstlerische Zwecke: Schnitzkunst, Instrumentenbau

Allerlei Handwerksgerät aus Holz (Privatsammlung Hillenhof)

- **Brennholz:** Holz war bis zum Beginn des 19. Jahrhunderts der wichtigste Energieträger – Steinkohle und Erdöl waren als solche noch nicht bekannt. In den letzten Jahren erfährt Brennholz wieder eine steigende Beachtung als ökologisch sinnvoller, nachwachsender Energieträger.

Stellmacherwerkstatt im Heimatmuseum Rheinbreitbach

- **Holzkohle:** In Kohlenmeilern wurde Holz unter Luftabschluss in einem z.T. wochenlangen Prozess verkohlt. Die dadurch entstandene Holzkohle kam insbesondere im Bergbau beim Verhütten zum Einsatz.

- **Faserstoffe:** Aus der Rinde des Lindenbaums wurde Bast gewonnen, den man u.a. für die Herstellung von Schuhen und Kleidern nutzte. Weidenruten gehören auch heute noch zu den beliebtesten Flechtmaterialien, aus denen geschickte Hände insbesondere Körbe anfertigen.

- **Terpentin:** Aus Nadelholz, vor allem Kiefern, wurden einstmals die so genannten Kienspäne geschnitten, die als Fackel dienten. Aus diesem Grund heißt unsere heimische Kiefer auch Feuer- oder Fackelbaum. Das brennbare Kiefernharz – Terpentin – konnte man zudem als Heilmittel verwenden.

- **Pech:** Aus dem Harz von Kiefern und Fichten konnte ebenfalls Pech gewonnen werden, das man zum Abdichten von Dächern, Schiffen und Fässern verwendete.

Auch Metzger, Schuster, Seiler, Apotheker und Drucker nutzten es für ihre Zwecke.

Brennholz als Energieträger

Holz ist eine unerschöpfliche Energiequelle mit ausgezeichneter Ökobilanz: Denn ob das Holz verbrannt wird oder im Wald vermodert, macht für die Atmosphäre keinen Unterschied; es wird genau so viel CO_2 freigesetzt, wie die Bäume während ihres Wachstums der Atmosphäre entzogen haben. Zudem fällt ein langer Transportweg weg: Brennholz gibt es im nahen Wald – beim Förster oder zum Selberschlagen. Bei seiner Bereitstellung (Schlagen, Abholen und Zerkleinern) werden nur knapp 5 % seines Energiegehalts durch den Einsatz fossiler Energie verbraucht. Heizsysteme zur Nutzung von Holz werden sogar vom Bundesamt für Wirtschaft gefördert.

- **Pottasche:** Der Aschenbrenner verbrannte meist noch stehende Bäume, besonders Linde und Ahorn, zur Gewinnung von Asche. Durch das Auslaugen dieser Holzasche und dem anschließenden Verdampfen der Lauge erhielt man Pottasche (Kaliumkarbonat), ein unverzichtbarer Bestandteil bei der Glaserzeugung: Durch Beigabe von Pottasche in die Glasmasse reduzierte sich deren Schmelzpunkt von 1800 ° C auf 1200 ° C. Daneben fand sie in der Seifenherstellung und Färberei Verwendung. Die Gewinnung von Pottasche war jedoch äußerst energieintensiv: für ein Kilogramm Pottasche benötigte man 1000 kg Holz.

- **Gerbstoffe:** Zum Gerben von Leder eignet sich besonders die stark gerbsäurehaltige Eichenrinde, die mit Messern vom lebenden Baum geschält, getrocknet und gemahlen wird.

Der Wald in unserer Sprache

Der Wald als Teil der »deutschen Seele« ist die Heimat von Mythen und Märchen – und spiegelt sich auch in der Alltagssprache wider. So leitet sich das Wort »schaffen« von der »schöpferischen« Bearbeitung des Holzes, nämlich dem »Schaben« ab. Das Wort »Zimmer« (Foto: Stube wohlhabender Leute um 1800, Landschaftsmuseum Westerwald Hachenburg) bedeutete ursprünglich nur das Bauholz, mit dem der Zimmermann einen Raum zimmerte. Die »Truhe«, der Vorläufer unseres heutigen Schranks, ist eine Weiterentwicklung des Wortes »Trog«, mit dem ein ausgehöhlter Baumstamm bezeichnet wird. Der moderne »Laden« erinnert an den hölzernen Fensterladen, mit dem man sein Geschäft ursprünglich verschloss. Und auch das »Buch« mitsamt seinen »Buchstaben« verdankt seinen Ursprung dem Wald: Unsere Vorfahren ritzten die Runen in die Rinde von Buchenstäbchen. Von einem altfränkischen Rechtsbrauch kündet die Redensart »Über jemanden den Stab brechen«: Vor Gericht wurden über dem Kopf des Missetätes vier Erlenstäbe zerbrochen und in alle vier Himmelsrichtungen geworfen. Dies symbolisierte die Lossagung von der Familie und erlaubte die Wüstung seines Besitzes.

Aus Wald wird Heide

Bereits um 1500 war der Wald auf seine heutige Ausdehnung zurückgedrängt: Er nahm nur noch rund 30 % der Gesamtfläche ein. Als nach dem 30jährigen Krieg die Bevölkerung stark anwuchs, konnte der Wald dem massiven Raubbau nicht mehr standhalten. Weidetiere fraßen jeden neuen Sprössling ab, so dass eine Verjüngung ausgeschlossen war. Zudem beraubte die Entnahme der Streu den Wald seiner Nährstoffe. Das Ergebnis: die früher nahezu geschlossene Walddecke wich einer offenen Parklandschaft, mitunter auch einer völlig baumfreien Heide. In unserer Region war dies insbesondere auf den eh nährstoffarmen Kiesböden der Hochfläche der Fall. Die Gemarkungsnamen »Bruchhausener Heide«, »Hinterheide« und »Breite Heide« weisen darauf hin. An manchen Stellen hat sich dort bis heute die typische Heidevegetation, z.B. Glockenheide und Blaubeeren, erhalten können.

Ende des 18. Jahrhunderts, als die hiesige Bergbautätigkeit ihren Höhepunkt erreichte, war die Holznot am größten. In dieser Zeit entwickelte sich in Deutschland die Forstwirtschaft und das Konzept der »Nachhaltigkeit«. Dieses »forstliche Grundgesetz« besagt, dass in einem Wald nicht mehr Holz geschlagen werden darf als nachwachsen kann. Aufforstung war also das Gebot der Stunde. Dabei wurden großflächig Nadelhölzer gesät oder gepflanzt, denn diese lassen sich leicht vermehren, sind anspruchslos und – ganz wichtig – wachsen schnell. Eine Fichte ist z.B. nach 80 Jahren schlagreif, während eine Buche 120 bis 150 Jahre wachsen muss und eine Eiche sogar 180 bis 250 Jahre.

Unterschied zwischen Wald und »Parklandschaft« im Kasbachtal

Notwendigkeit der Jagd

In dieser Zeit wurde auch von Seiten der Forstwirtschaft der Ruf nach einer regelmäßigen Jagd laut, denn ein zu großer Wildbestand gefährdete die Neuanpflanzungen. Insbesondere Rehe knabbern gern die Knospen junger Bäume ab.

Forstwirtschaft – Waldwirtschaft

Der Wald auf der Fläche der Verbandsgemeinde Unkel ist heute ein Teil des Naturparks Rhein-Westerwald. Die Ortsgemeinden der VG Unkel selbst besitzen nur einen Teil des Waldes, der Rest des Besitzes verteilt sich auf viele Privatleute. Deshalb gestaltet sich die heutige Forstwirtschaft schwierig, zumal sie versucht, drei Ziele unter einen Hut zu bekommen:

- **Nutzen:** Der Wald liefert den nachwachsenden, umweltfreundlichen Rohstoff und Energieträger Holz. Er bildet dabei die Rohstoffbasis für die heimische Holz- und Papierwirtschaft

Was ist eigentlich ein Niederwald?

Mit der Höhe der Bäume hat dieser Begriff jedenfalls nichts zu tun; ein Niederwald kann genauso hoch emporragen wie ein Hochwald. Es handelt sich dabei nämlich nur um eine Wirtschaftsform.
Bei der Niederwaldwirtschaft wird jedes Jahr ein anderer Teil der Waldfläche bis auf den Stock (Baumstumpf) zurückgeschnitten. Linden, Eichen, Buchen, Hainbuchen, Hasel und Ulme treiben dann erneut wieder aus und lassen sich 20 bis 30 Jahre später wieder als Brennholz oder als Weinbergspfähle nutzen. Im hiesigen Wald findet man noch oft Baumstubben, die den ehemaligen Rückschnitt erkennen lassen (s. Foto).
In einem Hochwald dagegen vermehren sich die Bäume durch Samen oder werden gepflanzt und erreichen ein wesentlich höheres Alter. Sie eignen sich dadurch auch für die Verwendung als Bauholz.
Einen Kompromiss zwischen diesen beiden Wirtschaftsformen bildet der Mittelwald. Dabei werden einzelne Jungbäume nicht turnusmäßig zurückgeschnitten, sondern stehen gelassen.

Frühlingswald auf dem Rheinbreitbacher Koppel – Wirtschaftsfaktor, Klimaschutz oder Erholungsort? Hier kommen alle auf ihre Kosten ...

und stellt Arbeitsplätze gerade im strukturschwachen ländlichen Raum bereit. Auch wenn im Jahr 2001 nur 1,2 % der Beschäftigten in der VG Unkel direkt in der Land- und vor allem in der Forstwirtschaft angestellt sind, bildet die Forstwirtschaft zusammen mit der holzverarbeitenden Industrie mit rund 1 Million Arbeitsplätzen den größten Wirtschaftszweig in Deutschland überhaupt.

- **Schutz:** Der Wald reguliert den Wasserhaushalt und sichert die Trinkwasserversorgung, schützt vor Erosion, wirkt ausgleichend auf unser Klima und reinigt die Luft, bindet Kohlendioxid in der Biomasse und vermindert dadurch den Treibhauseffekt, schützt vor Lärm, trägt wesentlich zum Biotop- und Artenschutz bei und hat positive Auswirkungen auf das Landschaftsbild.

- **Erholung:** Der Wald dient dem Menschen für Freizeit, Erholung und Gesunderhaltung. Auch der neue Begriff »Waldwirtschaft« zeigt, dass sich beim Menschen in heutiger Zeit das Bild des Waldes vom reinen Holzlieferanten geändert hat. So versucht die Waldwirtschaft einen möglichst naturnahen Zustand anzustreben, wohl wissend, dass dieser nicht immer erreicht werden kann, denn in der VG Unkel muss sich der Wald selbst finanzieren.

Was macht ein Förster den ganzen Tag?

Die Hälfte des Arbeitstages verbringt Förster Hennig sitzend an seinem Schreibtisch. Dabei plant er z.B. Pflegemaßnahmen, macht die Abrechnungen für Waldarbeiter und mitarbeitende Unternehmen oder verfasst Pressemitteilungen.
Nur zu 50 % seines Alltags ist er in freier Natur unterwegs. Hier kümmert er sich um Holzeinschlag, Neuanpflanzungen und deren Schutz vor Wildverbiss, z.B. durch Zäune, um Wegebau, um Baumsanierung – und auch um die Menschen, die sich im Wald aufhalten. So führt er neben Themenwanderungen auch Motorsägelehrgänge und Ferienfreizeiten für Kinder durch.
Dem Trend, auch die Arbeit des Försters aufzuteilen und etwa für Holzeinschlag, Pflanzungen und Öffentlichkeitsarbeit jeweils einen Spezialisten einzustellen, steht er skeptisch gegenüber. »Die einzelnen Tätigkeitsbereiche sind eng miteinander verflochten und müssen dadurch immer aufeinander abgestimmt sein. Und außerdem ist das Reizvolle an der Arbeit des Försters ja gerade die Vielfalt.«

UNSERE BIOTOPE

Sowohl Flora als auch Fauna weisen in der Region Unkel eine hohe Vielfalt auf, einfach aufgrund der unterschiedlichen Lebensräume, die sich hier finden. Allein die Höhenunterschiede von rund 400 m zwischen dem Rheinufer und den höchsten Bergkuppen beeinflussen das jeweilige Mikroklima, so dass verschiedene Lebensräume für bestimmte Gruppen von Pflanzen und Tieren entstehen.
Neben einer Vielzahl seltener Arten ist gerade die Verzahnung von mitteleuropäischer, atlantischer und mediterraner Flora und Fauna in unserer Region interessant. So gibt es nur wenige Standorte in Europa, wo man gleichermaßen die atlantische Stechpalme (Ilex) wie die mediterrane Elsbeere finden kann. Natürlicherweise sind derartige Verbreitungsgrenzen fließend; insbesondere klimatische Veränderungen spielen hier eine große Rolle. Aber auch die menschliche Tätigkeit hinterlässt ihre Spuren in der Artenvielfalt – nicht nur, was das Ausrotten betrifft. Seit der Jungsteinzeit sorgt der Mensch für die Verbreitung von Flora und Fau-

Naturlandschaft – Kulturlandschaft

»Hinaus in die Natur« werden wir gelockt – doch was heißt schon Natur? In ganz Mitteleuropa werden wir wohl kaum eine größere Fläche »unberührter« Natur finden. In seiner jahrhundertelangen, im Rheinland sogar jahrtausendelangen Auseinandersetzung mit der Wildnis hat der Mensch die Naturlandschaft nachhaltig verändert. Dieser Wandel zur Kulturlandschaft muss, landschaftsökologisch betrachtet, nicht unbedingt von Nachteil sein. Denn der Mensch ersetzte die gleichförmig aufgebauten Urwälder durch ein Mosaik unterschiedlicher Flächen: Äcker, Wiesen und Weiden, Wald, Steinbrüche und Brachflächen bilden insgesamt ein höchst lebendiges Gefüge. Auch im unmittelbaren Siedlungsumfeld kann sich eine reichhaltige Ersatznatur einstellen: Bäuerliche Gärten und Streuobstwiesen, Hecken und Trockenmauerwerk sind durchaus wertvolle Biotope. So ist die »Second-hand-Natur« sehr häufig besonders wegen ihres unerwarteten Artenreichtums ausgesprochen schützenswert.
Buchtipp: Bruno P. Kremer: Lebensraum aus Menschenhand. Schützenswerte Biotope der rheinischen Kulturlandschaft. Rheinischer Verein für Denkmalpflege und Landschaftsschutz Köln, Bergisches Freilichtmuseum Lindlar. Köln 1997.

Charakteristische Tiere in unseren Wäldern

linke Spalte: Uhu, Marder, Dachs, Frischling
rechte Spalte: Eichhörnchen, Eichelhäher, Hase, Igel
(Präparationen des hiesigen Forstamtes)

na. Feldmaus und Feldlerche stellen z.B. uralte Kulturfolger dar wie auch Kamille und Klatschmohn. Nussbaum und Esskastanie in unserer Region sind Zeugnisse eines Importschubs während der Römerzeit. Seit der Entdeckung Amerikas nahm der Artentausch sogar globale Ausmaße an.

Die neuesten Einwanderer im Gebiet der Verbandsgemeinde stellen wohl die Waschbären dar sowie der Marderhund. Vermutlich handelt es sich dabei um die verwilderten Nachfahren von »Ausbrechern« einer Pelztierfarm. Auch in der Pflanzenwelt hat sich bei uns in letzter Zeit eine Vielzahl von Exoten »breit gemacht«, so z.B. das Indische Springkraut, der Riesen-Bärenklau, der Sachalin-Knöterich oder der Götterbaum.

Auenlandschaft

Wenn man ganz unten anfängt, also am Rheinufer, lässt sich nur vermuten, wie die ursprüngliche Natur hier ausgesehen hat. Durch die mehrtausendjährige Nutzung wurde hier die Landschaft für immer verändert. Auen und Sümpfe, die durch die regelmäßigen Überschwemmungen entstanden waren, wurden nach und nach trocken gelegt, ganze Altarme verschwanden, wie beispielsweise bei Heister. Überschwemmungen versucht man natürlich heute durch Schutzdämme zu vermeiden und das Land auf diese Weise

Exotische Kost für Hummeln und Bienen – Indisches Springkraut

trocken zu halten, damit es für die Landwirtschaft nutzbar bleibt. Somit ist die Pflanzenwelt von Kulturpflanzen, Gärten und Hecken bestimmt. Außerdem ist das Land am Rheinufer selbst zum größten Teil bebaut, so dass die ursprüngliche Wildnis unwiderruflich einer Kulturlandschaft gewichen ist. In Rheinbreitbach allerdings haben sich wenigstens noch Reste der natürlichen Flussauenlandschaft mit den typischen Weiden erhalten können.

Weinberge

Landschaftsprägend sind natürlich vor allem die Weinberge, die sich meist an den Hängen befinden und das besiedelte Flusstal eingrenzen. Durch ihre steile Lage sind sie der Sonneneinstrahlung besonders ausgesetzt, weshalb sich dort Pflanzen finden lassen, die sehr wärmeliebend sind. Einen solchen Lebensraum gibt es vor allem am Stuxberg, aber auch an den Abbruchkanten der Felsen entlang des Rheins und in all den aufgelassenen Steinbrüchen. Manche Bäume wachsen direkt auf dem Felsen und wurzeln in engen Spalten, ein schwieriges Dasein. Man findet hier interessante Wuchsformen, da die Bäume teilweise sehr alt sind und trotzdem nur geringe Höhen erreichen, sozusagen »Bonsais« in freier Natur. Zwei Arten, die im Rheinland sonst eher selten sind und in dieser Kulturlandschaft ihren Platz gefunden haben, sind Speierling und die Elsbeere.

Elsbeere

Die Elsbeere ist ein besonderer Baum, ihr Holz gehört wegen ihrer Seltenheit zu den teuersten in ganz Europa. Noch wertvoller sind allerdings die an Kirschen erinnernden Früchte der Elsbeere, aus denen sich ein delikater Schnaps brennen lässt. Hier ist das Angebot jedoch noch knapper, da ausschließlich freistehende Bäume überhaupt Früchte hervorbringen. So erzeugen denn auch nur zehn Brennereien in ganz Europa regelmäßig einen Elsbeerenbrand und lassen sich diese Rarität mit mehr als 150 Euro pro Liter schon im Direktverkauf bezahlen. Äußerlich sieht man dem Baum all diese Qualitäten nicht an, vielmehr wird er häufig übersehen, da seine Blätter denen des recht häufigen Bergahorns sehr gleichen. Lediglich im Herbst fällt die Elsbeere unter den anderen Bäumen auf, da sich ihre Blätter besonders früh verfärben. Die weißen Blüten im Frühjahr allerdings stechen kaum unter der Vielzahl von Bäumen und Sträuchern mit ähnlichen Blüten hervor. Auch aufgrund dieser Unauffälligkeit ist die Elsbeere immer seltener geworden, da sie mitunter bei Forstpflegearbeiten nicht erkannt und abgesägt wird. Sie tut sich aber auch mit der Verjüngung schwerer als viele andere Baumarten, das heißt, ihre Samen fassen nicht so leicht Fuß, was daran liegt, dass oft Tiere die Früchte fressen.

Speierling

Der Speierling hat es auch nicht leicht gehabt und war bis vor wenigen Jahren als vom Aussterben bedroht eingestuft. Nachdem in den letzten zehn Jahren jedoch viele dieser Bäume gepflanzt wurden, hat sich die Lage gebessert. Früher war der Speierling ein weit verbreiteter Baum; sein Holz, das am härtesten von allen Holzarten in Europa ist, wurde zur Herstellung von Werkzeugen verwendet. Heutzutage benutzt man es lediglich in geringem Maße bei der Herstellung bestimmter Musikinstrumente. Aus den unreifen Früchten gewann man hauptsächlich Tannine, die als Heilmittel gegen Magen-Darmkrankheiten und als Konservierungsmittel für Apfelwein wichtige Dienste leisteten. Natürlich kann man auch aus den reifen Früchten etwas machen, nämlich hauptsächlich Schnaps brennen. In Italien werden sie aber auch als Obst verkauft oder zu Marmelade verarbeitet. Wenn sie reif sind, sind sie gelbrot und birnenförmig, außerdem enorm süß. An diesen Früchten ist der Speierling sehr leicht zu erkennen, sonst fällt die Zuordnung schwer, da die Blätter gefiedert sind wie die der Esche, Vogelbeere und Robinie, die alle sehr häufig vorkommen.

Kiesflächen

Hinter diesen Steilhängen mit ihren interessanten Lebensgemeinschaften schließt sich eine Art **Plateau** an. Wie oben beschrieben, floss hier früher der Rhein, bevor sich das Rheinische Schiefergebirge hob und das Wasser seinen Weg tiefer in die Landschaft schneiden musste. Damals lagerte der Rhein hier große Mengen Kies ab; auf dieser Ebene ist die Erdschicht meist recht jung und dünn. Im Mittelalter war hier karger Heidebewuchs zu finden, Beweidung durch Ziegen und Schafe ließen den Bäumen gar keine Möglichkeit zum Höhenwachstum, da jeder junge Trieb sofort abgefressen wurde. Die Wachstumsbedingungen waren ja aufgrund des doch eher kargen Bodens

Der »Eierborner Schlund« – ein Quellsumpf auf der Bruchhausener Hochfläche – behinderte einst die Landwirtschaft (nahe des Guts Haanhof)

ohnehin nicht ideal. Heute ist der Kies ein wichtiger Rohstoff der Bauindustrie und wird in entsprechenden Gruben abgebaut. Auflage für die Genehmigung zum Abbau ist allerdings, dass nachher die Fläche aufgeforstet wird. So sind auf der ehemaligen Heidefläche heute hauptsächlich Wälder zu finden, die auch wirtschaftlich genutzt werden. Die Artenzusammensetzung hier ist eine typische Forstlandschaft mit verschiedenen Baumarten, deren Holz die Einnahmequelle der Forstwirtschaft darstellt. Sehenswert in den Wäldern um Bruchhausen ist der ungewöhnlich hohe Bestand an Ilex, der Stechpalme.

Feuchtbiotope

Oberhalb des ehemaligen Flusslaufes finden sich dann schwere, sogenannte wechselfeuchte Lehmböden. Sie heißen so, weil sie im Sommer dazu neigen, auszutrocknen und im Winter stetig nass bleiben. Die Pflanzengesellschaft hier setzt sich hauptsächlich aus Binsenarten zusammen, besondere Erwähnung verdienen das *Landreitgras* (Calamagrostis).

Interessant ist dieses Gelände vor allen Dingen deshalb, weil hier die meisten Quellen austreten und eine Vielzahl kleiner Bachläufe entsteht. Eigentlicher

Ursprung dieser Quellen ist meist etwas weiter oberhalb, viele Bäche bahnen sich aber erst einmal unterirdisch ihren Weg. Sie treten dann aus ihrem Schattendasein hervor, sobald der Boden lehmig wird, da das Wasser dort kaum noch versickern kann und sich somit eine gute Grundlage für ein Bachbett bietet.

So entspringen, meist im größeren Umkreis um den Asberg herum, der Breitbach, der Detzelbach, der Kasbach, der Hallerbach und der Erpeler Bach. Hinzu kommen noch zahlreiche Wasserläufe, die so klein sind, dass sich bisher noch niemand die Mühe gemacht hat, ihnen einen Namen zu geben.

Liebevoll gestaltetes Schild des Vogellehrpfads am Auge Gottes

Feuchtbiotop in der Nähe vom »Auge Gottes«

Diese Bachläufe und die umliegenden Nasswiesen sind ein Biotop für besonders viele seltene Arten. Bemerkenswerte Pflanzen sind hier der *Waldschachtelhalm* und der *Riesenschachtelhalm*, der *Gifthahnenfuß*, *Efeu* und die *Stechpalme*. In den Gewässern selbst leben *Bachkrebse* und die *Flussnapfschnecke*, ebenfalls vom Wasser und der vielen Feuchtigkeit profitieren Amphibien wie der *Teichmolch*, der *Feuersalamander* und der *Grasfrosch*. An Vögeln findet man hier die *Weidenmeise*, die *Gebirgsbachstelze* und den *Pirol*.

Pirol

Vermutlich sind im gesamten Kreis Neuwied nur noch 3–5 Brutpaare vorhanden. Dabei handelt es sich um die einzige Art der tropischen Pirole, die in Deutschland lebt – zumindest im Sommer, denn im Herbst wandert er über den Balkan und das Mittelmeer bis nach Ägypten und weiter ins tropische Afrika. Von dort fliegt er zurück über die Sahara und Sizilien, vollführt also jedes Jahr einen gigantischen Schleifenflug. Die Zeit in unseren Breiten verbringt der Pirol meist in den Baumkronen von Parks oder Laubwäldern, genauso wie in Obstwiesen, wobei er einen Standort mit Wassernähe bevorzugt.

In den Wipfeln jagt er nach Insekten oder frisst Früchte direkt von den Zweigen, manchmal jagt er auch Insekten, die am Boden leben, dabei stößt er blitzschnell auf seine Beute herab. Sein Nest baut der Pirol ebenfalls in den Baumkronen, er sucht sich hierfür eine waagerechte Astgabel, in die das Nest kunstvoll eingehängt wird und so Platz für ein Gelege von 3-5 Eiern bietet.

Ausgewachsene Vögel sind etwa so groß wie eine Drossel, die Männchen leuchtend gelb mit schwarzen Flügeln und einem schwarzgelben Schwanz, die Weibchen gelbgrün und am Bauch hellgrau mit feinen schwarzen Längsstreifen. Beide haben einen braunroten Schnabel und dunkelrote Augen, wobei die Jungvögel noch braune Augen haben und bis zum zweiten Lebensjahr alle dieselbe Färbung wie ausgewachsene Weibchen haben.

Neben den genannten »natürlichen« Feuchtbiotopen gibt es in der Verbandsgemeinde Unkel auch eine Reihe künstlich entstandener. Dazu gehören z.B. die Kiesgruben, die bislang nicht verfüllt worden. Hinter dem Unkeler Einkaufszentrum »Vorteilcenter« befand sich bis vor wenigen Jahren das sehr reizvolle Biotop eines Kiesbaggersees, dessen Umfang jedoch

aus Sicherheitsgründen verkleinert wurde.
In Rheinbreitbach ist das »Maar« am Rhein zu erwähnen, das keineswegs, wie der Name vermuten ließe, vulkanischen Ursprungs ist. Es dient dem Angelsport.
Zwischen Rheinbreitbach und Scheuren liegt ein weiteres recht ausgedehntes Feuchtbiotop, das mit imposantem Schilfrohr umstanden ist.
Auch in den tiefen Löchern, die der Abbau von Basaltgestein in den Vulkankuppen hinterlässt, sammelt sich alsbald Grund- und Niederschlagswasser. Auf diese Weise entstehen kleine Seen.
Eines der ökologisch interessantesten Feuchtbiotope weit und breit befindet sich im Steinbruch des Asbergs (s. weiter unten).

Weidenmeise

Im Gegensatz zum einsamen Pirol ist die hier zu findende Weidenmeise neben der Sumpfmeise eine von zwei Graumeisenarten: Noch im 20. Jahrhundert hielt man beide für ein und dieselbe Art, da sie nur am Gesang voneinander zu unterscheiden sind.
Die Weidenmeise ist dabei der weitaus seltenere Vertreter, obwohl sie sich in allen Wäldern bis zur Baumgrenze wohl fühlt.
Sie ernährt sich von Insekten und Baumsamen, die sie ähnlich wie das Eichhörnchen als Wintervorräte versteckt. Zum Nisten benötigt die Weidenmeise morsches Holz, aus dem eine Höhle gefertigt wird. In diesen so genannten Fäulnishöhlen wird das Nest angelegt, die Gelegegröße liegt bei 6-9 Eiern. Dies ist auch ein Unterschied zur Sumpfmeise, die ausschließlich in schon bestehenden Höhlen oder Brutkästen nistet.
Wie der Name Graumeise sagt, ist der Vogel grau, hat einen schwarzen Oberkopf und Kehlfleck. Die Kopfunterseite ist weißlich.

Diese Basalthalde am Asberg wurde bereits vom Moos erobert

Basaltkuppen

Noch etwas weiter östlich des Hochplateaus mit seinen Kiessedimenten hat sich der Basalt seinen Weg aus der Tiefe gebahnt. Dort findet man dann wieder sehr ergiebige Böden. Durch Wettereinflüsse, Regen, Frost und Hitze verwittert das Gestein im Laufe der Jahre und zerfällt nach und nach. Dieser Verwitterungsboden bietet vielen Pflanzen gute Wachstumsvoraussetzungen. Wo immer ein Steinbruch stillgelegt wird, ist er sehr schnell mit jungen Bäumen übersät, die sich dann auch zügig entwickeln. Grund hierfür ist eine gute Bodenstruktur. Durch Spalten und Risse im Basalt kann das Wasser gut abfließen, es hält sich aber genug, um die Pflanzen nicht verdursten zu lassen. Außerdem werden bei der Verwitterung des Gesteins viele Mineralien frei, die wichtige Nährsalze für die Pflanzen sind, sozusagen natürlicher Dünger.

Die Pflanzengemeinschaft hier wird von der Esche bestimmt, was recht ungewöhnlich ist, da man sie sonst nur in saftigen Bachtälern findet. In der Nähe des Asberges, um Schweifeld herum, findet man auch seltene Orchideenarten, wie etwa das Gefleckte Knabenkraut.

Interessant sind auch die Basaltkuppen, auf denen seit der Römerzeit Steine abgebaut wurden und die teilweise erst vor wenigen Jahrzehnten aufgelassen wurden. Der nackte Fels, vielleicht sogar noch ein steiler Abhang, ist natürlich ein schwierig zu besiedelnder Lebensraum. Hier findet man sogenannte Pionierpflanzen, also Pflanzen, die mit einem solch kargen Angebot zurecht kommen. Das sind natürlich erst einmal Flechten, die sich direkt auf dem nackten Fels ansiedeln, aber auch der Ginster, der in kleinen Spalten zu wachsen beginnt. Wenn dann erst einmal eine gewisse Humusschicht enstanden ist, wird der Ginster von größeren Bäumen überholt und stirbt an Lichtmangel.

NATURSCHUTZ

Im Gegensatz zum allgemeinen Trend in Deutschland hat die Bevölkerung in der Verbandsgemeinde Unkel zwischen 1993 und 1998 um 8 % zugenommen. Damit ist die Verbandsgemeinde die zweitestdicht besiedelte im gesamten Landkreis Neuwied und wird nur von der Stadt Neuwied selbst übertroffen. Dadurch nimmt natürlich auch die Fläche, die durch Verkehrsinfrastruktur und Gebäude vereinnahmt wird, stetig zu, und es kommt zu Interessenkonflikten zwischen Mensch und Natur.

Unabhängig hiervon ist eine sehr viel signifikantere Entwicklung bei der Nutzung der nicht bebauten Flächen zu beobachten. Seit über 30 Jahren nun schon nimmt die landwirtschaftlich genutzte Fläche im gesamten Kreis Neuwied zugunsten von Waldgebieten ab, die allerdings forstwirtschaftlich genutzt werden. Durch die sich ständig verändernden Strukturen und die Lage zwischen zwei bedeutenden Schutzgebieten, dem Naturpark Rhein-Westerwald im Süden und dem Naturpark und Naturschutzgebiet Siebengebirge im Norden, sind die Aufgaben und Probleme für den Naturschutz hier besonders weit gestreut.

Juwel im Naturpark Rhein-Westerwald – der Asberg. Wo noch vor 30 Jahren Basalt abgebaut wurde, tummeln sich jetzt seltene Amphibien

Was ist ein Naturpark?

Dr. H. Offner, der die Naturparkidee ins Leben rief, beschreibt einen Naturpark folgendermaßen:
»Naturparke sind bevorzugte, in sich geschlossene, weithin durch ihre Schönheit bekannte und daher schützenswerte, großräumige Landschaften, die für die gesamte Landeskultur von entscheidender und übergebietlicher Bedeutung sind und durch die Pflege ihrer Naturschönheit sich in hervorragender Weise für die Erholung eignen, wofür geeignete Maßnahmen zur Vermeidung und Beseitigung von Verunstaltungen notwendig oder wünschenswert sind.«
Ein Naturpark verbindet Schutz und Nutzung der Landschaft. Da die rund 90 Naturparke in Deutschland 24 % der gesamten Staatsfläche einnehmen, sind extreme Beschränkungen der Nutzung nicht möglich, da häufig auch Ortschaften, Straßen oder Betriebe mit auf dem Gebiet eines Naturparks liegen. Allerdings soll die Landschaft, auch die vom Menschen geprägte Kulturlandschaft, erhalten werden, da Naturparke grundsätzlich Gebiete sind, die besonders für Erholungszwecke geeignet sind. Es wird hierbei versucht, den Tourismus in diesen Gebieten schonend und nachhaltig zu gestalten.

Im Naturpark soll auch die Kulturlandschaft erhalten bleiben

Was ist ein Naturschutzgebiet?

Im Naturschutzgesetz von 1976, §13 ist das Naturschutzgebiet folgendermaßen definiert:
»Naturschutzgebiete sind rechtsverbindlich festgesetzte Gebiete, in denen ein besonderer Schutz von Natur und Landschaft in ihrer Ganzheit oder in einzelnen Teilen 1.) zur Erhaltung von Lebensgemeinschaften oder Lebensstätten bestimmter wildwachsender Pflanzen- oder wildlebender Tierarten, 2.) aus wissenschaftlichen, naturgeschichtlichen oder landeskundlichen Gründen oder 3.) wegen ihrer Seltenheit, besonderen Eigenart oder hervorragenden Schönheit erforderlich ist.«

Verhaltensmaßregeln

Die Verantwortlichen der Naturparke haben es nicht immer leicht, sollen sie doch einerseits die Natur bewahren und sie andererseits Naturinteressierten und Jedem, der ein wenig Stille und Erholung sucht, nahe bringen und das betreffende Gebiet zugänglich machen. Als ob dieser Spagat nicht schon an sich eine mühevolle Aufgabe wäre, wird es ihnen von vielen Besuchern noch zusätzlich schwer gemacht. So gibt es z.B. Besucher, die seltene und schöne Orchideen mitsamt der Wurzeln ausgraben, um sie in ihrem Garten zu integrieren. Dass die Blumen dort keine Chance haben zu überleben und ein sowieso schon instabiler Bestand einer seltenen Pflanze dadurch gänzlich zerstört werden könnte, war den Gartenfreunden scheinbar gleichgültig.
Um die einzigartigen Landschaften und Lebensgemeinschaften hier, im Siebengebirge und Westerwald, aber auch anderswo zu erhalten, sollten folgende Regeln beachtet werden, die vom Verschönerungverein für das Siebengebirge herausgegeben worden sind:

***Autos:** Das Befahren der Wege im Naturpark ist nur in Ausnahmefällen den berechtigten Bewohnern gestattet. Für die Besucher sind ausreichend Parkplätze vorhanden.*
***Naturschutz:** Der Naturpark Siebengebirge ist zu 100 % ein Naturschutzgebiet: Nehmen Sie Rücksicht auf den Lebensraum für Pflanzen und Tiere, bleiben Sie auf den Wegen und lassen Sie Pflanzen und Tiere unberührt.*
***Hunde**: Halten Sie Ihren Hund immer an der Leine. Andere Besucher und unsere Wildtiere danken es Ihnen!*
***Radfahren**: Das Siebengebirge ist ein Wandergebiet. Verhalten Sie sich als Radfahrer rücksichtsvoll und benutzen Sie nicht die schmalen unbefestigten Wanderwege!*
***Abfall:** Wenn jeder nicht nur die Erinnerung, sondern auch seine Abfälle mit nach Hause nähme, hätte der Naturpark jährlich mehrere Tausend Euro zusätzlich für Natur- und Landschaftsschutz frei.*

*Ähnliche Regeln gelten auch für den Naturpark Rhein-Westerwald in unserer Region. Das **Rauchen** im Wald ist übrigens ganzjährig verboten!*

Frühlingsblüher in unserer Region

Oben: Frühlingsscharbockskraut und Veilchen; unten: Lungenkraut und Sternmiere

Ein Naturschutzgebiet ist ein Gebiet mit besonderem Schutzauftrag, der von einer Trägerorganisation gewährleistet wird. In solchen Gebieten sind wirtschaftliche und touristische Aktivitäten, welche der Natur schaden könnten, grundsätzlich nicht erlaubt, und es sind auch kaum Ausnahmegenehmigungen möglich. Das bedeutet aber nicht, dass diese Gebiete ganz sich selber überlassen werden können, im Gegenteil. Durch Jagd und Hegearbeit wird sichergestellt, dass in Waldgebieten zum Beispiel kein Überbestand an Wild heranwächst, der die Jungvegetation bedrohen würde.

Naturpark Rhein-Westerwald

Der Naturpark Rhein-Westerwald grenzt im Norden direkt an den Naturpark Siebengebirge, so dass diese beiden nahtlos ineinander übergehen. Die Westgrenze bildet einfach der Rhein, entlang dessen Ufers sich der Park ca. 25 km bis nach Neuwied erstreckt. Ebenso weit reicht er nach Osten in den Westerwald hinein. Damit liegt die Verbandsgemeinde Unkel genau in der nordwestlichsten Ecke des Naturparks Rhein-Westerwald und gleichzeitig an der Grenze zum Naturpark Siebengebirge.

Die Geschichte dieses Naturparks ist nicht ganz so spektakulär wie die des Siebengebirges (siehe weiter unten). Er ist vielmehr, wie andere Schutzgebiete im Bereich des Westerwaldes auch, auf konstante Arbeit des Westerwald-Vereins und dessen Mitglieder zurückzuführen. Dieser hatte 1925 auf einer Hauptversammlung in Wiesbaden den Naturschutz zu einem der Vereinsziele gemacht und sich bis zum Zweiten Weltkrieg um den Schutz einzelner Objekte bemüht. Außerdem publizierte der Verein zahlreiche Schriften über die ganze Bandbreite naturschutzrelevanter Themen, wobei damals weniger der ökologische als vielmehr der heimatwissenschaftliche Aspekt im Vordergrund stand. Während und nach dem Zweiten Weltkrieg waren die

Reiches Leben herrscht auch im scheinbar »toten« Holz, wie hier auf einer Baumscheibe. Zwischen verschiedenen Pilzen krabbelt ein Käfer.

Prioritäten natürlich anders gesetzt, aber im Zuge der breiten Sensibilisierung der Öffentlichkeit für ökologische Themen in den 1970er Jahren entdeckte auch der Westerwald-Verein seine alten Werte wieder. Seine Arbeit ergänzte die vieler anderer neu gegründeter und auch traditioneller Organisationen, deren aller Bemühungen zu den heute bestehenden Schutzgebieten führten. Heute finanziert sich der Naturpark Rhein-Westerwald e.V. aus Beiträgen seiner Mitglieder und Spenden.

Mitglieder sind in erster Linie Kommunen und Firmen, aber auch Privatleute. Er nimmt eine Vermittlerrolle zwischen den einzelnen Gemeinden und dem Land Rheinland-Pfalz ein, wenn es z.B. darum geht, Fördermittel zu verteilen oder überhaupt über die Förderungswürdigkeit von Projekten zu entscheiden.

Maßnahmen im Naturpark: Anlegen von Gehölzstreifen ...

... und Greifvögelsitzen auf der ansonsten baumlosen Hochfläche

Im Naturpark Rhein-Westerwald sind bestimmte Dinge nur mit besonderer vorheriger Genehmigung möglich. Der Bau von Gebäuden oder das Anlegen von Kiesgruben oder Steinbrüchen gehören natürlich dazu, aber auch alles, was die Natur irgendwie verändern würde, sogar das Beseitigen einzelner Felsen bedarf einer Genehmigung. Roden von Wäldern oder Trockenlegen von Teichen ist selbstverständlich nicht ohne weiteres möglich, genauso wenig das Erstaufforsten oder das Anlegen von Teichen – bevor in irgendeiner Form in die Natur eingegriffen werden kann, müssen eben die Folgen über-

Naturschutz kontra Naturerleben

Die heutige Lebensweise mit ihrer Rund-um-die-Uhr-Mentalität hat viel Unruhe in den Wald gebracht – mittlerweile gibt es sogar Fitnessbegeisterte, die mit der Stirnlampe nachts auf Waldwegen joggen. Das Wild hat sich der menschlichen Verhaltensweisen schon weitestgehend angepasst; Hirsche, Rehe und Wildschweine sind zu reinen Nachttieren geworden, denn höchstens in der Nacht sind sie auf ihren Äsungsflächen ungestört. Den Tag verbringen sie im sicheren Schutz der Dickungen, wo sie dann manchmal vor lauter Langeweile Baumrinde nagen – ein Ärgernis für Jäger und Förster gleichermaßen.

Lärmende Schulklassen stellen für das Wild in der Regel kein Problem dar. Es hat sich darauf eingestellt, dass auf den Wegen ein Kommen und Gehen herrscht und hält sich darum von den Hauptverkehrsachsen im Wald fern. Nur in der kalten Jahreszeit können laute Geräusche den Tieren schaden, da diese dann möglicherweise aus ihrer Winterruhe aufschrecken und unnötig viel Energie verlieren.

Wer sich auf den Wegen leise verhält, nimmt natürlich viel mehr auf vom Leben im Wald: vom Rascheln im Unterholz, vom Zwitschern der Vögel und vom Wind in den Kronen. Doch sind es gerade die Naturfreunde – Fotojäger und Pilzsammler z.B. –, die das Wild am meisten beunruhigen. Auf der Suche nach einem begehrten Objekt verlassen sie die Wege und schleichen durch den Wald. Dieses Verhalten lässt sich von den Tieren schwer deuten und versetzt sie in Angst. Auch die Pflanzenwelt wird dadurch gefährdet; viele seltene Pflanzen werden aus Unkenntnis zertrampelt.

Tip des Försters: Wenn Sie schon auf Abwegen sind, dann singen oder pfeifen Sie sich eins!

(Foto: Damwild, nicht heimisch im Wald der VG Unkel)

Nicht nur sieben, sondern 40 Gipfel: das Siebengebirge von Unkel aus gesehen. Links der Drachenfels, erstes Naturschutzgebiet Deutschlands

legt sein. Außerhalb der Verbandsgemeinde Unkel sind im Naturpark Rhein-Westerwald überdies noch fünf sogenannte Kernzonen eingerichtet, der Rheinbrohler Wald, der Heimbacher Wald, der Märker Wald, das Fockenbachtal und die Lahrer Herrlichkeit. Diese kleineren Teilflächen des Naturparks sind unter besonderen Schutz gestellt, das Anlegen von gewerblichen Anlagen oder Steinbrüchen ist dort grundsätzlich nicht erlaubt.

Naturpark und Naturschutzgebiet Siebengebirge

Der Naturpark Siebengebirge erstreckt sich oberhalb des besiedelten Rheinufers von Bad Honnef bis fast nach Bonn. Seinen Namen hat er nicht daher, dass hierher Schneewittchen vor ihrer bösartigen Stiefmutter geflohen ist, auch nicht, weil es hier genau sieben Berge gibt, es lassen sich nämlich je nach Sichtweise bis zu 40 Bergkuppen zählen. Sicher belegt ist die Namensgebung ohnehin nicht, aber es ist sehr wahrscheinlich, dass der Name eher vom mundartlichen »Siefen« oder »Siepen« abgeleitet ist, was »tiefes, feuchtes Tälchen« bedeutet.

Das Siebengebirge ist heute sowohl Naturpark als auch Naturschutzgebiet. In diesem Hinblick hält es gleich zwei Rekorde. Als 1836 der Drachenfels, hauptsächlich wegen der dort befindlichen Burgruine, unter Schutz gestellt wurde, war das gewissermaßen das erste Mal, dass sich der Staat für den Schutz von Landschaft und Natur einsetzte. Der dortige Steinbruch musste stillgelegt werden. 1958 wurde die gesamte Gegend zum Naturpark erklärt, zum ersten Mal in Nordrhein-Westfalen.

Von einem wirklichen Naturschutzgebiet konnte man 1836 aber natürlich noch nicht sprechen, da nur die Bergkuppe des Drachenfels geschützt war. Aber immerhin konnte dieser gerettet werden, denn da 1823 nach der Wiederaufnahme der Bauarbeiten am Kölner Dom auch dieser historische Steinbruch wiedereröffnet worden war, gäbe es womöglich heute keinen Drachenfels mehr, hätten sich nicht die Bürger der umliegenden Dörfer für eine Stilllegung stark gemacht. Steinbrüche im übrigen Siebengebirge wurden weiterhin ausgebeutet. Nach dem 7. Juni 1922, als es offiziell zum Naturschutzgebiet erklärt worden war, wurde lediglich Basalt an einigen Stellen und Tuff südlich des Petersbergs, allerdings unter Tage, abgebaut. Mit weiteren Bestimmungen 1944 und 1965 wurden

Merkwürdige Teamarbeit von Tier und Pflanze

Ameisen schätzen den Samen des Schmalblättrigen Weidenröschens und sorgen durch Verschleppen für die Verbreitung der Pflanze

die Nutzungsmöglichkeiten dann immer weiter eingeschränkt.
Inzwischen spielt nur noch die touristische Nutzung eine Rolle. Hauptsächlich Kurzzeiturlauber und Tagesausflügler machen die bis zu 2,5 Millionen Besucher des Drachenfels im Jahr aus. Der 1869 gegründete Verschönerungs-Verein für das Siebengebirge hat auch das übrige Gebiet als Erholungsraum erschlossen. Ein dichtes Netz von Wanderwegen und Erklärungstafeln macht dem Besucher die Natur zugänglich. Seit 1971 hat der Naturpark Siebengebirge – mit seinen 4.800 ha der kleinste Naturpark in

Weder Pflanze noch Tier ...

Pilze – hier nur die oberirdischen Fruchtkörper – sind strenggenommen weder Pflanzen noch Tiere. Da sie kein Blattgrün enthalten, können sie ihre Bau- und Betriebsstoffe nicht selbst herstellen, sondern beziehen sie aus faulenden Pflanzen- und Tierresten. Sie sind deshalb für den Stoffkreislauf im Biosystem Wald von größter Bedeutung und schützenswert!

Das imposante Bergmassiv der Erpeler Ley – zur Zeit das einzige Naturschutzgebiet des Naturparks Rhein-Westerwald

Deutschland – immer wieder das für je fünf Jahre gültige europäische Diplom des Europarates erhalten. Dieses war auch hilfreich bei der Auseinandersetzung mit der Deutschen Bahn, die 2002 eine neue Hochgeschwindigkeitstrasse zwischen Frankfurt und Köln fertigstellte. Obwohl diese teilweise im Naturschutzgebiet Siebengebirge verläuft, kommt es kaum zu Beeinträchtigungen, da die Betreiber überzeugt werden konnten, diese Strecke großenteils zu untertunneln und ausreichende Ausgleichsmaßnahmen zu finanzieren. Hierbei spielte nicht zuletzt eben auch das europäische Diplom eine Rolle.

Naturschutzgebiet Erpeler Ley

Mit einer Höhe von 190 m über dem Meeresspiegel fällt die Erpeler Ley jedem Besucher des kleines Ortes Erpel sofort ins Auge. Deutlich erkennt man die säulenartige Struktur des hier zu Basalt erstarrten Magmas. Geologisch Interessierte werden sich freuen, wie deutlich man hier die Fließrichtung und die daraus entstandenen Strukturen verfolgen kann. Dieser Reichtum an Fels wurde dem Berg jedoch auch fast zum Verhängnis. Auf Grund seiner Lage direkt am Rheinufer ist er verkehrsmäßig durch die Schifffahrt und die Eisenbahnstrecke ideal ange-

Wanderfalke

Auf der Erpeler Ley sieht man bisweilen den Wanderfalken, im Bonner Raum die größe Falkenart, wobei das Weibchen etwa die Größe eines Mäusebussards erreicht. Eigentlich ist er ein Felsbrüter, weicht aber auch auf Horste anderer Vögel in Bäumen aus oder brütet auf dem Boden. Heutzutage sucht er sich oft menschengemachte Felsen, wie Kirchtürme oder Kraftwerkskühltürme; die dort bereitgestellten Nistkästen nimmt er gerne an. Auf den nackten Boden werden dann 3–4 Eier gelegt. In der Umgebung des Nistplatzes jagt der Wanderfalke, seine Beute besteht nahezu ausschließlich aus Vögeln, besonders Tauben. Das Opfer macht er im ruhigen Flug aus, um dann mit Geschwindigkeiten von bis zu 200 km/h herunterzustoßen und es zu greifen.

Da der Wanderfalke ganz am Ende der Nahrungskette steht, war sein Bestand in Deutschland in den 1970er Jahren fast ausgelöscht, weil sich das damals intensiv eingesetzte DDT in Pflanzen, Insekten und schließlich Vögeln, den Beutetieren des Wanderfalken, angereichert hatte. Somit war die Nahrungsquelle der Greifvögel unbeabsichtigt durch den Menschen tödlich vergiftet worden. Nur einige wenige Brutpaare überlebten in der schwäbischen Alb, von wo sie sich nach dem Verbot der chlorierten Kohlenwasserstoffe wieder langsam ausbreiten konnten. Inzwischen besteht keine Gefahr mehr, dass der Wanderfalke aussterben könnte. Wanderfalken haben recht spitze Flügel und einen relativ kurzen Schwanz, der Rücken ist grau und die Bauchseite weißlich mit dunklen Querbändern. Hals und Wangen sind weiß mit einem deutlich erkennbaren dunklen Bartstreif.

bunden und wurde im 19. Jahrhundert intensiv als Steinbruch genutzt. Durch starke Ausbeutung des Basalts und zahlreiche Sprengungen verlor die Erpeler Ley deutlich an Höhe und war auf dem besten Wege, ganz zu verschwinden. Auch in diesem Fall, genau wie beim Abbau des Gesteins an der Ruine des Drachenfels, waren es die Anwohner, die als erste einen Schutz forderten. Karl Kollbach, ein Schulinspektor aus Remagen, gründete 1906 den »Verein zum Schutze der Erpeler Ley«. Dieser konnte bereits 1909 Teile des Berges pachten und ihn damit vorübergehend vor einer weitergehenden Zerstörung bewahren, was mit einem großen Feuerwerk auf dem Gipfel gefeiert wurde.

Der Verein betrachtete dies jedoch nur als einen Etappensieg und wollte den gesamten Berg erwerben. Diese Pläne konnten jedoch nicht verwirklicht werden, da Karl Kollbach 1911 starb und

Uhu

An der Erpeler Ley und in der Umgebung brüten nach systematischen Wiedereinbürgerungsversuchen in der nahe gelegenen Eifel wieder Uhus. Im Rheinland wurde der letzte Uhu 1965 gesichtet, Jagd und Aushorstung hatten den Vogel ausgerottet. Ab 1979 wurden die Tiere in der Eifel angesiedelt und breiteten sich bis auf die rechte Rheinseite aus. Mit einer Spannweite von bis zu eineinhalb Metern ist der Uhu die bei weitem größte heimische Eulenart. Seinen Namen hat er von den monotonen »Uuhu«Rufen, die das Männchen ausstößt.

Der Uhu brütet in Steinbrüchen und Gruben, dort scharrt er in den treppenförmigen Steilwänden ein Nest, in das 2–3 Eier gelegt werden. Diesem Standort bleibt der Vogel meist sehr treu und jagt nachts im Umkreis von etwa 5 Kilometern. Dabei bevorzugt der Uhu größere Beutetiere, wie den Feldhasen, Jungfüchse oder Graureiher, lehnt aber auch Mäuse und nicht einmal große Käfer ab. Häufig nimmt er die Gelege anderer Vögel aus oder frisst Aas, auch überfahrene Tiere, weshalb er besonders durch den Straßenverkehr gefährdet ist.

Man erkennt ihn an den großen Federohren, die er aber nur im Sitzen aufrichtet, und dem grau-schwarz-rostbraun gemustertete Rücken sowie dem rostgelben Bauch mit schwarzer Längsstrichelung.

niemand seine Sache mit gleichem Einsatz weiter vertrat.
So begannen die Steinbrucharbeiten nach dem Ersten Weltkrieg aufs Neue, wurden dann aber bald wieder eingestellt, weil die häufigen Sprengungen die Verkehrswege am Fuße der Erpeler Ley gefährdeten, insbesondere den Straßen- und Zugverkehr, aber auch die Binnenschifffahrt auf dem Rhein. 1941 wurde der Berg dann endgültig unter Schutz gestellt und ist heute ein beliebtes Ausflugsziel und einer der wenigen Aussichtspunkte am Rhein, die direkt mit dem Auto zu erreichen sind.
Letzteres läuft dem Naturschutzgedanken teilweise zuwider, wenn an manchen Tagen die Bergkuppe so voller Besucher ist, dass die Vegetation Gefahr läuft, an vielen Stellen zertreten und verschmutzt zu werden. Auch die rechtliche Situation ist ein wenig schwierig, da das Verlassen der Wege eigentlich streng untersagt ist, bei der großen Zahl der Besucher lässt sich dieses Verbot aber nicht durchsetzen. Dabei ist die Erpeler Ley ein bemer-

Nachtigall

Der Name Nachtigall leitet sich aus dem Althochdeutschen ab und bedeutet »Nachtsängerin«. Eigentlich ist die Nachtigall aber tagaktiv und singt besonders abends und morgens, aber eben auch des Nachts. Wegen der Schönheit ihres kraftvollen Gesangs ist sie in vielen Kulturen verehrt worden und hat auch einen Platz in vielen Liedtexten ihrer menschlichen Musikerkollegen gefunden. Die Nachtigall hält sich stets in der Deckung von Gebüschen und in Bodennähe auf. Ihre Nahrung besteht aus Insekten und Weichtieren aller Art, die sie am Boden unter altem Laub, aber auch in der Erde sucht. Die Nachtigall nistet am Boden, das Nest ist dabei gut versteckt und getarnt, um die 4–6 Eier eines Geleges vor Fressfeinden zu schützen. Die Jungvögel sind gänzlich ockerfarben gefleckt, beim Altvogel sind Rücken und Schwanz rostbraun. Im Winter sucht die Nachtigall wie viele andere Vögel das Weite und zieht nach Afrika.

Robinie

Sie wird auch »Falsche Akazie« genannt und ist eigentlich in Nordamerika und Mexiko heimisch. So hat sie denn auch ihren Namen von Jean Robin bekommen, der diese Pflanze als Hofgärtner Ludwigs des XIII. im 16. Jahrhundert nach Frankreich und damit erstmals nach Europa brachte. 1710 gelangte sie nach Deutschland. Vielleicht aufgrund ihrer exotischen Herkunft ist die Robinie hinter den anderen Bäumen immer ein wenig zurück; im Frühling steht sie noch kahl da, wenn schon alles grün ist. Entsprechend langsam wächst sie auch und bildet nur eine kleine Krone aus. Die Blätter sind hellgrün gefiedert mit zwei kleinen Dornen am Grund. Interessant ist dabei, dass sich die Blätter nachts zusammenfalten und herunterhängen, also eine Schlafstellung einnehmen. Durch ihre Eigenschaft, den Boden mit Stickstoff anzureichern, der den Boden für andere Pflanzen fruchtbarer macht, setzt man die Robinie gerne als Bodenveredler ein.

kenswerter Standort für seltene Pflanzen und Tiere. Dazu zählen zum Beispiel die Robinie oder der Schwalbenschwanz, Nachtigall, Uhu und Wanderfalken sowie eine Vielzahl von Blütenpflanzen.

Naturdenkmäler

Naturdenkmäler nennt man Landschaftselemente, die unter Denkmalschutz gestellt wurden, entweder wegen ihrer Seltenheit, Eigenart oder Schönheit. Dies können markante Einzelbäume sein, aber auch kleine Flächen, die ein besonderes Biotop oder Geotop darstellen.

Auch in der Verbandsgemeinde Unkel hat die Natur ein paar imposante Erscheinungen hervorgebracht, z.B. das **Ilexgebiet** im Erpeler Wald, zwischen Auge Gottes und Kalenborn. Ein besonders dichter Bestand der immergrünen Stechpalme ist mit dieser Auszeichnung versehen worden. Inzwischen hat sich auch südwestlich davon ein bemerkenswerter Ilex-

Schwalbenschwanz

Dieser Schmetterling hat im Verhältnis zu seinen 6–8 cm breiten Flügeln einen relativ kleinen Körper. Die Flügel haben eine dunkelgelbe Grundfarbe mit netzartiger schwarzer, an den Hinterflügeln auch blauer Zeichnung und jeweils ein rotes Auge. Da der Schwalbenschwanz sich von Blütennektar ernährt, trifft man ihn meist in Gärten und auf Wiesen an.
In jedem Jahr wachsen zwei Generationen des Falters heran. Die Frühjahrsgeneration paart sich, woraus die Sommerraupen hervorgehen, die sich bereits nach 2–3-wöchiger Verpuppung zu einer neuen Generation des Schwalbenschwanz entwickeln. Die Nachkommen dieser Generation verpuppen sich im Herbst und überwintern in braunen Kokons, um dann im Frühjahr als Falter zu schlüpfen und den Kreis zu schließen. Zur Paarungszeit versammeln sich die männlichen Tiere meist an Hügelkuppen und flattern dort umher, bis sie ein Weibchen gefunden haben.

bestand gebildet, und zwar unterhalb des Waldweges, der vom Auge Gottes in Richtung Asberg und Kalenborn führt.
Am Rand desselben Waldweges befindet sich etwas weiter in Richtung Auge Gottes eine enorm große **Fichte**, die scheinbar alle Stürme überstanden hat, ohne wie viele ihrer für Windwurf anfälligen Artgenossen entwurzelt zu werden. Sie steht, von Kalenborn aus gesehen, etwa 300 Meter weiter am linken Wegesrand.

Eine weitere beeindruckende Erscheinung gibt es in der Nähe von Rheinbreitbach. Es handelt sich hierbei um eine sehr alte Kiefer, die wegen ihrer Form auch **Kronleuchterkiefer** genannt wird. Sie ist in der Nähe der ehemaligen Schmelze, d.h. nicht weit von den Tennisplätzen, zu finden. 2001 wurde sie vom hiesigen Forstamt zum Baum des Jahres gekürt.
Die **Kreuzeichen** sind ebenfalls einen Besuch wert. Am Weg vom Auge Gottes Richtung Rottbitze zweigt nach

etwa eineinhalb Kilometern der Stellweg nach links zur Löwenburg ab. Ein kleines Stück weiter befinden sich gleich mehrere Eichen, die vor immerhin mehr als 150 Jahren gepflanzt wurden. Sie sind übrigens nur Nachfolger einer noch viel älteren Eiche, in deren Rinde vor Urzeiten nach mündlichen Aussagen ein Kruzifix geschnitzt war. Bedenkt man, dass sich einst auf dem nahe gelegenen Asberg vermutlich ein keltisches Heiligtum befunden hat, kann man herrlich spekulieren: Vielleicht ist die ursprüngliche Kreuzeiche ja eines der ersten Zeichen der Christianisierung in unserer Region?

Ilex

Der Name Ilex leitet sich wahrscheinlich von dem keltischen Wort »ac« oder »ic« für Spitze ab und bezieht sich auf die stacheligen Blätter dieses Gewächses. Die Römer verschenkten zu ihren Winterfesten Ilexzweige als Sinnbild für Wohlwollen und freundschaftliche Zuwendung. Die Wertschätzung dieser Pflanze kommt nicht von ungefähr – in unseren Breiten ist die Stechpalme der einzige wildwachsende immergrüne Laubbaum, der mit seinen lederartigen, glänzendgrünen Blättern insbesondere im Winter die Blicke auf sich zieht. Wenn weibliche und männliche Pflanzen zusammen stehen, entwickeln sich sehr dekorative leuchtend rote Beeren, die einen bislang unbekannten Giftstoff enthalten. Aus den Blättern gewann man in der Antike einen Extrakt gegen Gallenleiden.

Der Baum gedeiht gut im Schatten, ist allerdings frostempfindlich. In unserer Region erreicht er die Ostgrenze seiner Verbreitung. In windgeschützten Lagen erreicht er bis zu 7 m Höhe, hat im zunehmenden Alter – er kann bis zu 300 Jahren alt werden – jedoch weniger »wehrhaft« ausgeprägte Blätter, d.h. die dornig gezackten Blätter werden durch eher glattrandige ersetzt.

Was blüht denn da in Wald und Flur?

Nesselblättrige Glockenblume

Moschus-Malve

Wiesenflockenblume

Kronwicke

Lanzettkratzdistel

Pfaffenhütchen

... und Flur

LANDWIRTSCHAFT

Traditionelle Selbstversorgung im Rheintal

Schon die ersten Bewohner der Region – Kelten und Germanen – betrieben in unserer Region Land- und Forstwirtschaft. Das milde Rheintalklima und die teilweise fruchtbaren Böden eignen sich für eine Vielzahl von Feldfrüchten. Jahrhundertelang war das Leben der Bewohner durch die jahreszeitlich wechselnde Arbeit auf dem Acker und im Wald geprägt. Der Feldanbau, vor allen Dingen von Getreide, und das Heranziehen von Kühen, Schafen, Ziegen, Schweinen, Pferden, Gänsen, Enten und Hühnern versorgte sie mit dem Lebensnotwendigen.

Damals wie heute – Hühner vor einem Brennholzstapel und ...

Doch bereits in fränkischer Zeit führte die Verbreitung der Weinrebe zu einer grundlegenden Veränderung. Wer auch nur halbwegs geeignete Flächen besaß oder zu pachten wusste, legte ei-

Landwirtschaftliche Erzeugnisse im Kirchspiel Unkel 1815/1816

Feldfrucht	Ertrag	Bebaute Fläche
Korn:	106 Malter	42 Morgen
Weizen:	4 Malter	2 Morgen
Gerste:	25 Malter	6 Morgen
Hafer:	1 Malter	1 Morgen
Heu:	640 Zentner	20 Morgen
Rüben:	50 Malter	(ohne Angabe)
Erbsen:	2 Malter	1 Morgen
Hirse:	1 Malter	1 Morgen
Flachs:	fast nichts	-
Summe:		73 Morgen (ohne Rüben)

nen Weingarten an, denn dies war in aller Regel gewinnbringend. Verdiente ein Pächter an einem Morgen besten Ackerlandes rund 3 Taler, so erbrachte ein Morgen Weingarten satte 20 Taler. So wurden Feldfrüchte nur zum Eigenbedarf angebaut.
Dies erklärt auch eine Statistik zu der jährlichen Erzeugung im Kirchspiel Unkel aus den Jahren 1815/16:
Die preußische Regierung rügte zwar die »Monokultur« des Weinbaus und empfahl den Anbau von Getreide in der Ebene, doch die Bewohner ließen sich nur höchst ungern darauf ein.

Ackerbau und Viehzucht auf den Hochflächen

Auf den Hochflächen rund um Bruchhausen und Orsberg, die sich durch das rauere Klima für die Anlage von Weingärten nur schlecht eigneten, sah es anders aus. Die Heideflächen auf der Kiesunterlage wurden traditionell als Viehweide verwendet. Die nährstoffreichen lössüberdeckten Flächen ließen sich dagegen hervorragend für den Ackerbau nutzen. Seit dem Mittelalter ist für Bruchhausen der Anbau von Hafer und Roggen nachgewiesen. Damit waren die Hauptnahrungsmittel Roggenbrot und Hafergrütze schon einmal gesichert. Auch Erbsen und Linsen, die eigentlich aus dem mediterranen Gebiet stammen, wurden bereits im Mittelalter mit Erfolg kulti-

... das übliche Getreide: Hafer, Weizen, Gerste (von oben)

Jedes Fleckchen wurde sinnvoll genutzt – Milchkühe auf einer Weide vor der ehemaligen Unteren Burg in Rheinbreitbach

viert. Später kamen noch Sommergerste und Buchweizen hinzu. Seit der Kartoffelkampagne des Alten Fritz, König von Preußen, wurden zusätzlich »Erdäpfel« von den hiesigen Bauern gesetzt und geerntet. Als Fettspender diente neben den tierischen Erzeugnissen Lein, später auch Raps und Flachs, der zudem zur Textilherstellung verwendet wurde. Der anspruchsvolle Weizen dagegen wurde in Bruchhausen erst im Ersten Weltkrieg eingeführt.

Die traditionelle Bearbeitung der Felder und Weinberge mit den vorhandenen Handwerksgeräten war sehr mühselig. Nicht alle Bauern konnten sich beim Einbringen der Ernte heimischer Zugtiere, insbesondere Ochsen, bedienen. Gut dran waren die Landwirte, die mit Leiterwagen z.B. das Heu in die Scheune brachten. Für Kleinbauern dagegen war der einrädrige Handkarren, die sogenannte »Schörreskaar«, das einzige Transportmittel. Auch die Winzer bedienten sich ihrer in den Weinbergen. Bei der Lese erfolgte der Transport der Trauben in Schörresbüdde (großen Bottichen) auf Schörreskarren.

Als nachteilig für die Entwicklung der Landwirtschaft erwies sich das Realteilungsrecht, das im Rheinland ver-

Ernte in früheren Zeiten

Getreideernte mit der Handsichel (Willi Unkels, Rheinbreitbach)
Unten: Wohl dem, der ein Ochsengespann hatte (Bruchhausen)

Lebendige Zeugnisse der Landwirtschaft in unserer Region

»Schürreskarrenrennen« beim Heimatmuseumsfest Rheinbreitbach (l.)
Landwirtschaftliche Sammlung in Bruchhausen bei Heinrich Fuchs (r.)
»Raste« – steinerne Bank zum Absetzen einer Traglast (u.)

breitet ist. Im Gegensatz zu anderen Regionen Deutschlands wird der Hof nämlich nicht einem einzelnen Nachkommen vererbt, wie es beim Anerbenrecht üblich ist, sondern auf sämtliche Nachkommen gleichermaßen verteilt. Was auf den ersten Blick so gerecht erscheint, führt allerdings zwangsläufig zu einer Zersplitterung des Grundbesitzes auf kleinste Parzellen. Dies hat sich besonders im 20. Jahrhundert beim Einsatz von Mähdreschern u.a. Großgerät als sehr ungünstig herausgestellt.

Durchs bäuerliche Jahr

Frühling	*Mist auf Kartoffelacker fahren* *Wiesen schleifen, Unrat und Maulwurfhügel beseitigen* *Äcker eggen und grubbern* *Hafer und Sommergerste säen* *Rüben, Kartoffeln, Mais und Klee säen (mit Hand) und walzen* *Kartoffeln setzen* *Vieh täglich mit Klee oder Gras füttern (Stallfütterung)* *Wintergetreide ernten mit dem »Seech«*
Sommer	*Heu ernten mit der Sense* *Sommergetreide ernten* *erstes Getreide dreschen: Roggen, Weizen und Hafer*
Herbst	*Stoppelfeld schälen, eggen* *zweite Heuernte (Grummeternte)* *Felder für Wintersaat pflügen* *Wintergetreide säen* *Kartoffeln, Futterrüben und Mais ernten* *Kartoffeln einkellern*
Winter	*Brennholz einbringen* *Mist und Jauche fahren* *Getreide dreschen* *Vieh schlachten*

(nach »1000 Jahre Bruchhausen«, 1995)

Der Haanhof – ein Gutshof aus dem 19. Jahrhundert mit eigener Kapelle – ist ein beliebtes Etappenziel beim Volkswandertag »Unkeler Dreisprung«

Gut Haanhof und Gut Hohenunkel

Als Ausnahmen treten auf dem Hochplateau die weitläufigen Nutzflächen der Güter Haanhof und Hohenunkel hervor. Sie liegen beide auf den kiesbedeckten Teilen der Hochfläche, die jahrhundertelang nur zur Viehhutung dienten und sich zur nährstoffarmen Heide entwickelt hatten. Die Gemeinde Unkel war daran interessiert, dieses Gebiet zur Urbarmachung an einen Investor zu verkaufen. 1837 legte schließlich Johann Heinrich Aloys Haan, ein begüterter Kölner Weinhändler, den Grundstein zur »Haanenburg« mit bester Fernsicht und eigener Kapelle. Die Gesamtfläche des Guts Haanhof von 110 Hektar wurde als Ackerland, Wald und zur Milchkuhhaltung genutzt, die Hänge nach Rheinbreitbach hin zum Weinbau.
Zwischen den beiden Weltkriegen gewann der Obstanbau an Bedeutung (siehe weiter unten), später folgte dann eine intensive tierische Veredlung: Mastschweine und -rinder sowie Eier fanden guten Absatz in den Rheingemeinden.
Seit den 70er Jahren wurden die Weideflächen teils aufgeforstet, teils zur Pferdehaltung genutzt. Den heutigen Schwerpunkt bildet eine landschaftlich

sehr reizvoll gelegene Anlage mit Wochenendhäusern.
Eine ähnliche Entwicklung durchlief Gut Hohenunkel, das im Jahre 1906 mit 60 Hektar Acker und Wald entstand.
Auch hier stand zunächst die Milchkuhhaltung mit eigener Molkerei im Vordergrund. Das Pädagogium in Bad Godesberg und das mondäne Lungensanatorium Hohenhonnef waren Stammkunden der modernen Anlage, die sogar mit einer Joghurtanlage ausgestattet war.
Zusätzlich wurden seit 1930 Salat und Tomaten in riesigen Gewächshäusern gezogen, doch eine Windhose im Jahre 1934 und ein Orkan im Jahre 1939 richteten dort irreparable Schäden an. Nach dem Zweiten Weltkrieg wurde das repräsentative Herrenhaus als Erholungsstätte und Landschulheim genutzt. Heute ist dort ein Reitbetrieb und die Gourmet-Fisch-Räucherei Vidal ansässig.

Obstplantagen in der Nachkriegszeit

In den 50er Jahren rückte in Tal- und Höhenlagen der Obstanbau in den Vordergrund. Die sandig-lehmigen Böden im Rheintal eignen sich hervorragend für Sauerkirschen, Äpfel und Erdbeeren. Auf der Hochfläche wurden zusätzlich Süßkirschen, Rhabarber und Himbeeren gezogen.
Während man Bruchhausen alsbald das »Himbeerdorf« nannte, wurde Rheinbreitbach für seine Erdbeeren gerühmt. Jeden Juli lockte das große Erdbeerfest mit ausgelassener Stimmung und einem großen Festzug viele Touristen, darunter sogar Amerikaner an. »Unsere Erdbeeren, ob groß oder klein, gehören in jede Bowle rein«, warb eine Inschrift auf einem der damaligen Festwagen.
Der Absatz war gesichert, in nächster Umgebung gab es allein sieben Konservenfabriken (Josef Bornheim und

Stangenbohnen auf der Hochfläche, im Hintergrund Obstplantage

Veser in Rheinbreitbach, Juchem in Erpel, Wirtz & Co. in Unkel sowie Peter Brassel, Dienel & Jakob und Weihershaus im benachbarten Bad Honnef).
Ab den 60ern jedoch konnten kleinere landwirtschaftliche Betriebe nach der Öffnung des EU-Agrarmarktes mit der ausländischen Konkurrenz nicht mehr mithalten. Sie wurden stillgelegt; mittlere und größere Betriebe pachteten oder kauften deren Land.
Aber auch für diese Betriebe lohnte sich der Anbau von Erdbeeren, Kirschen und anderen Früchten nicht mehr, da diese inzwischen preiswerter aus Ländern wie Spanien importiert werden konnten.

Der ganze Stolz der bäuerlichen Familie – ein Traktor (Fam. Fuchs)

Seidenraupen in Bruchhausen

Ein Kuriosum stellt die Seidenraupenzucht während der Dreißigerjahre dar. Aufgrund der Autarkiebestrebungen des Nazi-Regimes ging man daran, in ausrangierten Eisenbahnwaggons Seidenraupen zu ziehen.
Um die seidenproduzierenden Tierchen angemessen füttern zu können, kultivierte man im Stadtgebiet Unkels Maulbeerbäume. Noch heute befindet sich an der Unkeler Burg nahe der Kirche ein solches exotisches Gewächs.

Strukturwandel in der Landwirtschaft

Als sich im Jahre 1949 in Bruchhausen ein Ortsverband des Bauern- und Winzerverbands Rheinland Nassau e.V. gründete, traten als Mitglieder 20 Landwirte und Winzer allein aus Bruchhausen in Erscheinung, dazu sieben Landwirte aus Orsberg und zwei aus der Gemarkung Unkel, nämlich vom Gut Hohenunkel und Haanhof. Die Betriebsgröße reichte von 1 bis zu 60 ha, durchschnittlich ging man von 4 bis 5 ha aus. Doch schon in den

Streuobstwiesen

Auf den terrassierten Hängen befanden sich früher neben den Weinreben so genannte Streuobstwiesen. Hier wuchs eine Vielzahl unterschiedlicher Obstbäume, die Besitzer selbst führten nur die allernotwendigsten Arbeiten durch und ernteten im Herbst die Früchte. So konnten sich die Bäume ungestört und gesund entwickeln und ein hohes Alter erreichen. Diese stark strukturierte Landschaft aus Weinbergen, Trockenmauern und Streuobstwiesen ist Lebensraum vieler seltener Pflanzenarten und Tiere. (Foto Obstwiese in Orsberg)
Klassisch bewirtschaftete Streuobstwiesen bieten ein sehr vielfältiges Biotop. Zum einen dadurch, dass anstatt moderner Monokulturen ein buntes Gemisch aus verschiedenen Obstsorten angebaut wird. Selbst wenn eine Streuobstwiese nur aus Apfelbäumen bestünde, würde eine traditionell bewirtschaftete Wiese viele verschiedene Varianten des Apfels aufweisen. Im Handel sind heutzutage nur noch einige wenige, besonders ertragreiche Sorten zu finden, wie zum Beispiel der Boskop. Noch vor wenigen Jahrzehnten waren in Deutschland jedoch Hunderte von Sorten bekannt, eine Arten- und Geschmacksvielfalt, die einige wenige Idealis-

ten in eine rationalisierte Landwirtschaft wieder zurückzubringen versuchen.
Ein solcher Versuch ist vor einigen Jahren von Jörg Belz in Bruchhausen gestartet worden. Er möchte sich auch einer eher traditionellen Form der Pflege des Naturgartens widmen. Die Äste der Bäume werden bei dieser extensiven Methode nur in einigen Ausnahmefällen zurückgeschnitten. Immer wenn ein Baum beschnitten wird, ist das eine Verletzung, die auch dem Gesamtwohl der Pflanze schadet; Bäume, die zu häufig und zu stark beschnitten werden, haben keine besonders hohe Lebenserwartung. Wenn man aber einmal damit anfängt, wird man mit den Rückschnitten nicht mehr fertig, denn auf jede Narbe reagiert ein Baum mit vielfachem Neuwuchs, eine wahre Sisyphusarbeit also, wollte man einen ganzen Hang jedes Jahr in die richtige Form bringen.
Moderne Obstplantagen wenden daher eine radikale Methode an und schneiden die Bäume jedes Jahr komplett zurück bis auf wenig tragende Äste, die dafür natürlich eine umso höhere Ernte abwerfen. Eine solche Plantage bleibt aber eine Art Acker, die anderen Pflanzen und Tieren keinen attraktiven Lebensraum bietet. In einer extensiv bewirtschafteten Streuobstwiese siedeln sich dagegen schnell verschiedene Kräuter und Blumen zwischen und unter den Bäumen an, tote Äste sind willkommene Verstecke für viele Insektenarten und Nistplätze für Vogelarten, die mit der Aufgabe von mehr und mehr Streuobstwiesen aus unserem Landschaftsbild zu verschwinden drohen.
Hierzu gehört vor allem die Zippammer, ihr Bestand ist stark gefährdet; nur noch etwa 10 Paare brüten im gesamten Kreis Neuwied aufgrund der zunehmenden Verbuschung. Andere Arten, die gerne in Streuobstwiesen nisten oder auf Nahrungssuche gehen, sind der Grünspecht, der Wiedehopf und der Gartenrotschwanz. Voraussetzung für eine gesunde und attraktive Streuobstwiese ist, dass der Unterboden nicht genutzt wird, zum Beispiel durch Weidebetrieb, da auch die vielen blühenden Kräuter und Blumen für ein gesundes Ökosystem als Nahrungsquelle vieler Insektenarten unerlässlich sind.

Die Bruchhausener Hochfläche ist bis auf den heutigen Tag durch Äcker geprägt. Hier gedeihen Zuckerrüben auf dem fruchtbaren Lösslehmboden.

nächsten Jahren machte sich erneut der Strukturwandel bemerkbar: Die Zahl der Landwirte nahm ab, einige Betriebe wurden kleiner, andere größer. 1956 gab es nur noch 12 Mitglieder. Sie bemühten sich um Lieferverträge mit den Konservenfabriken der Umgebung. Mehrere Jahre lang lagen dicke Bohnen im Trend, auch Rotkohl, rote Beete und Spinat wurden im Vertragsanbau angepflanzt.

Einen weiteren Umbruch stellte die Flurbereinigung um 1960 dar, als fünf Bruchhausener Landwirte aus der beengten Ortslage ausgesiedelt wurden. Doch die ihnen zur Verfügung gestellte Fläche reichte langfristig ebenfalls nicht für einen Vollerwerbsbetrieb aus.

Aktuelle Situation der Landwirtschaft

Heute gibt es in der VG Unkel nur noch drei Volllandwirte, die hauptsächlich Getreide und Zuckerrüben anbauen. Die restlichen Höfe und auch die Hobbywinzer sehen den Verkauf ihrer Produkte eher als Zu- oder Nebenerwerbsquelle.

Nach wie vor aber gibt es in allen Orten der Verbandsgemeinde Unkel zahlreiche Kleingärtner, die ihre Familien und Freunde mit Obst, Gemüse und Kartoffeln versorgen. Viele dieser Hobbygärtner haben dabei einen farbenprächtigen Bauerngarten angelegt, der zum schönen Ortsbild beiträgt.

Bauerngärten

Dahlien und Möhren, Petersilie und Ringelblumen, Rosen, Rittersporn und Kopfsalat – die bunte Vielfalt von Zier- und Nutzpflanzen eines Bauerngartens ist heute wieder gefragt. Nicht nur, dass die durchdachte Anlage von Pflanzengesellschaften ökologisch sinnvoll erscheint, die üppige Blüten- und Duftfülle in geometrischen Formen ist einfach ein Stück ländliche Idylle, die einen nostalgischen Charme verbreitet.
Wieder einmal sind es die Römer, denen wir im Rheinland den Ursprung dieser Pracht verdanken. Während die Germanen nämlich Bohnen, Erbsen und Rüben anbauten, brachten die römischen Siedler allerlei Edles in den Garten: Gurken und Spargel, duftende Kräuter wie Dill und Thymian, süße Pflaumen, Aprikosen und Kirschen. Das Erstaunlichste für die bodenständigen Germanen waren allerdings die völlig zweckfreien Blütenpflanzen: In den römischen Gärten leuchteten Rosen, Lilien und Levkojen.
Erst im Mittelalter gelang es den hiesigen Mönchen, die bunten Blumen dauerhaft auch bei uns zu etablieren. Sie legten kunstvolle, symbolträchtig gestaltete Klostergärten mit Heilkräutern, Blütenstauden und einjährigen Sommerblumen an und versorgten die mittlerweile interessierten Bäuerinnen freigebig mit Samen und Stecklingen.
Weitere Impulse erhielt die Gartenkultur während der Barockzeit mit ihren prunkvollen Schlossgärten. Nun galt es als schick, Blumenrondelle mit Buchsbordüren einzufassen.
Im 20. Jahrhundert setzte sich vielerorts eher der Einheitsrasen mit Koniferen durch. Doch in den Orten am Rhein findet man sie noch – oder wieder, die farbenfrohen Bauerngärten.

Permakultur – Landwirtschaft der Zukunft?

Der Begriff Permakultur leitet sich aus dem englischen »permanent agriculture« ab und wurde 1974 von den australischen Ökologen und Landschaftsplanern Bill Mollison und David Holmgren geprägt. 1981 wurde Mollison für sein Permakultur-Konzept der Alternative Nobelpreis verliehen.
Bill Mollison und David Holmgren definieren Permakultur als ein integriertes, sich selbst entwickelndes System aus mehrjährigen und sich selbst vermehrenden einjährigen Pflanzen

Obst und Gemüse aus der Region – der »Stuxhof«

»Hier, probier mal – vier verschiedene Apfelsorten!« Wer kennt nicht die stets emsige Verkäuferin des Obstgutes Vilszelt, die ihren Kunden erst einmal geviertelte Äpfel zum Kosten reicht? Jahrelang wurden am Verkaufsstand an der B 42 (nahe dem Abzweig Richtung Bruchhausen) jeden Tag neu die Kisten mit Obst und Gemüse aufgestapelt. Nun bietet das Obstgut Vilszelt seine Ware am Gerhardswinkel in einer Halle an: darunter auch Importware wie Clementinen und Bananen, vorzugsweise aber erntefrisches Obst und Gemüse aus eigenem Anbau, Äpfel, Kirschen und Erdbeeren, im Herbst Kürbisse und im Winter Weihnachtsbäume.

Bunte Blumenwiese – intaktes Biotop und Augenweide zugleich

Der Umgang mit Tier und Pflanze – auch eine sinnliche Erfahrung

und Tierarten, die für den Menschen nützlich sind. Grundgedanke ist das Wirtschaften in und mit ökologischen Kreisläufen im Sinne einer dauerhaften und nachhaltigen Nutzung. Permakultur ist neben einer alternativen Form der Landwirtschaft auch eine Lebensphilosophie.

Permakultur ist ein Weg, nachhaltige Lebensräume und Systeme zu unterstützen. Diese sollen der Natur und dem Menschen dauerhafte Lebensgrundlagen sichern helfen – ökologisch, sozial und ökonomisch. Auf der Grundlage langfristiger Beobachtungen von Pflanzen, Tieren und anderen Elementen in allen ihren Funktionen, Einsatz von altem und neuem Wissen werden Modelle entwickelt, wie sich lebendige Systeme selbst erhalten und regenerieren können. Störungen werden nicht bekämpft, sondern sind Teil der Lösung.

Permakultur arbeitet mit vielfältigen Annäherungen an die Mitwelt. Als Planungs- und Entwurfsmethode stellt sie bzgl. des Menschen z.B. wieder Bedürfnisse wie Nahrung, Energie und Wärme in den Mittelpunkt, legt aber auch großen Wert auf den sinnlichen Bezug zur Mitwelt. Hier macht sie seine persönliche und funktionale Beziehung

»... die Nische finden«

Richard Pertzborn, Landwirtschaftsmeister, leitet den Lindenhof in Bruchhausen, einen von fünf im Zuge der Flurbereinigung 1962 ausgesiedelten Betrieben. Bis 1991 war er noch Vollerwerbslandwirt, dann musste er seine letzten Milchkühe, Schweine und Hühner abschaffen. »Es hat sich nicht mehr gerechnet«, bedauert er. »Die meisten Landwirte mussten aufgeben. Ein paar haben noch eine Nische gefunden mit Bioanbau oder Hofverkauf. Aber das bietet sich nicht bei jedem Betrieb an.«
Er ist froh, wenigstens eine feste Stelle als Grünpfleger gefunden zu haben. 40 Stunden in der Woche macht er Rasenpflege, schneidet Sträucher, kümmert sich um einen Tennisplatz. Seine Liebe gilt allerdings immer noch dem alten Familienbetrieb. In seiner Freizeit baut er Getreide an: Weizen, Roggen, Gerste, rund 20 Stunden in der Woche. »Der Sommerurlaub geht immer für die Getreideernte drauf«, erzählt er. Am Abend sitzt er dann über dem Schreibtisch: »Wir müssen alles lückenlos dokumentieren«, berichtet Richard Pertzborn. »Wann und was ich säe, womit ich dünge, mit welchem Anhänger ich fahre, mit welchem Mähdrescher ich mähe.« Lohnt sich denn der Aufwand? »Kaum, die Preise sinken immer weiter.«

→→

Acht Euro hat er im letzten Jahr für einen Doppelzentner Weizen erhalten. Ohne staatliche Subventionen könnte er den Betrieb nicht über Wasser halten.
Also rechnet er feinsäuberlich aus, welches Feld er diesmal brach liegen lässt (s. Foto S. 85), um wenigstens die staatliche Stilllegungsprämie zu erhalten. Der Strukturwandel ist noch im vollen Gange – jedes Jahr muss er sich auf neue Regelungen einstellen, das lässt keine langfristige Planung zu.
Wie sieht er die Zukunft? »Meiner Tochter empfehle ich nicht, den Betrieb zu übernehmen«, resümiert er. Und kurzfristig betrachtet: »Zur Zeit ist eine einheitliche Betriebsprämie im Gespräch. Das wäre gar nicht so schlecht. Dann kann jeder machen, was er will. Ich würde einfach eine Wiese anlegen, zweimal im Jahr drüber mähen, fertig. Das wäre einmal ein echter Beitrag zur Artenvielfalt.«

Landwirt im Nebenerwerb – mehr als ein nostalgisches Hobby

zum Gesamtgefüge deutlich und umgekehrt.
Das Permakultur-Konzept kann auf Bauernhöfen und Gärten, Architektur und soziale Zusammenhänge in Schulen, Gemeinden oder Betrieben angewandt werden und hilft, gesunde und energieeffiziente Lebens-, Lern- und Arbeitsräume zu gestalten. Es bietet viele Ansätze zur Lösung heutiger ökologischer und sozialer Probleme. Die intensive Auseinandersetzung mit Permakultur führt zu mehr Bewusstsein für die eigenen Ziele und Bedürfnisse nach verantwortungsvoller Beschäftigung und ausgefüllter Lebenspraxis.

Im Wingert

WEINBAU

Rebkulturen in Unkel – die Voraussetzungen

Tagestouristen aus Bonn sind immer wieder erstaunt, ein paar Kilometer südlich ihrer Stadt schon auf Weinberge zu treffen. Man kann doch eigentlich nicht mit der Trambahn nach Italien fahren?

Es ist aber auch nicht selbstverständlich, dass so weit nördlich Weinbau noch mit solch großem Erfolg betrieben werden kann; hier spielen verschiedene Faktoren eine Rolle, insbesondere

Seit Jahrhunderten gedeihen am Unkeler Stux Rebstöcke

klimatischer Natur. Das Mikroklima im Flusstal unterscheidet sich deutlich von dem in der Köln-Bonner Bucht oder in den Rheinhöhengebieten, die ja nur wenige Kilometer entfernt sind. Der Rhein an sich wirkt schon als riesiger Wärmespeicher, durch die Sonneneinstrahlung tagsüber heizt sich das Wasser auf und gibt diese Wärme nachts nach und nach wieder ab. Aus diesen Gründen sind Tag- und Nachttemperaturen ausgeglichener; es kommt nicht zu starken Schwankungen, die den empfindlichen Reben gefährlich werden oder zumindest den Ertrag schmälern könnten. Starke Fröste sind seltener, und insgesamt verlängert sich die Vegetationsperiode.

Verstärkt wird dieser Effekt noch dadurch, dass die Bergzüge entlang des Mittelrheins hauptsächlich aus Schiefer bestehen, der ebenfalls eine große Wärmespeicherkapazität aufweist und außerdem Regenwasser gut ableitet. Besser könnte es kaum sein, denn im Allgemeinen ist ein Boden ideal für den Weinbau, wenn er einen gewissen Ausgleich zum Umgebungsklima bildet. Weinberge in einem eher kühlen Klima, wie es am Mittelrhein der Fall ist, gedeihen also besser auf solchen wärmenden Böden.

Aufgrund der relativ hohen Niederschlagsmengen und Luftfeuchtigkeit durch die Lage am Fluss ist das schnelle Versickern des Wassers eine wichtige Eigenschaft des Bodens. So wurzeln die Reben tiefer, und bei starken Re-

genfällen vor der Weinlese verwässern die Trauben nicht, was die Qualität vermindern würde.
Im Unkeler Gebiet kommt noch eine weitere Besonderheit hinzu. Zum einen liegt Unkel in einer Art Talkessel, eingerahmt von der Erpeler Ley und dem Stuxberg, die zwei bedeutende Wärmespeicher darstellen. Die dunkle Farbe ihrer Gesteine trägt dazu bei, dass sie besonders viel Energie aus der Sonneneinstrahlung absorbieren kön-

Die Weinbauregion Mittelrhein

Als Mittelrhein wird das Anbaugebiet bezeichnet, das hinter dem sogenannten Rheinknie bei Bingen beginnt und sich bis Dollendorf fortsetzt, etwa 10 km flussabwärts von Unkel. Somit gehören die Reben in Unkel zu den nördlicheren im Gebiet. Auch wenn vereinzelt Weinberge weiter nördlich zu finden sind – sogar in Hamburg, London und Berlin – so gilt der Mittelrhein doch als das am weitesten nördlich gelegene zusammenhängende Weinbaugebiet der Welt.
In den letzten Jahrzehnten ist der Anbau von Wein im gesamten Gebiet des Mittelrheins immer weiter zurückgegangen. Noch im Jahr 1980 betrug die Anbaufläche 2.000 ha, heute werden auf 120 km Stromlänge nur mehr 570 ha bewirtschaftet. Somit ist der Mittelrhein das Gebiet mit dem geringsten Ertrag in ganz Deutschland.
Zum Teil ergibt sich diese Situation durch die geografische Lage. Da das Rheintal eine der Hauptverkehrsadern in Deutschland bildet, nimmt die Verkehrsinfrastruktur mit wichtigen Schienen, Straßen und Autobahnlinien teilweise an beiden Ufern viel Fläche ein. Hinzu kommt die dichte Besiedlung, für welche der Rhein auf der einen und die Berge auf der anderen Seite nicht viel Platz lassen. Vielerorts haben sich die Gebäude bereits auf die flacheren Hänge ausgedehnt. Gerade dort fänden sich gute Weinlagen, die einen nicht so hohen Arbeitsaufwand erfordern würden und damit wirtschaftlich rentabel zu bearbeiten wären.
Da jedoch der Weinbau zunehmend auf die steilsten und unzugänglichsten Hänge zurückgedrängt wird, gestaltet sich die Bewirtschaftung häufig schwierig. Allerdings sind gerade diese schwierig begehbaren Steillagen meist auch die besseren.
So gilt der Mittelrhein auch unter Weinkennern als zwar kleines, aber doch feines Anbaugebiet.
➔ Karte s. nächste Seite

Weinanbaugebiete in Deutschland

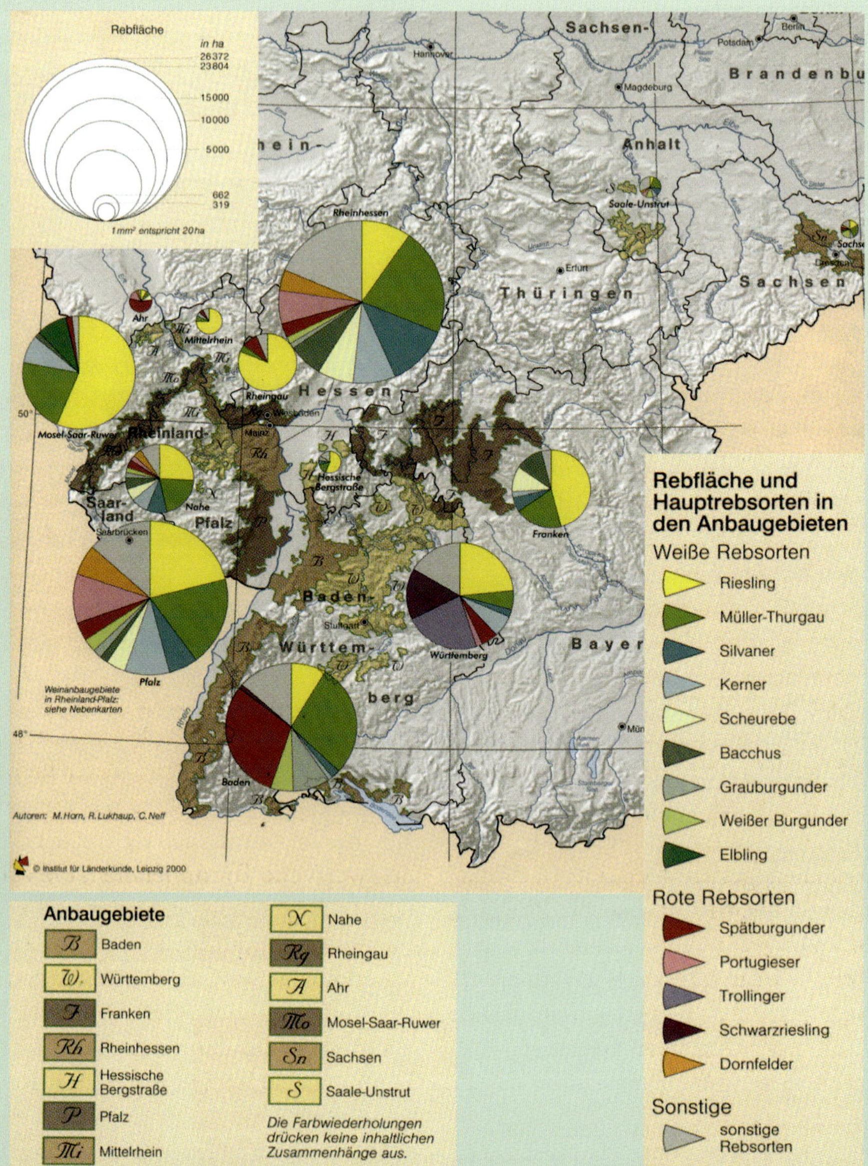

(Entnommen mit freundlicher Genehmigung aus: Prof. Dr. Chr. Becker (Hrsg.): Deutscher Nationalatlas Bundesrepublik Deutschland, Band »Freizeit und Tourismus«. Trier 2000)

nen. Besonders interessant ist aber, dass die Niederschlagsmengen in Unkel im Vergleich zu anderen Orten am Rhein, die nur wenige Kilometer entfernt sind, um ein erstaunliches Maß geringer ausfallen. So fielen 1996 in Oberdollendorf 650 l/m², in Unkel dagegen bloß 545 l/m². In manchen Jahren kämpfen die Winzer zwar mit der Trockenheit, im Allgemeinen ist das aber ein Standortvorteil, da mehr Regen auch ein kühleres Klima bedeutet und zuviel Feuchtigkeit den Reben gar nicht gut tut.

Um diese klimatischen Faktoren zum Tragen zu bringen, ist auch noch die Auswahl der richtigen Lage von entscheidender Bedeutung, damit die Reben einen guten Wein hervorbringen. In der Regel ist ein reiner Südhang am besten geeignet, da hier die Sonne ihre größte Kraft entfaltet. Am Mittelrhein jedoch werden Hänge bevorzugt, die nicht ganz exakt nach Süden, sondern auch leicht nach Westen ausgerichtet sind, um so länger die Abendsonne auszunutzen. Das hat den Vorteil, dass sich das Schiefergestein abends noch einmal richtig aufwärmt und so die Pflanzen vor Frösten schützt.

Diese Wärme hilft auch, die Pflanzen trocken zu halten, was dem Befall durch Pilzkrankheiten vorbeugt.

Neben dem Klima spielt natürlich auch der Boden eine ganz bedeutende Rolle. Der Schieferverwitterungsboden, wie er rund um Unkel zu finden ist, hat sich als ideal für den Weinbau herausgestellt. Dies liegt nicht nur an der dunklen Farbe des Ausgangsgesteins, die für eine gute Wärmespeicherkapazität sorgt, sondern auch am Nährstoffgehalt. Der Tonschiefer enthält nämlich wertvolle Tonmineralien, die vom Rebstock gut aufgenommen und verwertet werden können.

Nutzte die Abendsonne – der ehemalige Wingert auf dem Koppel

So erklärt es sich, dass hier – an der nördlichen Grenze des nördlichsten Weinbaugebiets Europas – nicht nur schon seit vielen Jahrhunderten Rebstöcke kultiviert werden, sondern diese auch ein ganz besonderes Tröpfchen hervorbringen.

Wie kam der Wein nach Deutschland?

Wann und wo ein Mensch das erste Mal ein Glas Wein getrunken hat, ist heute natürlich nicht mehr festzustellen. Die ersten Beweise für Weinbau sind archäologische Funde im Zweistromland, die etwa 5.000 Jahre alt sind. Ramses III, Pharao von Ägypten, widmet im 11. Jahrhundert vor Christus seinem Gott Amun großflächige Weinberge mit Winzern, verschleppten Sklaven und einem Kanalsystem zur Bewässerung.
Auch im klassischen hellenistischen Griechenland spielte der Wein eine große Rolle; so schreibt Thucydides, ein griechischer Geschichtsschreiber im 5. Jahrhundert vor Christus, dass die Anwohner des Mittelmeeres sich durch den Anbau von Wein und Oliven von den Barbaren unterschieden. Meeresarchäologen fanden in gesunkenen Schiffen auf dem Grunde des Mittelmeeres versiegelte Amphoren mit griechischem Wein, den man natürlich heute leider nicht mehr probieren kann. Es ist nicht gesichert, ob der griechische Wein mit Honig und Gewürzen versetzt wurde oder ob er heutige Weine in den Schatten gestellt hätte.
Von den Griechen lernten die Römer den Weinbau und aufgrund des riesigen Marktes, den sie erschlossen, boomte der Weinbau auch in den Provinzen so stark, dass Kaiser Domitian sämtliche Neuanlagen untersagte und die Hälfte aller eroberten Provinzen außerhalb des heutigen Italiens zerstören ließ. Römer tranken ihren Wein als alltägliche Durstlöscher, oft mit Wasser oder sogar Seewasser gemischt.
Als das Verbot 280 nach Christus aufgehoben wurde, gab es bereits zahlreiche Weinberge im Süden der römischen Provinz Gallien, des heutigen Frankreichs. Nach der Freigabe neuer Pflanzungen breiteten sich die Reben auch in den Norden aus, bis nach Deutschland und England.
In Deutschland war Wein während des Mittelalters das Getränk der Wahl, da im verschmutzten Wasser oft gefährliche Krankheiten lauerten und Bier noch nicht besonders haltbar war – Wein dagegen immerhin ein ganzes Jahr, also so lange, bis die nächste Ernte eingebracht war. Tee oder Kaffee waren lange gänzlich unbekannt und machten dem Wein erst später Konkurrenz.

Geschichte des Weinbaus in unserer Region

Die Anfänge des Weinbaus in unserer Region gehen wahrscheinlich schon auf die Römerzeit zurück und sind daher natürlich nicht mehr genau nachzuvollziehen. Als erwiesen gilt, dass die Römer zur Versorgung ihrer linksrheinisch stationierten Legionen die Rebenkultur im Ahrtal schon im 3. Jahrhundert nach Christus einführten. In den damals nicht eroberten rechtsrheinischen Gebieten begann der Weinbau erst später, unter fränkischer Herrschaft. Besonders Karl der Große förderte die Anlage von Weinbergen.

In Erpel, wo die Reben auf dem wärmespeichernden Basalt der Ley ebenfalls prächtig gediehen, wird im so genannten »Weistum« von 1388 der Wein als wichtigstes Handelsgut aufgeführt.

Noch älter ist das erste schriftliche Zeugnis, das den Anbau von Wein in Unkel belegt: Es stammt aus dem Jahr 886. Durch dieses Dokument, das gleichzeitig die erste schriftliche Erwähnung Unkels überhaupt darstellt, vermacht ein Hartmann aus Unkel einen Teil seiner Weinberge dem Kloster Prüm in der Eifel. Also müssen sich die Menschen in der Region schon länger dem Anbau der Trauben gewidmet

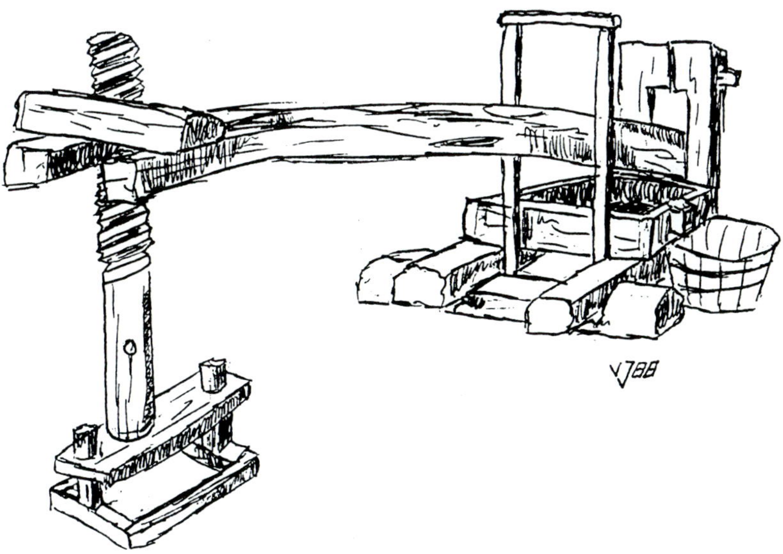

Mit solch einer Baumkelter von 10 m Länge wurden im Mittelalter die Trauben ausgepresst. (Baumkelter aus Scheuren, Landesmuseum Koblenz)

Motivation der winzernden Mönche: ein möglichst reiner Messwein

haben, da die Weingärten zu diesem Zeitpunkt ja bereits bestanden haben müssen; wann jedoch die erste Rebe gepflanzt wurde, lässt sich nicht mehr mit Sicherheit sagen.

»Heiliger« Wein

Sicher ist allerdings, dass die Verbreitung des Weins in Deutschland hauptsächlich dem Adel und den Klöstern, überhaupt dem Christentum zu verdanken ist. Hatten die Christen bereits vom Judentum die Wertschätzung der edlen Tropfen gelernt, so maßen sie dem Wein aufgrund seiner liturgischen Bedeutung als »Blut Christi« einen ganz besonderen Stellenwert zu. Mit der Christianisierung von Germanien wuchs dann auch hier der Bedarf an Wein für sakrale Zwecke. Dabei war nicht nur irgendein Wein gefragt – gut und rein musste er sein, wenn er den strengen Anforderungen der Ordensklöster für das feierliche Messopfer genügen sollte.

So nimmt es nicht Wunder, dass während des Mittelalters die einzelnen Mönchsorden die modernsten und besten Kenntnisse sammelten – z.B. über die korrekte Auswahl von Anbaugebieten und die Bearbeitung der Böden – und dieses Wissen von Generation zu Generation weitergaben. Die Mönche tauschten natürlich auch neu hinzugewonnene Erkenntnisse untereinander und mit den Mitgliedern anderer Orden aus.

Besonders gute Winzer fanden sich unter den Brüdern des Zisterzienserordens, der sich 1098 aus dem Benediktinerorden gelöst hatte. Einige der berühmtesten und wichtigsten Weinberge in Frankreich gehen auf ihre Arbeit zurück, zum Beispiel der weltberühmte Clos de Vougeot.

Sie waren aber ebenfalls in Deutschland nicht untätig. So findet man auch in der Nähe von Unkel, nur 10 km entfernt, in Heisterbach bei Königswinter, heute noch die Überreste eines

Zisterzienserstifts. Es handelt sich um die berühmte Chorruine Heisterbach, die Kirche eines 1189 von Himmerod in der Eifel aus gegründeten Klosters. Der Gründungskonvent von 12 Brüdern übernahm damals eine 1176 von Augustinern aufgegebene Niederlassung und widmete sich natürlich auch dem Anlegen von Weinbergen.

Klöster als Grundherren

Mit der Zeit trachteten viele Klöster und Stifte, aber auch weltliche Herren danach, Weingärten im sonnenverwöhnten Rheintal zu erwerben. Ein Großteil des Grundbesitzes in Unkel selbst – das sich ja unter der Herrschaft des Erzbischofs von Köln befand – gehörte z.B. dem Kölner Stift Maria ad Gradus, ein weiterer Teil dem Kölner Domkustos.

Torbogen des Kölner Stiftes Maria ad Gradus in Unkel

Auch andere Klöster profitierten vom Weinbau in Unkel und Umgebung, so Schwarzrheindorf und Rolandswerth. Bruchhausen wird schon im 8. Jahrhundert als ein Ort erwähnt, in dem die Doppelabtei Stablo-Malmedy Einkünfte erzielte. Erpel wiederum befand sich fest in der Hand des Kölner Domkapitels.

Um ihren Fernbesitz zu kontrollieren, richteten die Grundherren Verwaltungshöfe ein, die z.T. heute noch das Ortsbild prägen.

Der Fronhof im Süden Unkels etwa erinnert an die Herrschaft des Stifts Maria ad Gradus, das heutige Christinenstift ist der ehemalige Zehnthof des Kölner Domkustos. Der bedeutendste Bau in Erpel ist der ehemalige Fronhof des Kölner Domkapitels direkt am Rhein mit einem sechseckigen Gartenhäuschen.

Die Winzer selbst hatten lange Zeit eine Art Leibeigenenstatus, waren ihren Herren hörig und mussten alle geernteten Trauben abliefern und verarbeiten. Da sie aber auf der anderen Seite über das gesamte Wissen verfügten, wie die Weinberge am besten zu bewirtschaften waren und wie die Ernte dann verarbeitet werden musste, so dass Wein und kein Essig entstand, emanzipierten sie sich im Laufe der Zeit. Sie erreichten nach und nach persönliche Freiheit und das Recht, die

Noch bis vor fünfzig Jahren wurde das Betreten der geschlossenen Weinberge vor der Lese strafrechtlich verfolgt – wie hier in Rheinbreitbach

Anbauflächen von den Besitzern zu pachten.
Als Pachtzins war im Allgemeinen der Zehnte, also ein Zehntel der Ernte üblich. In Erpel wurde dabei unterschieden zwischen einem Rot- und einem Weißzehnt. Doch auch sonst machte diese Regelung einen enormen bürokratischen Apparat notwendig, denn natürlich hätten die Winzer die besten Trauben lieber heimlich gelesen und den Grundbesitzern nur den Zehnten dessen bezahlt, was ohnehin von geringer Qualität war. Um das zu verhindern, wurden die Weinberge mit Beginn der Reife geschlossen und deren Betreten bei Geldstrafe verboten. Die sogenannten Flurschützen, eine Art Feldpolizei, überwachten diese Regelung.

Wein als Grundnahrungsmittel

Auch nach dem Mittelalter stellte der Wein die wichtigste Erwerbsquelle in den Orten Unkel, Erpel, Bruchhausen und Rheinbreitbach dar. Neben seiner sakralen Bedeutung handelte es sich dabei schließlich auch um das »liebste Getränk« in der damaligen Zeit, denn im Gegensatz zum Wasser war er nicht durch Krankheitserreger und Schmutz verseucht.
Außerdem ließ er sich besser über längere Zeit einlagern als Bier – andere Alternativen gab es also kaum. Zudem eignete sich das Getränk ausgezeichnet als Handelsgut, das auf dem Rhein preiswert transportiert werden konnte.

Weinbau contra Ackerbau

Welche Bedeutung der Weinbau im Vergleich zur sonstigen Landwirtschaft einnahm – darüber gibt uns erstmals der so genannte »Capitations-Anschlag« von 1671 Auskunft. So besaßen damals Unkeler, Scheurener und auswärtige Bürger zusammen insgesamt eine Weinbaufläche von 222 Morgen, was etwa 71 ha entspricht. Dem gegenüber entfielen nur 131 Morgen, also 44 ha auf Ländereien für die übrige Landwirtschaft, hauptsächlich für den Anbau von Getreide und Viehwirtschaft.

Ein anderes Dokument, die »Zustandstabelle« von 1790, belegt sogar noch einen Rückgang der zum Anbau von Lebensmitteln genutzten Flächen zu Gunsten von mehr Weingärten. Letztere hatten sich um eine Fläche von 30 Morgen auf 252 ausgedehnt. Die übrigen Ländereien waren um eben diese 30 Morgen auf 105 Morgen geschrumpft. Also haben die Unkeler immerhin ein Viertel ihrer zur Ernährung genutzten Landwirtschaftsfläche dem Wein geopfert.

Im Hinblick auf die damals in Unkel und Scheuren ansässigen 160 Familien mit 800 Personen verwundert es nicht, dass in einem Bericht über die Topographie des Kirchenspiels Unkel von 1815 darauf hingewiesen wird, dass lediglich ein Sechstel des von der

Weinlese in Rheinbreitbach vor den Toren der Unteren Burg (Postkarte nach einem Gemälde von Wegelin-Rudolf; vgl. den Blick mit Foto auf S. 96)

Bevölkerung zum Überleben benötigten Getreides vor Ort produziert wird und der Rest zu hohen Preisen aus dem Herzogtum Berg importiert werden muss. Im selben Bericht wird empfohlen, die ungünstigen Tallagen nicht mehr für den Weinbau, sondern für den Anbau von Getreide zu nutzen.

Vernetzte Mischkulturen

Allerdings gestaltete sich die hiesige Kulturlandschaft noch weitaus vielfältiger als etwa in den Weinanbaugebieten an der Ahr und der Mosel, wo fast ausschließlich Wein in Monokulturen angebaut wurde. Die Strukturen des Weinbaus am Rhein waren wesentlich vernetzter. Holz für die notwendige Infrastruktur am Berg, Stützpfähle für die Reben und Terrassen gewann man aus eigener Forstwirtschaft. So verwendete man dreijährige Hainbuchentriebe als Pfähle (vgl. Niederwald S. 38), die dünneren ein- bis zweijährigen dagegen als quergelegte Gerten, um auf diese Weise ein Spalier zu errichten, an dem Wein auch in der Ebene emporranken konnte. Gebunden wurden die Reben mit Weiden vom Rheinufer.
Die Viehwirtschaft lieferte als Nebenprodukt Mist und damit natürlichen Dünger für die Weinstöcke. Im Gegen-

Erpeler Winzerinnen beim »Gürten« – dabei binden sie die einjährigen Triebe in Herzform an den Stamm

Das Jahr im Weinberg

»Siebzehnmal im Jahr soll der Rebstock seinen Herrn sehen.«

Altes Winzersprichwort

Rebschnitt

Direkt nach der Lese beginnt die Arbeit für die nächste Ernte. Beim Rebschnitt zwischen der Lese im Herbst und dem Austrieb im Frühling wird altes Holz entfernt. Die abgeschnittenen Triebe werden zerkleinert und zur Humusanreicherung in den Boden eingebracht.

Gürten

Im Frühjahr werden die einjährigen Triebe gebogen und gebunden, früher eine typische Frauenarbeit. Dabei zieht man die sogenannten »Lodde« nach unten und befestigt sie mit Bindedraht oder Bast in herzförmigen Bögen am Stamm.

Bodenbearbeitung

Mehrmals im Jahr steht die mühselige Bodenbearbeitung an. Schon bei einer Neuanlage muss der Boden durch tiefes, doppeltes Umgraben (»Rigolen«) für die tief wurzelnden Rebstöcke vorbereitet werden. Jeweils im Frühjahr wird der Boden zwischen den Weinstöcken erneut umgegraben und gedüngt, und auch im Laufe des Sommers bedarf er der steten Lockerung durch Hacken. Ebenfalls vorteilhaft wirkt sich die Einsaat von Gründüngungspflanzen und das Mulchen in den Zeilen aus.

Pflanzenschutz

In regelmäßigen Abständen untersucht der Winzer die Rebstöcke auf Krankheiten und Schädlingsbefall. Um die Trauben gesund zu erhalten, sind zwischen Mai und August oft mehrere Spritzungen gegen tierische Schädlinge und Pilzkrankheiten die Regel, immer nach dem Motto: »So viel wie nötig, so wenig wie möglich.«

Laubarbeiten

Zwischen Juni und August erfolgen »Laubarbeiten«, bei denen überflüssige Triebe und Zweige abgeschnitten oder ausgebrochen werden.

Lese

Je nach Witterungsverlauf startet ab September die Ernte der Trauben. Früher begannen alle Winzer gemeinsam die Lese. Zuvor wurden die Weinberge öffentlich geschlossen, und keiner durfte sie mehr betreten. Der Flurschütz wachte darüber, dass dieses Verbot eingehalten wurde und es somit keine »Ernteschäden« gab. Heute legt jeder Winzer selbst den Lesezeitpunkt fest. Das romantische Bild von der Weinlese mit singenden Winzerinnen hat übrigens in gewisser Weise seine Berechtigung – wer singt, nascht keine Trauben –, sollte aber nicht darüber hinwegtäuschen, dass es sich dabei um eine mühevolle Arbeit handelte. Insbesondere in den Steillagen – in denen auch heute noch nicht maschinell gepflückt werden kann – war die Lese schweißtreibend. Die Aufgabe der Frauen und Kinder bestand darin, die reifen Trauben zu schneiden und zu sammeln, während die Männer die schwerbeladenen »Kiepen« zum Weg trugen. Dort wurde die Last in große Bottiche (»Schörresbüdde«) ausgeleert und sogleich mit einem Holzstößel gestampft. Foto: Hin und wieder gönnt man sich aber doch eine kleine Naschpause, wie hier in Bruchhausen.

satz zum heutigen Anbau waren Monokulturen damals undenkbar. Nicht nur, dass sich mit Wein bepflanzte Hänge abwechselten mit Streuobstwiesen, auch innerhalb der einzelnen Flächen war der Sortenreichtum groß. Wenn ein Winzer heute eine ganze Fläche beispielsweise nur mit Riesling bestockt, dann hat er natürlich den Erhalt von Qualitätsstandards im Sinn, der Wein muss sortenrein gelesen und gekeltert werden, damit auf dem Etikett dann auch Riesling steht und der Weingenießer weiß, was er bekommt.

Diese Durchgängigkeit der Sorten ist aber natürlich auch ein Risiko: Schädlinge, die sich auf eine Sorte spezialisiert haben, finden ein Überangebot für ihren gefährlichen Hunger und vermehren sich explosionsartig. Wenn die angebaute Sorte empfindlich auf Fröste reagiert, kann ein einziger verfrühter Nachtfrost die gesamte Ernte gefährden. Auf die Schädlinge kann man heute mit entsprechenden Methoden reagieren, die im Mittelalter noch nicht besonders ausgereift oder gänzlich unbekannt waren.

Die Winzer damals streuten das Risiko also, indem sie in einem einzigen Weinberg eine Vielzahl unterschiedlicher Rebsorten anpflanzten, sogar Weiße und Rote gemischt. Das Ergebnis, was heute – allerdings unter viel kontrollierteren Bedingungen – »Cuvée« genannt würde, war ein buntes Gemisch aus allen möglichen Trauben, die in die Kelter geschüttet wurden. Ein solcher Wein wird im Allgemeinen als »Rotling« bezeichnet. Den Winzern damals ging es eben nicht darum, ein erlesenes Tröpfchen mit Hilfe raffinierter Methoden zu gewinnen, sondern vielmehr um die sichere Produktion eines Grundnahrungsmittels in so großer Menge wie möglich.

Schwankende Erträge

Das erste Dokument mit Angaben über den Ertrag der Unkeler Weinbauern stammt aus dem Jahr 1784. In diesem Schreiben sind Aufzeichnungen über die Erträge aus einem 52 Ar großen Weinberg der vorhergehenden 11 Jahre festgehalten. Sie schwanken, wie sie das heute in geringerem Maße auch noch tun, je nach Wetter zwischen 320 l und 2400 l, was einem durchschnittlichen Ertrag von 1000 l entspricht. Erfahrungswerte in der Region würden heute auf einen Ertrag von 4000 l für ein Anbaugebiet dieser Größe schließen lassen.

Aus den Jahren 1827 und 1828 liegen uns die genauen Weinerträge der damaligen Bürgermeisterei Unkel vor. Sie

Weinerträge im 19. Jahrhundert

	1827	*1828*
Unkel	*776*	*1.784*
Scheuren	*506*	*1.461*
Rheinbreitbach	*875*	*3.191*
Erpel	*974*	*1.709*
Heister	*168*	*259*
Orsberg	*172*	*223*
Kasbach	*77*	*2*
Bruchhausen	*447*	*646*
gesamt	*3.995*	*9.274*

(in Ohm, 1 Ohm = 160 Liter)

1827: »mittlerer Herbst«
1828: »guter Herbst«

(Quelle: Rudolf Vollmer 1995)

Die ganze Familie hilft mit bei der Weinlese – kein vergnüglicher Zeitvertreib, doch die Freude über die Ernte steht jedem ins Gesicht geschrieben

verdeutlichen die Unterschiede zwischen einem »mittleren Herbst« und einem »guten Herbst« (siehe Tabelle). 1827 erzielte das Ohm Wein einen Preis von 18 Talern, im Jahr 1828 nur noch 10 Taler. Verständlicher für uns ist freilich der Preis, der für eine Flasche gezahlt wird. Im Jahre 1850 waren dies 5,8 Groschen, knapp 30 % des Tageslohns eines Arbeiters. Zum Vergleich: Heute kostet eine Flasche Wein rund 4 % des Tageslohns.
Übrigens erzielte der Wein der Bruchhausener Winzer über Jahrzehnte hinweg stets den höchsten Preis in der Bürgermeisterei Unkel – eigentlich erstaunlich, wenn man bedenkt, dass der Ort ja gar nicht im geschützten Rheintal, sondern auf einem Hochplateau liegt. Doch lässt sich dieses Phänomen leicht erklären: Damals wie heute liegen die von Bruchhausenern bewirtschafteten Weingärten gar nicht in der eigenen Gemarkung, sondern hauptsächlich an Südhängen in Unkel. Nichtsdestotrotz haftete den Bruchhausener Weinen etwas Besonderes an: Der »Rheinische Antiquarius« von 1860 beurteilte Bruchhausen als »die Pflanzstätte eines sehr ausgezeichneten Weines, der allgemein anerkannt als die Krone aller von Urbar abwärts auf dem rechten Rheinufer wachsenden rothen Weines« galt. »Der Bruchhausener

Wein ist sehr haltbar und so stark von Wein wie der Ahrbleichart, jedoch wegen seines feinen Bouquets angenehmer zu trinken«, heißt es darin zudem.

Schwierige Lage der Winzerfamilien

Wie schwierig damals die Lage der Winzer trotz der großen Nachfrage war, verdeutlicht ein Schreiben der Gemeinde Unkel an die »Herrschaftliche Behörde« mit der Bitte, sie vom Strafgeld für das Fehlen ihrer Kinder vom Unterricht zu befreien.
Da in den schwer zugänglichen Hanglagen keine Zugtiere eingesetzt werden konnten und die Arbeit umso schwieriger war, mussten die Kinder mithelfen; die Zahlung des Strafgeldes konnten sich die Winzer aber dennoch nicht leisten.

Rückgang des Weinbaus

Mit Beginn des 20. Jahrhunderts setzt ein dramatischer Rückgang der Weinbauflächen in der Region ein. Er lässt sich sehr gut am Beispiel der Größe von den Anbaugebieten Bruchhausens verdeutlichen. 1903 wurde hier auf 20 ha Wein angebaut. 1905 war ein überdurchschnittlich gutes Jahr mit einem langen, sonnigen Herbst und folglich

Fröhliches Treiben der jungen und jüngsten Winzerinnen beim Erntedank- und Winzerfest in Bruchhausen

Erntedank- und Winzerfeste in alten Zeiten

Oben links: Bruchhausen, rechts und unten: Festumzug in Unkel-Scheuren (vgl. dazu heutige Winzerfeste ab S. 275)

überdurchschnittlich hohen Erträgen von ebensolcher Qualität. Bis 1906 war die Anbaufläche sogar auf 28 ha ausgedehnt worden. Die folgenden Jahre brachten allerdings sehr ungünstige Bedingungen für den Weinbau mit sich. Späte Frühjahrsfröste, ungewöhnlich viel Regen und Hagelschlag forderten ihren Tribut, zerstörten oder schwächten die wertvollen Pflanzen, so dass sie leichter das Opfer von Schädlingen werden konnten. Falscher Mehltau, Echter Mehltau und der Sauerwurm vernichteten viele Weinstöcke.

Hinzu kam die 1860 aus den USA eingeschleppte Reblaus, die sich parasitär von den Wurzeln der Reben ernährt und sich mit der für Läuse typischen hohen Geschwindigkeit vermehrt. Inzwischen stellt dieser Schädling keine Gefahr mehr dar: Man pfropft europäische Rebsorten auf amerikanische Wurzelstöcke, die zwar ungenießbar, aber resistent sind. Damals allerdings war nur passives Reagieren auf die Bedrohung möglich, befallene Weinberge wurden per Gesetz stillgelegt, um eine weitere Ausbreitung zu verhindern oder zumindest einzudämmen. Von einer Heimsuchung durch die Reblaus blieb die Unkeler Gemarkung zwar verschont, in Rheinbreitbach trat sie jedoch gleich an zwei verschiedenen Lagen auf – die Flächen mussten gerodet werden. Besonders schlimm traf es die Winzer in Erpel; sie mussten sämtliche Weinberge roden und verbrennen. Danach gelangte hier der Weinbau nicht mehr zur Blüte. In Folge all dieser Katastrophen war z.B. die Bruchhausener Weinanbaufläche 1910 bereits auf 20 ha geschrumpft, 1920 waren es dann nur noch 11,15 ha und 1925 1,8 ha – eine verschwindend geringe Fläche, wenn man bedenkt, dass noch wenige Jahre zuvor am Ufer des Rhein geradezu jedes freie Stückchen Land mit Wein bepflanzt war.

Die Reblaus bedeutete auch für Rheinbreitbach eine Katastrophe

Strukturwandel

Der Rückgang der Weinbauflächen im Gebiet der heutigen VG Unkel hatte

aber schon vorher begonnen, wenn auch aus anderen Gründen. Bereits 1815 hatte die preußische Regierung angeordnet, dass die weniger ertragreichen Tallagen in Unkel nicht mehr für den Weinbau genutzt werden dürften, sondern dem Getreideanbau vorbehalten bleiben sollten. Dagegen setzten sich die weinliebenden Rheinanwohner natürlich zur Wehr, beugten sich aber dann doch dem Willen der Preußen. Dadurch wurde der Weinbau auf die viel mühsamer zu bearbeitenden Hanglagen zurückgedrängt.

Ein anderer wichtiger Faktor war der nach und nach bröckelnde Markt für Wein. Während der Rebsaft im Mittelalter eine zentrale Rolle für die tägliche Ernährung spielte, wurde er mit einsetzender Industrialisierung und zunehmendem Überseehandel von Tee und Kaffee verdrängt. Neue Verfahren machten Bier haltbarer und es stieg zum Volksgetränk auf, während die Einrichtung und der Ausbau sanitärer Anlagen auch den Genuss von Wasser sicher machte.

Auch die zunehmende Industrialisierung machte dem Weinbau zu schaffen. 1871 wurden die Pelzfabrik Profitlich und eine Betonwarenfabrik in Unkel gegründet. Die Eisenbahnstrecke am Rheinufer verband zumindest Erpel, Unkel und Rheinbreitbach mit dem Rest der Welt, wodurch Arbeitsplätze in unmittelbarer Nähe geschaffen wurden und solche in den umliegenden Orten in greifbare Nähe rückten. Viele Winzer wollten sich nicht länger den Unsicherheiten des extrem von den Wetterbedingungen abhängigen Weinbaus aussetzen. Sie gaben ihre Weinberge komplett auf und gingen als Arbeiter in die Industrie. Auch für die Tagelöhner ohne eigene Anbaufläche bot eine Beschäftigung in der Industrie eine attraktivere Bezahlung.

Winzervereine

Um der schwierigen Situation entgegenzuwirken, schlossen sich 56 Winzer im Jahre 1895 zu einer Genossenschaft, dem Unkeler Winzerverein zusammen. Auch in Bruchhausen wurde ein Winzerverein gegründet mit dem Ziel, eine Verbesserung der Qualität und Senkung der Preise durch den Betrieb eines zentralen Kellerei- und Kelterhauses zu erreichen. Das Gebäude wurde 1899 begonnen, 1923 und 1928 mit Büroanbauten erweitert und steht heute noch in Bruchhausen, wo es als Begegnungsstätte von den Bürgern gern genutzt wird. Der Winzerverein machte seine Arbeit gut und konnte die Marktsituation für die Winzer etwas verbessern, auch bemühte er sich um den Ankauf und die Weiterbewirtschaftung aufgegebener Weinbauflächen. Doch all die Mühen konnten die oben beschriebenen Schwierigkeiten nicht abfangen.

Eine kurze Renaissance erlebte der Weinbau während des Dritten Reichs, als dieser von der Regierung gefördert wurde. Die Anbaufläche, die in Unkel auf 40 ha zurückgegangen war, vergrößerte sich wieder ein wenig durch 10 ha Neuanpflanzungen auf 50 ha. Der Zweite Weltkrieg jedoch machte das alles wieder zunichte.

Auch die Nachkriegszeit war von stetigem Rückgang der Weinkultur ge-

Errichtet im klassizistischen Stil – das zentrale Kellerei- und Kelterhaus des Winzervereins in Bruchhausen, heute mit Archiv des Heimatvereins

prägt. Das Hauptproblem war der Nachwuchsmangel; die junge Generation nach dem Krieg suchte angenehmere Möglichkeiten zum Broterwerb als die mühselige Arbeit im Steilhang und so füllte die Winzergenossenschaft am 11.7.1970 ein letztes Fass Spätburgunder ab. Das Durchschnittsalter der Mitglieder bei der Auflösung betrug 70 Jahre, wobei das jüngste Mitglied 53 Jahre alt war. Das Kellerei- und Kelterhaus wurde verkauft, die Weinberge unter den Mitgliedern aufgeteilt.
Heute betreiben lediglich vier Winzer in Unkel ein Weingut, allerdings nur nebenberuflich. Gemeinsam haben sie eine Anbaufläche von nicht einmal 5ha. In den übrigen Gemeinden verdient niemand mehr sein Geld mit Weinbau. Einige Hobbywinzer bewirtschaften zusätzlich noch etwa 0,2 ha.

Weinbau und Weinproduktion

Die Rebenerziehung

Mit der Rebschere bestimmt der Winzer den Wuchs des Weinstocks und damit auch Menge und Güte des späteren Ertrags. Dabei berücksichtigt er folgende Grundregeln:
1. Die Rebe bringt Trauben immer nur an einjährigen Trieben hervor.
2. Die Reife der Trauben wird durch die Menge der grünen Blätter am jeweiligen Trieb bestimmt.
3. Zu viele Triebe und Trauben überfordern die Rebe.
4. Je lichter und luftiger der Rebstock steht, desto gesünder ist er.

In Unkel und Umgebung sieht man oft noch die traditionelle »Einzelpfahlerziehung«: Jede Rebe steht an einem eigenen Pfahl. Aber auch die »Drahterziehung« und die »Vertigoerziehung« setzen sich zunehmend durch, da hier die zeitaufwändige Arbeit des Gürtens entfällt. Ein Spaziergang entlang der Weinberge am Stux z.B. verdeutlicht diese Unterschiede.

Schädlingsbekämpfung

Schon bevor der Mensch überhaupt auf die Idee kam, den Saft aus den Trauben der Weinrebe zu pressen und gären zu lassen, hatten die Früchte eine Vielzahl an Nutznießern. Die Reben rankten sich meterhoch durch Wälder, zum Beispiel in Nordfrankreich, und Vögel, Insekten und andere Tiere wussten die Trauben bereits damals zu schätzen.
Auch heute noch ist der Mensch nicht der Einzige, dem der Wein schmeckt. Da zudem die Trauben durch Züchtung immer schmackhafter und größer geworden sind und in den Weinbergen in riesigen Mengen ihren süßen Duft verströmen, sind Schädlinge – von mikroskopischer Größe wie Viren bis hin zu Vögeln – eines der Hauptprobleme, mit denen sich ein

Unkeler Ausstellung alter Winzergeräte

Oben: Holzeimer zum Sammeln der Trauben, rechts: Hobbywinzer Siegfried Jagau mit einem Setzeisen; unten: Rauchofen und hölzerne Kiepe

Simpel, aber wirkungsvoll: Netze an den Seiten halten Amseln fern

Winzer herumzuschlagen hat. Um die Ernte zu schützen, kommen unterschiedliche Methoden und Mittel zum Einsatz.

Die größten Schädlinge sind hierbei gar nicht unbedingt die gefährlichsten: Amseln lassen sich meist schon durch ein Netz, das lediglich die Seiten der Anlagen umspannt, wirksam fernhalten. Sie dringen nämlich typischerweise nur von der Seite in die Weinberge ein, und das wird ihnen durch diese simple Maßnahme verwehrt.

In Unkel stellt die Lage unterhalb der Felsklippen einen zusätzlichen Schutzfaktor dar, denn dort nisten Falken: natürliche Feinde der Amseln. Allerdings ist dort aufgrund dieser extremen Lage ein Einsatz von Schutznetzen nicht immer möglich.

Wespen sind da schon etwas schwieriger abzuschrecken, hier würden sicherlich nur Insektizide helfen. Aufgrund der Probleme, die die Unkeler Winzer mit Wespen hatten, ziehen sie es vor, die Auswahl der Rebsorten für den Anbau so zu gestalten, dass ein gewisser Süßegrad in den Trauben, der ja die Wespen anlockt, erst relativ spät im Jahr erreicht wird, wenn die Witterung schon etwas kälter geworden ist und es nur noch wenig Wespen gibt.

Die katastrophalen Folgen, die die Reblaus Anfang des 20. Jahrhunderts über Europas Weinberge gebracht hat, wurden weiter oben schon angesprochen. Die Rettung für den Weinbau in Europa war die Idee, europäische Rebsorten auf Wurzelstöcke amerikanischer Sorten aufzupfropfen. Diese Sorten waren resistent, und da die Reblaus sich ohnehin nur von den Wurzeln ernährt, war das Problem damit gebannt. Auch heute noch muss jeder Weinstock auf eine resistente Wurzel gepfropft werden, um einem Befall vorzubeugen.

Das schwierigste und hartnäckigste Problem, mit dem die Winzer heute fertig werden müssen, sind die zahlreichen Pilzkrankheiten, die den Wein befallen können. Die beiden wichtigsten oder vielmehr schlimmsten Vertreter hier sind Odium, der Echte Mehltau und Peronospora, der Falsche Mehltau. Dem Befall durch diese Krankheiten wird durch die richtige

Erziehung der Reben vorgebeugt. Termingerechte Laubarbeiten, also das Ausbrechen oder Abschneiden überflüssiger Triebe und Blätter, ist wichtig, damit die Reben schnell abtrocknen können. Eine bessere Belüftung kann so manchen Schädlingsbefall verhindern. Oft ist aber der Einsatz von Pflanzenschutzmitteln unabdingbar, wobei in erster Linie Kupfer- und Schwefelpräparate verwendet werden.

Rebsorten am Mittelrhein

Weiße Rebsorten

Von den 570 ha der Weinberge am Mittelrhein werden ca. 420 ha mit Riesling bepflanzt, also drei Viertel der gesamten Anbaufläche. Nur mehr 40 ha entfallen auf Müller-Thurgau, 30 ha auf Spätburgunder. Das restliche Gebiet ist mit Kerner und Portugieser bestockt.

Riesling

Der Riesling wird oft als die edelste unter allen in Deutschland angebauten Rebsorten bezeichnet. Mit einer größeren Anbaufläche als die mit Müller-Thurgau bestockte ist er auch der meistproduzierte Wein in Deutschland und macht bundesweit rund 20 % der Weingärten aus. Die Trauben sind von hoher Qualität und haben einen Säuregehalt, der den aus Rieslingtrauben gekelterten Weinen einen frischen Geschmack verleiht und eine lange Haltbarkeit. Damit seine guten Eigenschaften zum Zuge kommen, benötigt der Riesling normalerweise etwas Zeit und viel Sonne. Meist reifen die Trauben nicht vor der zweiten Oktoberhälfte. Unter diesen Bedingungen bringt er elegante Weine von reichem Charakter hervor, die ein fruchtiges Aroma aufweisen können, das oft an Pfirsich erinnert, oder, solange die Weine noch jung sind, an Äpfel. Der Riesling ist eine durchaus wetterbeständige Rebsorte. Er wächst selbst auf steinigen Böden und kommt auch mit wenig Feuchtigkeit aus, außerdem ist er sehr frostbeständig.

Müller-Thurgau

Dem Müller-Thurgau, auch als Rivaner bezeichnet, gab Prof. Müller von Thurgau in der Schweiz seinen Namen. Er züchtete diese Sorte, indem er 1882 die Rebsorten Riesling und Gutedel kreuzte. Diese Rebsorte nimmt heute den zweiten Platz an Anbaufläche direkt hinter dem Riesling ein mit nahezu 20 %, womit sie dem letzterem kaum nachsteht. Die Ernte ist weitaus größer, da die Stöcke rund 30 % mehr Trauben tragen als der Riesling. Die aus ihm gekelterten Weine sind häufig leicht, weisen ein blumiges Bouquet und einen niedrigeren Säuregehalt als Riesling auf, oft lässt sich auch ein Hauch von Muskat schmecken. Grundsätzlich sind diese Weine jung am besten. Müller-Thurgau ist eine etwas anspruchslosere Sorte als der Riesling, er kommt mit weniger Sonne und Wärme aus. Allerdings braucht er etwas mehr Regen und gleichzeitig einen Boden, der die Feuchtigkeit gut ableitet. Müller-Thurgau reift dafür früher als der Riesling, meist Ende September.

Kerner

Der Kerner ist das Produkt einer Kreuzung von rotem Trollinger und weißem Riesling. Herausgekommen ist dabei allerdings kein Rosé, sondern ein waschechter Weißwein. Diese Sorte ist recht jung, erst 1929 erblickte sie dank dem Züchter August Herold das Licht der Welt in Lauffen am Neckar. Ihren Namen erhielt sie dann später in Reminiszenz an den Weinsberger Poeten und Oberamtsarzt Justinus Kerner (1786–1862). In den Weinbergen findet man den Kerner eigentlich erst wirklich seit den 1970er Jahren, bis 1992 wei-

tete sich das mit dieser Sorte bebaute Gebiet bis auf 7.800 ha bundesweit aus. Seitdem ist allerdings ein leichter Rückgang zu beobachten. Der Kerner gedeiht am besten auf Böden, die ein gutes Mittelmaß zwischen nass und trocken halten, stellt außerdem hohe Ansprüche an den Winzer, da die Laubarbeit sehr aufwändig ist. Durch seine längere Reifezeit ist jedoch der Ertrag höher als beim Riesling. Aus Kernertrauben werden Weine so gut wie aller Qualitätsstufen gewonnen, die leichteren, einfachen Schoppenweine eignen sich hervorragend als Durstlöscher oder auch zur Zubereitung einer Weinschorle. Kernerspätlese ist etwas aromatischer als der Riesling, aber ebenfalls sehr fruchtig. Überdies weist der Kerner einen höheren Säuregehalt auf.

Rote Rebsorten

Spätburgunder

In Frankreich auch als Pinot Noir bekannt, ist der Spätburgunder für Rotwein die qualitativ hochwertigste Rebsorte. Gleichzeitig ist sie wohl eine der ältesten Züchtungen in Mitteleuropa; bekannt ist, dass sie bereits 884 am Bodensee angebaut wurde. Im Laufe der Jahrhunderte breitete sich der Spätburgunder weiter in Deutschland und Frankreich aus. Heute sind in Deutschland 10.000 ha, also 10 % der gesamten Weinbaufläche mit seinen Reben bestockt, in letzter Zeit wird diese Sorte von vielen Winzern zunehmend favorisiert. Allerdings stellt der Spätburgunder hohe Ansprüche an die Pflege, den Boden und das Klima. Ein Anbau ist meist nur in den besten Lagen sinnvoll. Wird man diesen Ansprüchen gerecht, entlohnt der Spätburgunder die Mühen mit exzellentem, vollmundigem Rotwein. Das Aroma ist meist sehr fruchtig mit Anklängen an Mandel. Neben dem traditionellen, aus vollreifen Trauben gekelterten Wein mit nicht so kräftiger Farbe gewinnt zusehends auch ein *modernerer Typ mit tiefroter Farbe, der nicht mehr so lange im Eichenfass gelagert wird, an Bedeutung.*

Portugieser

Beim Portugieser ist die Namensgebung etwas irreführend – auch wenn seine Herkunft nicht genau belegt ist, aus Portugal stammt er wahrscheinlich nicht. In Deutschland taucht er im 19. Jahrhundert auf, in Österreich schon im 18. Jahrhundert. Es liegt nahe zu vermuten, dass der Portugieser eine Züchtung aus Österreich-Ungarn ist. Mit einer Anbaufläche von 5.000 ha ist der Portugieser heute die zweitwichtigste rote Rebsorte in Deutschland, auf halb so großer Fläche wie der Spätburgunder. Er ist um einiges anspruchsloser als dieser, gedeiht jedoch auf schweren, feuchten Böden nicht besonders gut. Dafür reifen seine Trauben ziemlich schnell, können teilweise schon in der ersten Septemberhälfte in guter Qualität geerntet werden. Auch die Weine, die der Portugieser hervorbringt, sind relativ unkompliziert, vielfach kann eine Ernte schon im darauffolgenden Frühjahr getrunken werden. Die Weine sind leicht, von eher geringem Alkoholgehalt und durch ihren Säuregehalt frisch und süffig, das Aroma fruchtig, wobei manchmal eine Spur von Pfefferaroma mitklingen kann.

Neue Züchtungen

Regent

Es ist nicht gerade einfach, eine neue Rebsorte zu züchten, die bestimmten Ansprüchen genügt und vor allem auch gute Weine hervorbringt. Ein Beispiel für eine gelungene und erfolgreiche Neuzüchtung ist die Rebsorte »Regent«. Sie ist ein Kind des Institutes für Rebenzüchtung auf dem Geilweilerhof bei Siebeldingen in der Südpfalz und entstand dort 1969 als

Kreuzung von Müller-Thurgau, Silvaner und der französischen Rebsorte Chambourcin. Letztere weist eine gewisse Resistenz gegenüber diversen Pilzschädlingen wie etwa falschem Mehltau, Oidium und Botrytis auf. Diese Gene gelang es bei einer der vielen Kreuzungsversuche mit einzubringen; die ersten Pflanzen wurden dann über Jahre hinweg weiter vermehrt und die jeweils besten selektiert. 1985 erfolgten erste Feldversuche, bis die Rebsorte schließlich 1994 zur Produktion von Qualitätswein zugelassen wurde.
Seitdem erfreut sich diese Sorte bei den deutschen Winzern immer größerer Beliebtheit, die Fläche, auf der sie angebaut wird, nahm seit 1997 stetig zu. 2001 waren bereits 650 ha, immerhin 0,6 % der deutschen Weinberge, damit bestockt. Das ist natürlich nicht sehr viel, aber dennoch beachtlich, wenn man das junge Alter des Regent bedenkt.

(Fotos: Hillebrand / Lott / Pfaff: Taschenbuch der Rebsorten, 1972)

Ökologischer Weinbau

Dass es aber nicht unbedingt Chemie sein muss, zeigt der ökologische Weinbau, wie ihn in Unkel Jörg Belz betreibt. Bei einem Befall muss dabei zwar öfter eine »Giftkur« angewandt werden – es handelt sich dabei jedoch um Brühen aus verschiedenen Kräutern, Pflanzen und Mineralien, die weitaus weniger Nebenwirkungen für das Ökosystem im Weinberg haben. Natürlich ist das für den Winzer viel mehr Arbeit, aber andererseits auch eine Entlastung, da er nicht mehr mit den gefährlichen Giftstoffen herkömmlicher Vernichtungsmittel in Berührung kommt.

Edler Cuvée (Rebsortenmischung) aus naturverträglichem Anbau

Erhaltung der Weinberge als Kulturlandschaft

Das Rheinland ist eine der meistbesuchten Tourismusregionen Deutschlands. Hauptgrund hierfür ist die besondere Landschaft, die der Fluss geschaffen hat und die durch eine Vielzahl architektonischer Denkmäler zusätzlich einen besonderen Reiz ausübt. Ihren eigenen Zauber erhält das Gebiet entlang des Flusses gerade durch die Vermischung von Kulturlandschaft und Naturerlebnis. Zu diesem Gesamtbild gehören natürlich besonders die Weinberge, die den sonnigen Hängen ein südliches Flair verleihen. Vielerorts werden aber gerade diese stillgelegt, die Brachflächen überwuchern nach und nach Gestrüpp, hauptsächlich Brombeeren und Himbeeren. Dies hinterlässt beim Betrachter nicht nur einen ungepflegten Eindruck, sondern hier wird auch einer ganzen Reihe von Pflanzen und Tieren ihr Lebensraum entzogen. Dazu gehören viele wärmeliebende Lebewesen, die als bedroht gelten, darunter verschiedene Eidechsen, Vögel und Schmetterlinge.

Um diese im Laufe von weit über tausend Jahren geschaffene Kulturlandschaft und damit auch den Lebensraum Weinberg zu erhalten und zu

pflegen, finden sich in den Unkel Weinbergen gleich mehrere Initiativen zusammen:

- ein Programm mit dem Ziel, brachliegende Weinberge wieder urbar zu machen, entwickelt vom Rengsdorfer Umweltinstitut und der Gesellschaft für Naturschutz und Ornithologie Rheinland-Pfalz (GNOR) in Zusammenarbeit mit dem Bundesamt für Naturschutz (BfN) und den Universitäten Mainz, Trier und Marburg
- ein Modellprojekt, das Naturschutz und Landespflege mit sozialen Belangen verbindet: Arbeitslose Jugendliche ohne Abschluss entbuschen die brachliegenden Weinhänge und bauen Trockenmauern an den Weinbergen des Stux wieder auf.

Foto links: Arbeitslose Jugendliche haben die schweißtreibende Technik des Trockenmauerns erlernt und wenden sie auch in den Steillagen des Stux an.
Foto oben: Nach der Entbuschungsaktion bestimmen alte Weinbergsmauern auch das Landschaftsbild am »Ühleknözje«, gelegen am nördlichen Hang des Hähnerbachtals. Hier könnte nun eine Streuobstwiese entstehen.

Immer ein »romantisches« Bild – gelesen wird von Alfons Selzer ...

Die Weinlese

Die Weinproduktion beginnt natürlich schon beim Pflanzen des Stocks, aber im engeren Sinne beschreibt sie die Verarbeitung der Trauben ab dem Zeitpunkt der Lese, wenn nicht mehr die Zufriedenstellung der Bedürfnisse der Pflanze, sondern die richtige Technik und der Umgang mit den Produkten entscheiden.
Das fängt allerdings schon an mit der Wahl des richtigen Zeitpunkts für die Lese. Während beim Reifeprozess der Zuckergehalt immer weiter zunimmt, sinkt logischerweise gleichzeitig der Säuregehalt.
Der richtige Zeitpunkt zur Lese ist dann gekommen, wenn beide Werte in einem ausgewogenen Verhältnis zueinander stehen, das am wahrscheinlichsten zu dem gewünschten Geschmacksergebnis führt.
Der Zuckergehalt wird, sobald der Zeitpunkt der Lese naht, vom Winzer regelmäßig mit Hilfe eines sogenannten Hand-Refraktometers kontrolliert. In diesem Gerät, das etwa so groß wie eine Faust ist, wird ein Tropfen Traubensaft zwischen zwei Prismen gebracht. Da die Lichtbrechung je nach Zuckergehalt anders ausfällt, kann der Winzer so an einer Skala ablesen, wie weit die Trauben schon gereift sind. Der Zuckergehalt wird je nach Land in Brix-, Braumé- oder Oechslegraden gemessen, wobei letztere in Deutschland angewendet werden.
Obwohl es inzwischen Maschinen zur Weinlese gibt, wird am Mittelrhein hauptsächlich von Hand gelesen, da die steilen Hanglagen einen Einsatz solcher

... wie von Caroline Siebert auch in unserer Zeit stets per Hand

Gemahlen werden die gelesenen Trauben nicht in der Traubenmühle, sondern nur leicht gedrückt, bis ihr kostbarer Saft austritt

Maschinen natürlich nicht erlauben. Außerdem ist die Gutsgröße oft so klein, dass sich die Anschaffung des teuren Geräts auf keinen Fall lohnt. Während in größeren Weingütern am Mittelrhein die Ernte von entsprechenden Maschinen direkt vor Ort verarbeitet wird, praktizieren die Winzer in Unkel auch bei der Verarbeitung noch traditionellere Methoden, weil sich solch technischer Aufwand bei den kleinen Anbauflächen nicht rechnet. Der Qualität tut das freilich keinen Abbruch, allerdings sind die Kosten höher.

Von der Kelter bis zur Flasche

Die Trauben werden hier nach der Lese zum Weingut gebracht, wo sie erst einmal in die **Traubenmühle** kommen: Zwei gegeneinander rotierende Walzen zerquetschen hier die Trauben. Allerdings werden sie nicht wirklich gemahlen, wie der Name des Apparates vermuten lassen könnte, sondern nur so angequetscht, dass die Schale aufplatzt und der Saft herausfließen kann. Dadurch wird verhindert, dass Bitterstoffe aus den Schalen und Kernen herausgepresst werden und die Qualität des Aromas vermindern.

In der Kelter wird schließlich der Most abgepresst

Die so gewonnene **Maische** (also Saft, Schale und Kerne) wird dann direkt vor Ort in die **Kelter** gefüllt, ein Zylinder mit feinen Durchlässen in der Hülle, durch die der Saft abfließen kann. Ein Kolben presst sehr behutsam den **Most**, der nicht von alleine schon abgeflossen ist, aus der Maische heraus in ein Becken und weiter in den Gärtank.

Bei **Weißwein** wird grundsätzlich immer sofort gekeltert, bei roten Trauben kommt es darauf an, was für einen Wein der Winzer produzieren will. Für einen **Roséwein** wird sofort gekeltert, für **Rotwein** erst einmal die Maische vergoren, damit sich der rote Farbstoff aus der Schale der Trauben lösen kann.

Ist in der Kelter ein bestimmter Druck erreicht, dreht der Kolben zurück, um die verbleibende Maische aufzulockern und noch einmal auszupressen. Öfter wird dieser Vorgang jedoch nicht wiederholt, damit, genau wie bei der Traubenmühle, keine unerwünschten Geschmacksstoffe aus den Hülsen oder Kernen in den Wein gelangen.

In manchen Weingütern wird ausschließlich die erste Pressung verwendet, um besonders hochwertige Weine zu erzeugen, die zweite dann für einen etwas preiswerteren. Egal, wie man es macht oder nennt, zurück bleibt schließlich der **Trester**, aus dem man ein kräftiges Destillat gewinnen kann, wie etwa die sehr beliebte italienische Grappa. Meistens aber wird der Trester als Gründünger wieder zurück auf den Weinberg gebracht. In diesem Zusammenhang sei die Brennerei Klein in Erpel am Marktplatz erwähnt, die mittlerweile unter Denkmalschutz steht. Hier werden bis auf den heutigen Tag nach altem Rezept Erpeler **Weinhefe-Schnaps** gebrannt.

Ist der Wein gekeltert und in die Tanks gepumpt, endet der einfache mechanische Verarbeitungsprozess, und es beginnt die komplizierte Wissenschaft vom richtigen Vergären und Lagern des Weins, der ja zunächst einmal Most ist. In den Tanks verbringt er einen Tag, damit sich der **Trub** setzen kann. Der darüber befindliche Klarablauf wird

Qualitätsstufen deutscher Weine

Das deutsche Weingesetz von 1971 unterscheidet verschiedene Qualitätsstufen.
Die Gruppeneinteilung lautet:

- ***Tafelwein***
- ***Qualitätswein bestimmter Anbaugebiete***
- ***Qualitätswein***
- ***Qualitätswein mit Prädikat***

*Die verschiedenen **Prädikate** werden je nach Reifegrad und Lesart (gemessen am Mindestmostgewicht) zuerkannt.*

- *Im Allgemeinen unterscheidet man **Kabinett**, die Trauben, die zuallererst gelesen werden und gerade reif geworden sind. Die Ernte muss hierbei einen Zuckergehalt von 75°–80° Oechsle aufweisen, sonst darf der Winzer diese Qualitätstufe nicht auf dem Etikett seines Weins vermerken.*
- *Die nächste Reifestufe ist die **Spätlese**, Riesling und Spätburgunder fallen in diese Kategorie. Die Trauben bleiben länger, manchmal bis Ende Oktober, am Stock und entwickeln so einen höheren Zuckergehalt von etwa 80°–85° Oechsle, was bei der Gärung dazu führt, dass die Weine einen höheren Alkoholgehalt entwickeln. Der Alkohol als Geschmacksträger gibt diesen Weinen dann einen volleren Geschmack als leichten Weinen, solange der höhere Alkoholanteil von einem ebenfalls höheren Gehalt an Geschmacks- und Aromastoffen getragen wird.*
- *Wenn die Lese weiter hinausgezögert wird und der Zuckergehalt sich noch steigert, erhält der Winzer eine **Auslese** und noch später dann eine **Beerenauslese**.*
- *Schließlich beginnt das Wasser in den Trauben zu verdunsten – sie trocknen ein, so dass man von **Trockenbeerenauslese** spricht. Bei diesem Prozess erhöht sich die Konzentration von Zucker und Aromastoffen, die Menge des gewonnenen Mosts verringert sich aber.*
- *Ähnlich ist es beim **Eiswein**, dessen Trauben erst gelesen werden, wenn sie durch erste Fröste eingefroren sind. Das Wasser in den Trauben bleibt auch beim Keltern gefroren, wodurch es nur teilweise mit in den Most gelangt und wiederum die Konzentration an Aroma, Säure und Zucker steigt, die Menge des gewonnenen Weins aber abnimmt.*

Was erzählt uns das Wein-Etikett?

*Der **Jahrgang** besagt, ob der Wein alt oder jung ist. Der Fachmann kann darüber hinaus der Angabe des Weinjahres besondere Eigenschaften entnehmen, z.B. ob es sich um einen spritzigen, wuchtigen oder rassigen Wein handelt.*

*Die **Lage** gibt an, wo die Weinstöcke gewachsen sind. Jede Lage kann nämlich einen eigenen Geschmack und Charakter besitzen.*

*Das **Anbaugebiet**: Hier steht zu lesen, zu welchem der 13 deutschen Anbaugebiete dieses Produkt gezählt wird.*

*Die **Rebsorte** ist vielleicht die wichtigste Aussage des Etiketts, denn sie bestimmt am meisten Art, Charakter und Geschmack des Weins.*

*Die **Güteklasse:** Das Weingesetz gliedert die Qualitäten in die Begriffe Tafelwein, Qualitätswein und Qualitätswein mit Prädikat.*

*Die **amtliche Prüfungsnummer** beweist die Kontrolle des Leseguts in Weinberg und Keller, die Analyse im Labor nach Alkohol, Säure, Extrakt, Restsüße u.a., und eine Sinnenprüfung, bei der amtlich bestellte Fachleute eine Geschmacksprobe vornehmen.*

abgelassen und der Trub noch einmal gefiltert.
Das Filtrat kommt schließlich mit dem Klarablauf und etwas **Hefe** wieder in den Tank. Es ist zwar eigentlich schon von Natur aus Hefe auf den Trauben vorhanden, die einen natürlichen Gärungsprozess in Gang setzen würden, aber nicht alle Hefesorten vergären den im Most enthaltenen Zucker zu Alkohol, manche auch zu Essig oder anderen Produkten, die niemand gerne in seinem Wein schmeckt.
So setzt dann also der gewünschte Gärungsprozess nach drei bis vier Tagen ein. Während der **Gärung** muss stets der **Zucker- und Alkoholgehalt** kontrolliert werden.
Besonders wichtig aber ist die Kontrolle der **Temperatur**, da die gärende Hefe neben **Alkohol** auch sehr viel Wärme erzeugt und damit den eigenen Gärungsprozess noch zusätzlich beschleunigt. Damit das nicht außer Kontrolle gerät, werden die Tanks gekühlt, wobei natürlich auch beachtet werden muss, dass die Temperatur nicht zu niedrig wird und die Hefe komplett ihre Arbeit einstellt, bevor die gewünschte Restsüße erreicht ist. Sonst erhält man statt eines **trockenen** einen **halbtrockenen** oder gar einen **lieblichen** Wein.
Ist der Kellermeister soweit zufrieden, wird der Wein mit verschiedenen feinen Zelluloseplatten in einer speziellen Anlage **gefiltert**, in der letzten Stufe so fein, dass er quasi steril ist und keine Hefe mehr weiter gären kann.
Bleibt nur noch das **Abfüllen** in Flaschen, sei es, um den Wein noch weiter zu lagern und reifen zu lassen, sei es, um ihn gleich zu genießen.
Viele Rotweine sind natürlich noch nicht gleich trinkreif, sondern müssen erst einmal **lagern**, um bestimmte Aromaeigenschaften zu entwickeln. Manche werden in Eichenholzfässern, sogenannten Barriques, andere in Stahltanks ausgebaut, wobei sich je nachdem unterschiedliche Geschmacksnuancen herausbilden. Welche Methode die bessere ist, hängt also nur von persönlichen Vorlieben ab.

Weingüter und Lokale

Weingut Familie Krupp

Das Weingut der Familie Krupp hat mit 1,2 ha die größten Weinberge in der Region Unkel. Das Gut an sich befindet sich in Bruchhausen, dort können die Weine im Direktvertrieb erworben werden. Im Angebot sind trockene Weine von Riesling, Spätburgunder, Portugieser, Müller-Thurgau und der Neuzüchtung Regent. Auch ist ein Anbau der neuen Sorte Johanniter geplant. Vom Riesling bieten die Krupps auch einen trockenen Sekt an.
Weinverkauf mit Probe findet statt:
Mo.-Fr. 18:30–20:00 Uhr, Sa. 12:30 – 18:00 Uhr, bzw. nach telefonischer Absprache;

Ein edles Tröpfchen nach getaner Arbeit im eigenen Wingert schmeckt besonders gut – hier an den Hängen des Weinguts Krupp im Hähnerbachtal

Weingut Krupp
Weinbergstraße 7
53572 Bruchhausen
Tel.: 0 22 24 / 63 04
0 22 24 / 7 99 21

Weingut Angelika und Jörg Belz

Angelika und Jörg Belz produzieren nebenberuflich auf einem halben Hektar seit 1994 hauptsächlich Cuvée-Weine, also Weine, die auf verschiedenen Rebsorten basieren. Auch sortenreine Weiß- und Rotweine sind im Programm; den Hauptanteil des angebauten Weins macht der Riesling aus, gefolgt von Frühburgunder, Scheurebe und Regent. Das Weingut Belz folgt der Philosophie, lieber nur geringe Mengen und dafür höhere Qualität zu produzieren. Dabei werden bei Anbau und Verarbeitung ökologische Maßstäbe angewandt, auf chemische Dünger und Pflanzenschutzmittel wird zu Gunsten natürlicher Mittel verzichtet.

Angelika und Jörg Belz
Grabenstr. 33
53572 Bruchhausen
Tel.: 0 22 24 / 76 71 0
e-mail: belzweinbau@12move.de
Terminabsprache am besten abends oder am Wochenende.

Weinhaus »Im Lämmlein«

Das Weinhaus Lämmlein bietet eine besondere Atmosphäre für denjenigen, der seinen Wein in einem urigen Ambiente genießen möchte. Die Stube selbst ist ein Innenhof, der durch ein Glasdach geschützt wird, dichte Weinreben spenden Schatten an heißen Tagen. Im Angebot sind zum größten Teil Weine aus eigenem Anbau der Familie Braun, das sind ausschließlich weiße Weine aus den Sorten Riesling, Müller-Thurgau und Bacchusrebe. Auf der Karte stehen aber auch weiße und natürlich rote Weine von anderen Weingütern in der Umgebung. Wem der Wein geschmeckt hat, der kann sich nachher gleich ein paar Flaschen davon mitnehmen. Zum Wein kann man aus der Vesperkarte wählen, die Portionen sind sehr großzügig.

Traditionsreiches Weinhaus in der Pützgasse – »Im Lämmlein«

Weinhaus »Im Lämmlein«
Pützgasse 6
53572 Unkel
Tel. 0 22 24 / 31 79
www.braun@im-laemmlein.de

Das Weinhaus »Im Lämmlein« hat von April bis Oktober Saison, die genauen Zeiten sind vom Wetter abhängig, so dass sich in den fraglichen Monaten ein Anruf empfiehlt. Die Öffnungszeiten sind: Dienstag bis Samstag: 14:00–22:00 Uhr; Sonntag: 11:00–22:00 Uhr, Montag Ruhetag

Weinhaus »Zur Traube«

Das Weinhaus »Zur Traube« ist ein ehemaliger Wirtschaftshof, der mit einem Glasdach versehen wurde. Bis zu hundert Jahre alte Weinstöcke bilden jedoch das eigentliche Dach und schaffen eine sehr gemütliche Atmosphäre. Die benachbarte Weinstube ist auch im Winter geöffnet. Hier werden einheimische Weine vom Weingut Krupp ausgeschenkt, aber auch andere, überwiegend deutsche Weine. Der Wirt selbst ist Schwabe, und so bietet die Küche eine Mischung aus schwäbischen und rheinischen gutbürgerlichen

Spezialitäten. Im Sommer ist jeden Abend Tanz. Nach Vereinbarung können Weinproben und Wanderungen in den Weinbergen arrangiert werden.
Das Weinhaus »Zur Traube« öffnet jedes Jahr mit dem Tanz in den Mai seine Pforten und bleibt bis Ende November geöffnet.
Täglich ab 11h, Feierabend je nachdem.
In der Weinstube kann man auch im Winter ein Glas Wein bekommen.
Do–So ab 17h

Weinhaus »Zur Traube«
Lühlingsgasse
53572 Unkel
Tel. 0 22 24 / 33 15
Fax. 0 22 24 / 7 33 62

Weinabfüllerei Schneider

Hier werden deutsche Weine, vor allem aus Rheinhessen, in Flaschen gefüllt und verkauft. Das Geschäft bietet aber auch eine Auswahl verschiedener Sekte und Accessoires an. Zunehmend werden zudem ausländische Weine ins Programm aufgenommen. Wenn gespült oder abgefüllt wird, kann der Interessierte Einblick bekommen, auch sonst ist man gerne bereit, die Abläufe und Maschinen zu erklären.
Geöffnet nach Vereinbarung
Mi 17:00–19:00 Uhr; Fr 15:00– 18:30 Uhr; Sa 8:00–13:00 Uhr

Weinabfüllerei Schneider
Kasbachtalstr. 34a
53547 Kasbach-Oehlenberg

Brennerei Karl Klein

Sie ist eine der ältesten Brennereien im Rheinland – die Anlage selbst stammt aus dem Jahre 1812 und steht mittlerweile unter Denkmalschutz. Hier produziert die Familie Klein bis auf den heutigen Tag nach altem Rezept verschiedene Erpeler Spezialitäten: vom Weinbrand über die beliebte Weinhefe bis hin zum Weinbergpfirsichlikör. Die Brennerei, zentral gelegen auf dem Erpeler Markt in einem Fachwerkhaus aus dem Jahre 1696, hatte einst den Urerpelern den Spitznamen »Erpeler Kännchen« eingebracht. In früheren Zeiten benutzte man nämlich zum Verkauf der Spirituosen verschiedene Messkännchen. Und wenn im vorletzten Jahrhundert die Steinbrucharbeiter nach Erhalt des Wochenlohns erst einmal die Brennerei aufsuchten, genehmigten sie sich oft einen kräftigen Schluck direkt aus dem Kännchen ...

Brennerei und Bierverlag Karl Klein
Marktplatz 7
53579 Erpel
Tel. 02644/2452, Fax 02644/8849

Am Rhein

AM RHEIN

Darum ist es am Rhein so schön!

Wie ist eigentlich die liebliche Landschaft des Mittelrheins entstanden – die rebenbewachsenen Hänge, die schroffen Felsen und dazwischen der ruhig fließende Strom? Naturfreunde wissen: Vater Rhein hat sich sein mannigfaltiges Tal selbst geschaffen. Und doch stellt das Rheintal die jüngste Komponente in unserer urwüchsigen Landschaft dar. Die Schieferfelsen und Basaltkuppen erhoben sich nämlich schon seit Jahrmillionen, als ein kleiner Ur-Rhein sein Bett hineingrub. Dies begann vor 25 Millionen Jahren – nach geologischem Zeitempfinden also quasi »neulich«.

Mit dem heutigen großen Strom hatte der Ur-Rhein jedoch nur wenig Ähnlichkeit. Er entsprang ungefähr beim heutigen Brohl und mündete bei Bonn in die damals weit vorgelagerte Nordsee. Damit erstreckte er sich immerhin über 40 km. Mit der Zeit grub sich der Rhein immer tiefer ins Gelände und verlängerte sich auf rund 350 km. Zu Beginn der Eiszeiten, also vor rund 900.000 Jahren, floss er gut hundert Meter über seiner jetzigen Talsohle, d.h. in rund 180 m über NN. Hier schuf er die Hochfläche, auf der sich

Bei Unkel umschreibt der Rhein einen malerischen Bogen – so besitzt das mittelalterliche Städtchen eine besonders lange Rheinpromenade

z.B. Bruchhausen, Gut Haanhof und Gut Hohenunkel befinden. Die Geologen nennen dieses Plateau »Hauptterrasse«. Meterdicke Kieselschichten zeigen noch heute, wo einst das Flussbett verlief.
Eine nächste Hochfläche entstand in bis zu 100 m über NN. Von dieser »Mittelterrasse« ist in unserer Region allerdings kaum etwas übrig geblieben. Auf der anderen Rheinseite sind die schmalen Reste dieser Terrasse mit bloßem Auge dagegen gut wahrzunehmen: Sie eignen sich nämlich hervorragend zur Anlage bedeutsamer Bauten, wie z.B. die Apollinariskapelle, Schloss Marienfels und viele andere weiß schimmernde Villen, die sich wie Perlen auf einer Schnur aneinander reihen.
In der letzten Eiszeit entstand die »Niederterrasse«, auf der sich heute die Ortskerne von Unkel, Rheinbreitbach und Erpel befinden. Diese Rheinterrassen, die ihrerseits von kleinen Wasserläufen durchzogen sind, bilden nun eine höchst abwechslungsreiche Landschaft mit sanften Hügeln und steilen Hängen, Hochflächen und tiefen Schluchten, wie sie malerischer nicht sein kann.
In Unkel und Erpel kommt dieser Formenreichtum noch besonders zur Geltung, weil hier der Rhein zu einem weiten Bogen ausholt. Auch dafür gibt es eine geologische Erklärung: Der Strom wurde von der Ahrmündung und der Erpeler Ley, einer Vulkankuppe aus äußerst widerstandsfähigem Basalt, zum Ausweichen gezwungen und schert erst hinter Unkel wieder in seine ursprüngliche Richtung ein.

Bei Hochwasser laufen oft nicht nur die Keller voll wie hier in Erpel

Unkel und Heister waren übrigens noch in historischer Zeit Inseln im Fluss. In den letzten Jahrhunderten verlandeten die Altarme, doch zu Hochwasserzeiten erreicht man die Ortskerne von Erpel und Unkel auch heutzutage nur nassen Fußes.

»Eenmol im Johr kütt de Rhing uss'm Bett ...«

Der Karnevalsschlager von »De Bläck Fööss« (was übersetzt übrigens nicht

Regelmäßig überflutet – die Straßen am Rhein (hier: B 42 in Erpel)

Fast wie in Venedig – Stege sorgen für die Zugänglichkeit

»Die schwarzen Füße« meint, wie Mundartunkundige vielleicht vermuten, sondern »Die nackten Füße«) zeigt das andere Gesicht des nur scheinbar so ruhig dahin strömenden Flusses. Mindestens einmal im Jahr, im Frühling nach der Schneeschmelze, kann der Rhein sein Wasser nicht mehr fassen und »läuft über«.

Eigentlich ist dies ein ganz natürlicher Prozess. Doch da das Siedlungsgebiet, insbesondere von Erpel und Unkel, nicht immer vor den Wasserfluten geschützt werden kann, entsteht zuweilen ein großer materieller Schaden. Die Anwohner haben sich mittlerweile fast daran gewöhnt. Mit rheinischer Gelassenheit ertragen sie die Naturgewalt – und die ebenfalls herbeiströmenden Hochwassertouristen, die einen Eindruck von den »venezianischen« Verhältnissen am Rhein gewinnen möchten. Große Umwege erfordert dann auch regelmäßig die Überspülung der wichtigen Verkehrsader B 42 bei Erpel, die erst kürzlich aus diesem Grund erhöht wurde.

Die Hochwassermarken – z.B. in Erpel am Fronbogen (s. Foto S. 131) und in (!) der Erpeler Kirche, wo die älteste und höchste Hochwassermarke in der Verbandsgemeinde aus dem Jahre 1658 ein Meter über dem Kirchenboden angebracht ist – vermitteln eine Vorstellung von den extremen Wasserständen. In historischer Zeit waren insbesondere die »Eishochwasser« gefürchtet. Früher fror der Rhein noch regelmäßig zu. In dem scharfen Flussbogen bei Unkel stauten sich oft treibende Eisschollen und wuchsen zu Standeis zusammen. Wenn dieses Standeis Wasser aufstaute, ergossen sich beim Brechen des Eises gewaltige Eis- und Wassermassen über das Land, die unermessliche Schäden anrichten konnten. Im Jahre 1874 wurden bei solch einem Eishochwasser allein in Köln-Mülheim über 161 Häuser total zerstört. In Unkel hielten sich die Schäden in Grenzen – dank der

Stadtmauer und des Gefängnisturmes aus Basaltsteinen, der als Eisbrecher fungierte. Heutzutage ist eine Eisbildung des Rheins aufgrund des wärmeren Klimas und wegen der mitgeführten Menge an Phosphaten und anderen chemischen Stoffen nicht mehr möglich.

Fischerei auf dem Rhein

Vermutlich zählten zu den ersten Siedlern, die ihre Wohnstatt nah am Ufer des Stroms errichteten, Fischer. Von Unkel ist bekannt, dass sich schon in fränkischer Zeit Fischer an der geschützten Bucht der damaligen Halbinsel niederließen.

Noch im 19. Jahrhundert galt der Rhein seinen Anwohnern als sichere Nahrungsquelle, besonders, wenn zu bestimmten Zeiten Lachse, Störe und Rheinheringe, sogenannte Maifische, den Strom hinaufzogen, um am Oberlauf oder an Nebenflüssen abzulaichen. Zwischen 1878 und 1884 stellte sich dann nicht nur bei den Maifischen ein so starker Rückgang ein, dass die Pächter der Fischereirechte vor dem völligen Ruin standen. Die Gründe dafür waren die Industrialisierung und als Folge die Einleitung belasteter Abwässer in den Fluss. So starb im Rhein eine

Hochwassermarken zeugen von den extremen Wasserständen ...

... wie z.B. beim Jahrhunderthochwasser 1926

Der Rheinübergang 1929

Zuletzt war der Rhein im Jahre 1929 vereist – ein großartiges Ereignis, das die Einheimischen als wahre Rheinländer zu feiern wussten. In Unkel konnte man – gegen ein bescheidenes Entgelt – auf einem markierten Weg »den Rheinübergang« wagen, was von Jung und Alt nur zu gerne wahrgenommen wurde. Postkarten haben dieses fröhliche Volkstreiben eingefangen.

Fischart nach der anderen aus. Am 20. Juni 1969 war der traurige Höhepunkt der Verschmutzung erreicht: Eine Giftwelle, u.a. mit dem Schädlingsbekämpfungsmittel Thiodan, verursachte den Tod von 40 Millionen Fischen.

Seit den 1970er Jahren wurden die Gesetze und Bestimmungen immer schärfer; Filter und Kläranlagen schützen seitdem den Rhein vor starken Verschmutzungen. Die Wasserqualität hat sich allmählich wieder gebessert. Zusätzlich bemühten sich Naturschützer

und Fischereiverbände um Wiedereinbürgerung seltener gewordener Fischarten, z.B. des Lachses.
Insgesamt sieht die Bilanz des Rheins inzwischen positiv aus. Seit 1995 ist die Zahl der Fischarten, die in seinem Wasser nachgewiesen werden konnten, von 45 auf 63 gestiegen, womit fast wieder der Bestand der Zeit vor 100 Jahren erreicht ist.
Im selben Zeitraum nahm auch die Anzahl der Arten von Kleinlebewesen von 200 auf 300 zu, ein sicheres Zeichen, dass sich die Wasserqualität zunehmend verbessert.
Allerdings werden hier auch sogenannte »Invasoren« mit gerechnet, eine beträchtliche Zahl von Arten aus anderen Naturräumen (Herkunftsräume Asien bis Amerika), die den Rhein als Lebensraum erobert haben.
Im Jahr 2000 wurden Fische aus dem Rhein auch wieder offiziell zum Verzehr freigegeben. Inzwischen hat der Rhein auf seinem gesamten Abschnitt durch Nordrhein-Westfalen und fast durchgehend in Rheinland-Pfalz die Gewässergüteklasse 2, das bedeutet, er ist mäßig belastet. (Die Skala reicht von 1 = unbelastet bis 5 = übermäßig verschmutzt). Auch für die Zukunft sieht es für den Rhein gut aus: Das internationale »Programm 2020«, das von allen Anrainerstaaten des Rheins getragen wird, soll bis 2005 fünf Milliarden Euro für die Verbesserung des Ökosystems und den Grundwasserschutz zur Verfügung stellen.

Lachs wieder eingebürgert

Der Lachs laicht an seichten Stellen und Zuflüssen des Rheins, die Jungfische schlüpfen dann und wandern nach einiger Zeit ins Meer ab, um dort ihr Leben zu verbringen und schließlich nach ein paar Jahren an den Ort ihrer Geburt zurückzukehren und zu sterben.
Daher begann man mit dem Aussetzen von Jungfischen an entsprechenden Laichplätzen im Rhein. Um den Fischen die Wanderung zu ermöglichen, wurden an Schleusen und Staustufen sogenannte Fischpässe eingerichtet, treppenförmig angelegte Becken, zwischen denen kein zu großer Höhenunterschied besteht, so dass die Fische ihn überwinden können.
Als positiven Nebeneffekt bieten diese Engpässe die Möglichkeit, die Gesamtzahl und die Zusammensetzung der stromaufwärts wandernden Fische festzustellen.
Im Jahr 2001 gab es sogar eine kleine Sensation, als neben Arten wie Lachsen, Meerforellen, Neunaugen auch sieben sogenannte Rheinheringe entdeckt wurden. Diese galten eigentlich als ausgestorben und waren auch nicht wiedereingebürgert worden.

Der Rhein lebt ...

Sie heißen Barbe, Nase, Döbel oder Ukelei – die Bewohner des Rheins in unserer Region. Hier, im engen Bett des Mittelrheins, legt der Fluss an Geschwindigkeit zu. So bildet der Rhein hier ein recht sauerstoffreiches, klares Fließgewässer, das insbesondere den Barben zusagt. Diese nachtaktiven Schwarmfische halten sich gern am Kies- oder Sandgrund auf und ertasten sich dort mit den Bartfäden ihre Nahrung: Wirbellose, Wasserpflanzen oder auch Kleinfische. Ganz ähnlich verhalten sich auch die torpedoförmigen Nasen.

Der kleine Ukelei dagegen orientiert sich eher an der Wasseroberfläche, wo er kleine Insekten erbeutet. Der Döbel, der bis zu 70 cm lang wird, ist in seiner Nahrung nicht sehr wählerisch; er stellt Schnecken, Insektenlarven, Fischen und sogar Amphibien nach.

Die Barbe

Der Ukelei

Die Nase

Der Döbel

Rheinschifffahrt

Seit Jahrtausenden wird der Rhein als Verkehrsweg genutzt. Aus den zuverlässigen Berichten des römischen Feldherren Gaius Julius Caesar über den Gallischen Krieg (58 bis 51 v.Chr.) erfahren wir, dass germanische Stämme bereits vor Christi Geburt über Schiffe verfügten, mit denen sie das gesamte Heer Caesars – mehrere Zehntausend Soldaten – hätten übersetzen können. Auch die Römer verfügten über eine eigene Flotte, die u.a. für den Steintransport am Drachenfels eingesetzt wurde.

In den folgenden Jahrhunderten nahm die Größe und Belastbarkeit der Schiffe wieder ab. Erst gegen 1500 entwickelte sich der »Oberländer«, ein flaches, 15 bis 30 m langes Schiff, das bis zum 18. Jahrhundert auf dem Mittelrhein verkehrte und maximal 120 t tragen konnte (Bild u. links im Hintergrund). Rheinabwärts wurde das Schiff gerudert und rheinaufwärts getreidelt, d.h. mit einem Seil, das um den Mast gebunden war, vom Ufer aus gezogen. Dies war eine mühselige Plackerei, die in späterer Zeit zumeist von Pferden übernommen wurde. Benötigte man für die Strecke von Mainz nach Köln rheinabwärts drei Tage, so dauerte die Treidelfahrt rheinaufwärts 18 Tage. Eine Wechselstation für erschöpfte Treidelpferde gab es u.a. in Kripp an der Ahrmündung, also gegenüber von Linz.

Auf der linken Rheinseite war der Treidelpfad durchgehend; vermutlich wurde er bereits von den Römern angelegt. Übrigens ist diesem Umstand auch die leicht verspottende Bezeichnung »Schäl Sick« für die rechte Rheinseite zu verdanken. Die Treidelpferde trugen nämlich auf der stromzugewandten Seite eine Augenklappe als Schutz vor den irritierenden Wasserwellen, d.h. sie waren blind – »schäl« – für das rechte Rheinufer. Dabei sind auch rechtsrheinisch zumindest streckenweise Leinpfade überliefert und er-

Modelle alter Rheinschiffe (Ausstellung Königswinter): Auffällig ...

... ist der starke Treidelmast, an dem man die Schiffe rheinaufwärts zog

Die Aranka

»Aranka« ist der Name eines kleinen Aals in einem Märchen, der sich von der Karibik aus auf den Weg nach Europa machte, um die Heimat seiner Eltern zu finden. Diese Geschichte hatte es der Ehefrau vom Honnefer Fischer Willi Jansen so angetan, dass sie eines ihrer ersten Schiffe »Aranka« taufte. Willi Jansen entstammt einer alten Fischerfamilie. Schon seine Vorfahren, die in Wörringen bei Köln wohnten, waren auf dem Rhein zu Hause. Gemeinsam mit seinem Vater besaß er nach dem Krieg vier Schiffe. Eines davon war die »Aranka«. Der Aalschokker wurde 1917 gebaut. Drei Tonnen Fisch und vier Personen konnte er aufnehmen. Der eigene Fang wurde in Bad Honnef auch verarbeitet und geräuchert.

Doch mit der kurz darauf einsetzenden Industrialisierung, die in ihren Anfängen auf die Umwelt kaum Rücksicht nahm, wurden für den Familienbetrieb die Aussichten immer schlechter. Der Fischbestand im Rhein ging rapide zurück. Was gefangen wurde, ließ sich aufgrund der Schadstoffbelastung kaum noch verkaufen. Die Rheinfischer stellten reihenweise den Betrieb ein. Während es 1950 noch um die 130 Aalschokker auf dem Rhein gab, nahm diese Zahl in den folgenden Jahren stetig ab. Anfang 1960 gab auch Willi Jansen, der das Geschäft mittlerweile übernommen hatte, am Rhein auf. Der Fischer wäre erwerbslos geworden, hätte er nicht in weiser Voraussicht seine Räucherei weiter ausgebaut. Er bekam fangfrische Aale aus der Ostsee und sogar aus Griechenland. 30 Jahre lang galt er in den Fischgeschäften und auf den Wochenmärkten im Köln/ Bonner Raum als angesehener und pünktlicher Lieferant. Um die hundert Kilo Aale wurden jeden Tag in Willi Jansens Öfen geräuchert.

Noch bis Ende der achtziger Jahre betrieb Willi Jansen die Aalräucherei und befuhr mit der Aranka den Rhein. 1990 beschloss Willi Jansen dann jedoch, den letzten seiner vier Schokker der Stadt Bad Honnef zu überlassen. Jetzt steht die Aranka unter Denkmalschutz. Wer einen Spaziergang zur Insel Grafenwerth macht, kann sie neben der Brücke im Wasser liegen sehen und auf einer Tafel die Geschichte der Aranka nachlesen.

halten geblieben. So können z.B. auf dem schmalen Leinpfad zwischen Rheinbreitbach und Bad Honnef Spaziergänger noch heute den Spuren der alten Rheinschiffahrt folgen.
Erst um 1900 wurde die Pflege der Leinpfade zum Treideln eingestellt. Die Nutzung der Dampfmaschine hatte eine neue Ära der Rheinschifffahrt eingeläutet. 1816 fuhr das erste Dampfschiff auf dem Rhein; wenige Jahre später verkehrte eine regelmäßige dampfbetriebene Personenschifffahrtslinie – der »romantische« Rhein war als klassisches Reise- und Ausflugsziel entdeckt.
Unkel erhielt 1883 zum ersten Mal eine Landebrücke für Dampfschiffe; seit 1909 hielten an der vorbildlich erneuerten Brücke alle »Tourenschiffe« des mittlerweile voll erblühten Rheintourismus. Heute noch wird Unkel von der Köln-Düsseldorfer Gesellschaft regelmäßig angefahren.

Flößerei

Eine Besonderheit des Verkehrs auf Deutschlands größtem Strom war die Flößerei, die vermutlich schon in vorgeschichtlicher Zeit betrieben wurde. Sie diente dem Transport des wirtschaftlich begehrten Holzes. Dafür wurden mehrere Lagen Baumstämme nach bestimmten Kriterien zusammengestellt – das nicht schwimmfähige Eichenholz musste z.B. mit Tannenholz gemischt werden – und eingebunden.
Der erste schriftliche Nachweis derartiger Flöße findet sich in einer Koblenzer Zollrolle aus dem Jahre 1208.
Um 1800 war der Höhepunkt des Holztransports erreicht. Regionale Ressourcen waren mittlerweile erschöpft (siehe Kapitel Wald, S. 37), so dass Baumstämme aus dem Schwarzwald Hochkonjunktur hatten. In dieser Zeit erreichten die Flöße eine Länge von

Brachte Unkel touristischen Aufschwung – Dampfer-Landebrücke

Die Dampfschifffahrt erobert den Rhein (Unkel im Hintergrund)

Die Güterschifffahrt

Jenseits aller Rheinromantik gehört der Rhein nach wie vor zu den wichtigsten Wasserstraßen Europas. Der Aufschwung der Güterschifffahrt auf dem Rhein hat seinen Ursprung in der zweiten Hälfte des 19. Jahrhunderts. Die technische Entwicklung der Dampfschifffahrt leistete dem Güterverkehr enormen Aufschub, ebenso die einsetzende Transportnachfrage im Zuge der Industrialisierung: Für den Transport von Massengütern wie Steinkohle und Stahl waren die Rheinschiffe hervorragend geeignet. Ein internationales Abkommen – die so genannte Mannheimer Akte – garantiert seit 1868 allen Nationen den abgabenfreien Transport von Waren und Personen auf dem Rhein zwischen Basel und dem Mündungsgebiet in den Niederlanden.
Heute nimmt der Rhein mit 50 % aller Binnenschiffstransporte innerhalb der EU eine Spitzenstellung ein. Dabei werden überwiegend Steine und Erden, Erze und Mineralöl geladen – nach wie vor also transportkostenempfindliche Massengüter, bei denen sich die Binnenschifffahrt als unschlagbar günstig erweist.

Vergleich Güterverkehrsträger (Stand 1999)

	Streckenlänge		Verkehrsaufkommen		Spezifisches Verkehrsaufk.
	km	%	Mio t	%	1.000 t / km
Binnenschiff	7.367	3	229	17	31
- davon der Rhein	~ 700	0,3	~ 170	~ 12	240
Bahn	40.700	15	287	21	7
LKW	229.000	83	828	62	4

(errechnet nach Quelle: Bundesverband der Deutschen Binnenschifffahrt e.V., Binnenschifffahrt 1997/98)

Der Binnenschifffahrt steht mit ca. 7.400 km Schifffahrtsstraßen das kürzeste Verkehrsnetz im Vergleich zu Bahn und LKW zur Verfügung. Auf diesen 3 % des Gesamtverkehrsnetzes werden jedoch 17 % der Gesamtgütermenge transportiert. Der Rhein allein steht im Vergleich noch günstiger da: Auf 0,3 % der Strecke werden 12 % der Gesamtgütermenge transportiert.

Neben dieser enormen Leistungsfähigkeit zeichnet sich die Binnenschifffahrt durch Umweltfreundlichkeit, Sicherheit und Energiesparsamkeit aus: Sie weist nur eine geringe Lärm- und Schadstoffemission auf. Der spezifische Energieverbrauch liegt um das 20-fache unter dem des LKW und deutlich unter dem der Bahn. Zudem ist sie – im Gegensatz zum Fernstraßenverkehr – noch längst nicht an ihre Leistungsgrenzen gestoßen.

über 200 m und eine Breite von über 50 m. Für die Steuerung eines derartigen Kolosses waren etliche Ruderknechte erforderlich; bis zu 500 Menschen konnten auf solch einem Floß leben. Der notwendige Kapitaleinsatz wurde zumeist von holländischen oder deutschen Handelsgesellschaften aufgebracht. Dass derartige Fahrten zahlreiche Risiken bargen, braucht nicht näher erläutert zu werden. Unfälle waren nicht selten. Von der Havarie eines Floßes an den berüchtigten Unkelsteinen mitten im Rhein berich-

Einer der letzten seiner Art – Ausflugsdampfer »Goethe« lässt vor der Kulisse des Siebengebirges seinen Dampf ab

tet eine Aktennotiz aus dem Jahre 1794. Für die Aufräumarbeiten benötigte man mehrere Monate.
Trotz der technischen Entwicklungen der Rheinschifffahrt stellten die »Holländerflöße« bis in die Fünfzigerjahre einen gewohnten Anblick dar. Sie belieferten zahlreiche Sägewerke entlang des Rheins, so auch in unserer Region. Bei Erpel, Unkel und Rheinbreitbach befanden sich einige der im Mittelrhein eher seltenen geeigneten Landeplätze.

Der Fährbetrieb

Der Rhein stellt allerdings nicht nur einen Verkehrsweg, sondern auch eine natürliche Barriere dar. Die Verbandsgemeinde Unkel liegt mitten in einem brückenlosen Abschnitt; die nächsten Brücken befinden sich in Bonn und in Neuwied, jeweils in gut 20 (Straßen-) Kilometer Entfernung. Kein Wunder also, dass es Orte gibt, die so mancher Einheimische zwar vom täglichen Anblick her kennt, aber noch nie besucht hat.
Ursprünglich besaß fast jeder Ort seine eigene Fährverbindung. Bereits 1110 weist eine schriftliche Erwähnung der Unkeler Fähre auf deren Bedeutung hin. Die nicht ungefährliche Überfahrt erfolgte zunächst mit einem Fährnachen: einem langen Kahn, der auch mit einem Segel versehen werden konnte. In kurkölnischer Zeit stellten

Jahrhunderte lang währt nun die Verbindung zwischen den beiden Rheinufern bei Unkel

Nachen mit Fährmann Josef Vollmer – Rheinüberquerung damals ...

die Schiffer in Unkel nach den Winzern die größte Berufsgruppe dar. Ihre Arbeit war allerdings nicht auf die Rheinüberquerung beschränkt. Sie transportierten Güter aller Art rheinauf- und rheinabwärts, darunter Basaltsteine, vor allem nach Düsseldorf und nach Köln, wie auch Holz und Wein.

Als Ende des 18. Jahrhunderts die Franzosen den Verkehr auf dem Rhein sperrten, befanden sich allein in Unkel 10 Nachen einheimischer Schiffer. Im 20. Jahrhundert stieg man dann auf Motorbootfähren um.

Die nächsten Autoschnellfähren befinden sich heute in Bad Honnef und Linz; in Erpel kann man sich als Fußgänger aber auch regelmäßig von der kleinen »Nixe« nach Remagen hinüber schaukeln lassen.

Den Rhein erleben

Am Rhein kann man herrlich seine Seele baumeln lassen – glitzerndes Wasser im Sonnenlicht, das Geplätscher der Wellen ... Und was es alles zu schauen gibt: tuckernde Lastkähne aus aller Herren Länder, leuchtend weiße Passagierschiffe mit winkenden Ausflüglern, ein einsames Ruderboot; Schwäne gleiten lautlos dahin, Enten zanken sich schnatternd um einen fetten Brocken, Möwen zeigen kreischend ihre Flugkünste. Zu jeder Jahres- und Tageszeit bietet der Rhein ein anderes Bild.

... und heute – Kapitän Hirzmann auf der Fähre in Bad Hönningen

»Blick vom Rosenstrauch« ist der Titel dieser historischen Postkarte von der idyllischen Rheinpromenade Unkels

Ein ruhiges Plätzchen als »Beobachtungsposten« ist leicht gefunden. In Unkel z.B. wurde bereits 1867 unter großen finanziellen Opfern das Ufer befestigt und eine schöne Promenade geschaffen. Bänke unter alten Lindenbäumen und auf den Wiesen, wo noch im letzten Jahrhundert die Hausfrauen ihre Wäsche zum Bleichen auslegten, laden zum Verweilen ein. Ein bequemer Spaziergang führt von den mittelalterlichen Herrensitzen über den Pantaleonsberg mit der stimmungsvollen Pfarrkirche und dem denkmalgeschützten Alten Friedhof bis zum trutzigen Gefängnisturm, der einst zur Stadtmauer gehörte.

Ebenfalls Linden-gesäumt ist die Rheinpromenade von Erpel, die parallel zur mittelalterlichen Stadtmauer verläuft. Die höher gelegte B 42 trennt zwar den Ort vom Ufer; trotzdem bietet das uralte, umrankte Mauerwerk des ehemaligen Fronhofs einen beeindruckenden Anblick. Neben dem steinernen Torzugang zur »Herrlichkeit Erpel« zeugt ein stattlicher Feigenbaum vom nahezu mediterranen Klima des Städtchens.

In Rheinbreitbach lockt ein Biergarten unter Kastanienbäumen zu einer Erfrischung mit Rheinblick. Direkt am Ufer erstreckt sich ein Campingplatz. Der unbefestigte Leinpfad in Richtung Honnef erschließt eine natürliche Kostbarkeit: die selten gewordenen Reste der ursprünglichen Flussauenlandschaft mit Weiden und Pappeln.

Die Rheinufer eignen sich natürlich auch bestens für einen Fahrradausflug, z.B. nach Königswinter oder in Richtung Linz. Jeweils dort lohnt sich auch das Übersetzen und die Rückfahrt auf der anderen Rheinseite.

Wer den direkten Kontakt mit dem nassen Element nicht scheut, wird bei den hiesigen Wassersportvereinen gut beraten. Einmal im Jahr, im heißen August, lädt der Kanu-Club Unkel sogar zu einem Rheinschwimmen ein. Bis zu 800 Teilnehmer gehen dabei ins Wasser, um einmal eins mit dem Strom zu sein. Abgesehen von dieser gut organisierten Veranstaltung sollte man die Badefreuden im Rhein jedoch meiden – so ruhig er auch dahinzufließen scheint: die Strömung ist tückisch und hat auch in jüngster Zeit so manches Leben gefordert.

Personenfähre »Nixe« in Erpel – im Hintergrund St. Apollinaris

Auch heute noch zum Promenieren geeignet – Rheinufer bei Unkel

Allemal gemütlicher ist eine Fahrt mit dem »Bötchen«, wie auch die großen Ausflugsschiffe genannt werden. Neben der Köln-Düsseldorfer bieten auch kleinere Schiffslinien ihre Dienste an, vom einstündigen Ausflug bis zur Tagesfahrt, z.B. auch an die Mosel.

Ein besonderes Erlebnis sind Tanzfahrten während der Abendstunden, Mondscheinfahrten bei Vollmond und natürlich eine Fahrt im Schiffskonvoi beim »Rhein in Flammen«.

Rheinschwimmen im August

Riesenandrang beim traditionellen Rheinschwimmen im August – einmal im Jahr lädt der Kanu-Club Unkel Einheimische und Gäste zum hautnahen Kontakt mit Vater Rhein ein.

Geschichte

GESCHICHTE

Urgeschichte

Das Rheinland gehört zu den Heimatstätten der ersten Europäer überhaupt. Weltbekannt ist der Fund eines menschlichen Skeletts in einer Kalksteinhöhle bei Düsseldorf, den die Forscher in die ältere Steinzeit (180 000 bis etwa 60 000 v. Chr.) einordneten: der Neandertaler. Aus Oberkassel, rund 10 km von der Verbandsgemeinde Unkel entfernt, ist in einem Basaltsteinbruch das Doppelgrab jungsteinzeitlicher Menschen gefunden worden: Mann und Frau wurden hier vor rund 16 000 Jahren (in der Phase des so genannten Magdaléniens) gemeinsam mit einem Haushund begraben. Der älteste Beleg einer menschlichen Siedlung oder zumindest menschlichen Wirkens in der Verbandsgemeinde Unkel stammt aus Bruchhausen. Hier fand man ein spitznackiges Steinbeil, das wohl rund 4000 Jahre alt und somit ebenfalls jungsteinzeitlichen Ursprungs ist.

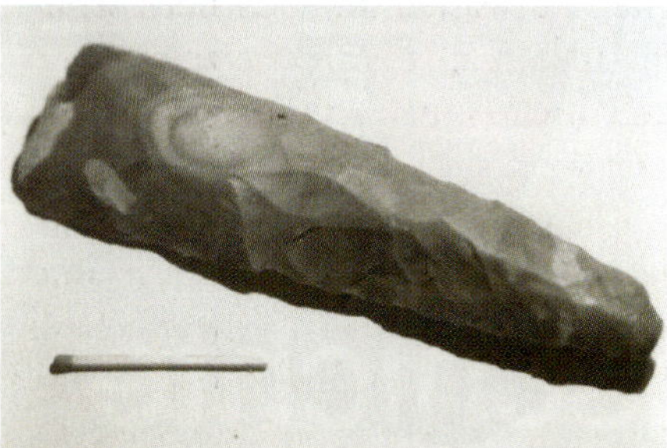

Steinzeitlicher Faustkeil (gefunden in Bruchhausen, Privateigentum)

Die Menschen der Jungsteinzeit waren bereits sesshaft. Aus Pfosten und Flechtwerk bauten sie sich einfache Häuser. Mit einem Hakenpflug legten sie an waldfreien Stellen Äcker für Hirse und Dinkel an. Urstier und Wildschwein hatten sie sich zu Haustieren gezähmt. Zur Bereicherung der Speisekarte fing man, vermutlich von Einbäumen (großen ausgehöhlten Baumstämmen) aus, Fische aus dem Rhein oder anderen Wasserläufen.
Frauen formten und brannten dickwandige tulpenförmige Gefäße aus Ton, die sie manchmal mit Schnüren kunstvoll verzierten. Sie verstanden es, Wolle von Schafen sowie Leinen aus Flachsfasern zu gewinnen und daraus Gewebe für Kleidung anzufertigen.

Die Kelten

Das erste nachweisbare Volk im Rheinland waren die Kelten, deren Wurzeln sich bis in die ältere Eisenzeit zurück verfolgen lassen. Zwischen 600 und 400 v. Chr. haben sie ganz sicher das Rheinland besiedelt; Zeugnisse ihrer Kultur stellen z.B. die Ringwallanlagen auf dem Hummelsberg bei Linz sowie auf dem Petersberg bei Königswinter dar.
Auch auf dem Gebiet der heutigen Verbandsgemeinde errichteten sie ein Bauwerk: Noch im letzten Jahrhundert

Frühes Fachwerkhaus – Rekonstruktion einer keltischen Wohnstätte nach Funden bei Stieldorferhohn (Zeichnung: Friederike Hilscher-Ehlert)

war auf dem Asberg eine Steinwallanlage mit vorgelagertem Wassergraben vorhanden. Sie wurde allerdings durch die Steinbruchtätigkeit vollends zerstört. Zeichnungen der Funde deuten darauf hin, dass hier einst eine keltische Fliehburg oder Kultstätte errichtet wurde. Der Unkeler Heimatforscher Rainer Brach nimmt aufgrund neuerer Vergleiche mit ähnlichen Anlagen an, dass es sich dabei um eine keltische Viereckschanze handelt.

Abgesehen von diesen archäologischen Funden lässt sich ihre Verbreitung auch an zahlreichen Ortsnamen belegen. So ist z.B. »magos« im Stadtnamen »Remagen« keltischen Ursprungs; es bedeute Feld, Ebene. Auch der alte Name »Herpilla« für Erpel weist vielleicht auf keltische Wurzeln hin; das Wort bedeutet »wiesenbewachsener Hügel« und meint wahrscheinlich die Erpeler Ley. Ruhm erlangten die Kelten insbesondere durch ihre Metallarbeiten. Sie betrieben bereits 800 v. Chr. Erzbergwerke und verstanden es, in einfachen Hochöfen Eisen herzustellen, aus denen sie Waffen und Schmuck schufen. Ihre Kunstfertigkeit zeigten sie auch im Tuchweben, beim Töpferhandwerk und sogar bei der Glasverarbeitung.

Daneben waren sie als gute Vieh- und Pferdezüchter bekannt. Sie wohnten in Einzelhöfen oder offenen Dörfern; ihre Bauten aus Flechtwänden und Lehmbewurf gelten als Vorläufer unserer heutigen Fachwerkhäuser.

Regenbogenschüsselchen ...

... nennt man keltische Goldmünzen, die u.a. in Stieldorferhohn (10 km nordöstlich von der Verbandsgemeinde Unkel) gefunden wurden. Zwischen 1822 und 1953 kamen rund 30 dieser hübschen, mit keltischen Mustern geschmückten Münzen bei Feldarbeiten zum Vorschein. Möglicherweise waren sie dort vor rund 2000 Jahren versteckt worden – auf der Flucht vor Caesars Truppen, die 55 v.Chr. beim Zug vom Neuwieder Becken zur Sieg auch das Siebengebirge durchquerten. Den poetischen Namen erhielten sie nach einer Volkssage, nach der diese Goldmünzen nur am Ende eines Regenbogens gefunden werden können.

Römer und Germanen

Seit etwa 150 v. Chr. strömten germanische Volksstämme in das keltische Gebiet am Rhein. Zu Caesars Zeiten (58 bis 51 v.Chr.) war das rechtsrheinische Gebiet bereits völlig von Germanen bewohnt, die keltischen Siedler waren auf die linke Rhein geflohen oder hatten sich ins Gebirge zurückgezogen. Allerdings ist es schwer, hier einen Trennstrich zwischen Kelten und Germanen zu ziehen, da sich trotz einiger Kampfhandlungen die Völker und deren Kulturen offensichtlich miteinander vermischten.
Als drittes Volk drangen schließlich die Römer ins Rheinland vor. Bei dem berühmten Gallischen Krieg gelang es Julius Caesar, viele keltische Stämme zu unterwerfen und zu romanisieren. Die vernichtende Niederlage des römischen Statthalters Varus im Teutoburger Wald im Jahre 9 n.Chr. gegen den Cheruskerfürsten Armin zeigte jedoch, dass man mit den Germanen nicht in gleicher Weise verfahren konnte. Unter Kaiser Tiberius (14 bis 37 n. Chr.) schließlich wurde nördlich von Andernach der Rhein als Grenze zwischen dem freien Germanien und den römischen Provinz Niedergermanien festgelegt. Die Provinz Obergermanien (von Niedergermanien durch den Vinxtbach bei Niederbreisig getrennt) bezog noch ein umfangreiches Gebiet auf der rechten Rheinseite mit ein. Hier wurde die nördliche Grenze durch den

Limes befestigt, der seinen Anfang in der Nähe des heutigen Rheinbrohl fand (rund 10 km südlich vom Gebiet der heutigen Verbandsgemeinde). Rund zweihundert Jahre lang ging es friedlich am Limes zu. Auch wenn das Gebiet der heutigen Verbandsgemeinde Unkel bereits zum freien Germanien gehörte, wurde es doch maßgeblich durch die römische Kultur geprägt. Die Kaufleute diesseits und jenseits der Grenzen wussten sich schnell einig zu werden, und so wurden die Tore regelmäßig zum Handel

Limes

Der Limes, der die römische Grenze zwischen Donau und Rhein markierte, kann als militärisch-technische Meisterleistung der Römer betrachtet werden. Der Grenzwall, der in verschiedenen Bauphasen entstand und immer weiter perfektioniert wurde, bestand z.T. aus einer meterdicken Mauer, z.T. aus Palisaden. Hinter dem Wall wurden Wachtürme in so naher Folge errichet, dass sich die Soldaten darauf mit Zeichen verständigen konnten. Sie waren durch eine Heeresstraße miteinander verbunden. Das germanische Gelände davor wurde der besseren Übersicht wegen gerodet. An einigen Stellen des Grenzwalls gab es für Händler Durchlässe, die durch Kastelle geschützt wurden.

Ausflugstipp: *In Rheinbrohl (10 km von der Verbandsgemeinde Unkel entfernt) hat man den Limesanfang, auf dem sich früher das Kleinkastell Rheinbrohl befand, durch einen rekonstruierten Wachturm bezeichnet (s. Foto). Von hier aus kann man Teile der römischen Grenzanlage bei einer Wanderung durch den Wald verfolgen. Es gibt auch geführte Limes-Wanderungen.*

geöffnet. Die Römer tauschten Gewürze, edlen Schmuck und feine Glaswaren gegen Pferde und Rinder, Felle und Gänsefedern, Honig und Wachs, Roggen und Hafer, Bernstein und blondes Frauenhaar. Im Grenzland entwickelte sich alsbald ein bescheidener Wohlstand; die hiesige Bevölkerung war also mit der römischen Herrschaft keinesfalls unzufrieden.

Friedensabkommen waren auch notwendig für die umfangreichen Bergbautätigkeiten der Römer auf germanischem Grund und Boden. Am Drachenfels (10 km nördlich von der Verbandsgemeinde Unkel entfernt) etwa gewannen sie im großen Stil Trachyt, den sie verschifften und für den Bau von Kastellen und Städten rheinabwärts verwendeten.

Auch an den Unkelsteinen gegenüber von Unkel (auf dem linksseitigen Ufer) richteten sich die Römer einen Steinbruch ein. Sie gewannen dort Basalt, den sie aufgrund seiner Widerstandsfähigkeit insbesondere für Fundamente einsetzten. Ihre Tätigkeit ist durch mehrere Weihesteine belegt, die sie Hercules Saxanus, dem Gott der Steinmetze, aufstellten.

Höchstwahrscheinlich nutzten sie sogar die Kupfervorkommen oberhalb von Rheinbreitbach, zumindest weist der Fund von zahlreichen römischen Münzen darauf hin, womit der Virneberg eines der ältesten Kupferbergwerke im Rheinland sein dürfte.

Die lebhaften Handelsbeziehungen fanden ihren Ausdruck im Bau zahlreicher Straßen und Brücken, u.a. auch

Römersteinbruch am Rüdenet

Versteckt im Wald zwischen Drachenfels und Wolkenburg, am Rüdenet, befindet sich der »Römersteinbruch«. An riesigen Trachytfelsbrocken kann man heute noch die Spuren römischer Steinbrucharbeiter erkennen, so z.B. Keilspuren zur Vorbereitung des Aufspaltens. Woher man weiß, dass es sich dabei um antike Bearbeitungsspuren handelt und nicht um mittelalterliche, obwohl zu beiden Zeiten die gleiche Technik Anwendung fand? Die Römer arbeiteten viel präziser ...

Fantasievolle Accessoires – fränkische Fibel aus Bronze und ...

... fränkische Perlen mit bunten Mustern (Stadtarchiv Unkel)

der ersten festen Rheinbrücke, durch die Kaiser Konstantin 310 n.Chr. die Stadt Köln mit der rechten Rheinseite verband.

In dieser Zeit fanden viele lateinische Wörter Eingang in die deutsche Sprache, besonders die Namen der Dinge, die in Germanien bis dato unbekannt waren: z.B. murus – Mauern, fenestra – Fenster, tegula – Ziegel, moneta – Münze und natürlich vinum – Wein.

Die Franken

Zwischen dem 2. und dem 4. nachchristlichen Jahrhundert schlossen sich verschiedene germanische Stämme zum Volk oder besser zur Völkergruppe der Franken zusammen, die den Römern die Herrschaft am Rhein zunehmend schwer machten. In unserer Region haben vermutlich die Brukterer gesiedelt.

Bereits im Jahre 260 n.Chr. konnte der Limes nicht mehr gehalten werden. 355 n.Chr. zerstörten die Franken die Städte Köln und Bonn, 370 n.Chr. bestätigte der römische Kaiser den Machtanspruch der Franken auf ihr gesamtes rechtsrheinisches Gebiet.

Gegen Mitte des 4. Jahrhunderts gelang den fränkischen Stämmen ein Schlag, von dem sich das Römische Reich nicht mehr erholen konnte: Im Jahr 455 zogen sich die Römer zurück und übergaben das Rheinland in fränkische Hände.

Aus dem Stamm der Brukterer und ihrer Bundesgenossen ging später die neue Volksgruppe der Ripuaren hervor. Ihr Siedlungsbereich lässt sich noch heute gut am Verbreitungsgebiet des Dialektes ausmachen, wie der Linzer Heimatforscher und Dicher Adalbert N. Schmitz festhält: »Ripuarisches Land war dort, wo man sprachlich am ›Rhing‹ lebt und ›Wing‹ trinkt, wo man in einem ›Hus‹ oder in ›Hüser wohnt‹, deren Fachwerk mit ›Liim‹ ausgefüllt ist und ›ens‹ und ›jett‹ sagt und das Geschirr in ›et Schaaf‹ stellt.«

Fränkische Gräberfunde

Der heidnischen Sitte, bei der Besetzung der Toten die Gräber mit reichen Beigaben auszustatten, verdanken wir heute detaillierte Kenntnisse über das damalige Leben. Offenbar wurden die Toten mit ihrer persönlichen Habe begraben, d.h. in ihrer Tracht, je nach Wohlstand mit Schmuck und allerlei nützlichem Gerät. Der Fund einer Spinnwirtel z.B. spricht also dafür, dass es sich bei der bestatteten Person um eine Frau oder ein Mädchen gehandelt hat; Waffen deuten eher auf einen Mann hin.

Rheinbreitbach: *Bei Bauarbeiten im Umfeld des Haus Elisabeth (heute Burghotel Ad Sion) fand man Urnen in einem fränkischen Reihengrab. Bei Umbauarbeiten des historischen Hauses »Em Höttche« entdeckte man Reststücke eines fränkischen Schwertes.*

Unkel: *Aus Unkel sind zahlreiche Grabbeigaben überliefert, die heute im Stadtarchiv aufbewahrt werden, darunter einige Töpfe und Krüge sowie Spinnwirteln sowie eine schön verzierte Fibel.*

Bruchhausen: *Der Fund einer Lanzenspitze, eines vollständig erhaltenen Knickwandtopfs, eines Schälchens und einer Spinnwirtel deuten ebenfalls auf Gründung dieses Höhenorts in fränkischer Zeit hin.*

Die unruhigen Zeiten vom Untergang des römischen Imperiums bis zum Einsetzen der Völkerwanderung und den Kämpfen der germanischen bzw. fränkischen Stämme ließen in unserer Region kaum die Bildung fester Siedlungen zu. Erst gegen Ende des 5. Jahrhunderts gelang es Chlodwig aus dem Geschlecht der Merowinger, die Vorherrschaft über sämtliche fränkische Stämme an sich zu bringen. Er gründete das »Fränkische Hochreich«, das sich durch äußerst stabile politische, kulturelle und soziale Strukturen auszeichnete und daher lange Zeit das einzige dauerhafte germanische Reich auf ehemals römischem Boden blieb. Übrigens war Chlodwig der erste Germanenkönig, der den katholischen Glauben Roms annahm. Die Christianisierung der Germanen setzte allerdings erst viel später ein.

In die Regierungszeit Chlodwigs fiel denn auch die Gründung zahlreicher Orte am Rhein. Beginnend im Neuwieder Becken, setzt sich die Reihe fränkischer Siedlungen nach Norden hin fort: Irlich, Leutesdorf, Rheinbrohl, Hönningen, Dattenberg, Linz, Unkel, Rheinbreitbach, Honnef und Rhön-

dorf zeichnen sich allesamt durch Funde fränkischer Gräber aus.
In Unkel weist auch der Name auf den fränkischen Ursprung hin. Er stammt vom fränkischen Wort »Angel«, was soviel heißt wie Krümmung oder Bogen. Auch das lateinische »uncus« oder »unculus« das der Bedeutung »Haken« oder »Bogen« entspricht, hat zu der Namensfindung beigetragen. Der Name lässt sich sicherlich auf die Lage der Stadt zurückführen, die direkt am Ufer des großen Rheinbogens liegt. Damals war aus einer einstigen Insel durch allmähliche Verlandung eines Rheinarms eine Halbinsel mit einer geschützten Bucht entstanden. Vermutlich hatte sich hier rund um den hochwassergeschützten Pantaleonsberg zunächst eine kleine Fischersiedlung gebildet.
Andere Theorien besagen, dass sich das Wort »Unkel« auf die Hunnen zurückführen lässt und soviel bedeutet wie »Hunnenfurt«. Auch diese Namensgebung lässt sich erklären, schließlich überquerte das Volk der Hunnen im 5. Jahrhundert den Rhein südlich von Köln. Daher liegt die Vermutung nahe, dass sich beim heutigen Unkel die Stelle des Überganges befand.
Die Funde aus Bruchhausen sprechen dagegen eher für eine Einzelsiedlung aus dem 6. oder 7. Jahrhundert. Vermutlich handelte es sich dabei um ein

Klassisch schön – fränkische Tongefäße, ausgestellt im Stadtarchiv Unkel; der vollständige Erhaltungszustand deutet auf Grabbeigaben hin

Die älteste Kirche in der Verbandsgemeinde – St. Severin in Erpel

Gehöft, die Hütte eines Bergmanns oder die Behausung eines Köhlers. Der eigentliche Ort Bruchhausen wurde wahrscheinlich erst gegen 900 n.Chr. gegründet.

Klösterliche Kultur

In den nächsten Jahrhunderten bildete das Frankenreich unter der Herrschaft karolingischer Könige den Mittelpunkt des christlichen Europas. Noch vor der Jahrtausendwende wurden Klöster zu den wichtigsten Trägern abendländischer Kultur. Mönche und Nonnen fungierten als vorbildliche Landwirte, kundige Apotheker und als umfangreich gebildete Lehrer adliger Söhne und Töchter. Prachtvolle Kirchen entstanden in romanischer Bauart.

Auch unsere Region war in dieser Zeit durch die klösterliche Kultur geprägt. Gerade im sonnigen Rheintal nämlich erstrebten viele Klöster Grundstücke, die sich für den Anbau des für sie so bedeutenden Messweins eigneten. So wundert es nicht, dass der Name Unkel zum ersten Mal im Jahre 886 im »Goldenen Buch« der Abtei Prüm auftaucht.

Hier ging es um den Tausch einiger Güter und den Wiederaufbau des Klosters, zu dessen Besitztümern auch einige Weingärten gehörten. In den alten Dokumenten, die diesen Handel besiegelten, findet die frühere Form des Namens »oncale« Erwähnung. Auch einige andere umliegende Städte, wie z. B. Remagen oder Oberwinter wurden bei diesem Tausch aufgeführt. Die Abtei Prüm besaß zu dieser Zeit die Region um Unkel und listete ihren Besitz 893 im »Prümer Urbar« auf. Dort wur-

Stichwort Urbar

Bezeichnung für ein Verzeichnis großer Ländereien und Besitzungen sowie deren Inhaber. Auch die zu leistenden Abgaben wurden dort dokumentiert.

Die ersten urkundlichen Belege

Bild: Mit einer Urkunde verleiht der Grundherr das Recht zur Bewirtschaftung des Bodens. Anschließend wird der Wald gerodet und eine Siedlung gebaut (Nach dem Sachsenspiegel, 13. Jahrhundert, Heidelberg)

***Unkel** – 886: Erste Erwähnung im »Goldenen Buch« der Eifeler Abtei Prüm. 893 taucht Unkel auch im Güterverzeichnis (Urbar) der Abtei auf.*
***Rheinbreitbach** –17. Januar 966: In einer Kaiserurkunde von Kaiser Otto I. dem Großen schenkt der Herrscher dem Aachener Marienstift unter anderem Rheinbreitbach mit seinen Weinbergen. (Die bisweilen ebenfalls angeführte Urkunde vom 28. Juli 691 oder 692 – hier wird berichtet, dass ein gewisser »Helmgar der Cassiaus-Basilika [in Bonn] ein Weingut in Briubach schenkt« – bezieht sich höchstwahrscheinlich auf Braubach.)*
***Erpel** – 1072: Erste urkundliche Erwähnung. 1167 wird dem Kölner Domkapitel eine frühere Schenkung Erpels (im Jahre 1130) bestätigt.*
***Bruchhausen** – Mitte des 12. Jahrhunderts: »Brughausen« wird als ein Ort genannt, in dem das Kloster Dietkirchen bei Bonn Einkünfte erzielte. Eine Kapelle wird allerdings schon in einer Urkunde aus dem Jahre 1054 bezeugt. Hier wird u.a. festgehalten, dass die Kapelle in Bruchhausen am Weißen Freitag ein Mühlfass Korn an den Pfarrer von Erpel zu liefern hatte.*

Stichwort Zehnt

Mit dem »Zehnt« bezeichnet man seit dem 5. Jahrhundert aufkommende, zu leistende Abgaben an die kirchlichen Grundherren, also eine Art Steuer. Zunächst wurde der »Zehnt« in urkundlich festgelegten Naturalien abgeliefert (s. Bild: Käse, Eier, Geflügel, Jungtiere; nach einem Holzschnitt aus dem 15. Jahrhundert), später auch in Geld. Erpel lieferte dem Domkapitel einen trockenen (Getreide), einen nassen (Wein) und einen blutigen Zehnt (Fleisch). Während des frühen Mittelalters begannen auch die Könige, sich diesen Forderungen anzuschließen, im 9. Jahrhundert ebenfalls die weltlichen Grundherren. Die Abgaben wurden auf den Grundbesitz hin berechnet, erreichten jedoch nur manchmal ein Zehntel der gesamten Erträge. Erst mit der Bauernbefreiung während des 18. und 19. Jahrhunderts wurde der Zehnt endgültig abgeschafft.

den die zu leistenden Abgaben notiert; in Unkel gab es damals sechs Höfe, deren Abgaben bis aufs Fuder genau festgehalten wurden. Auch Botendienste und andere Aufgaben für die Unkeler waren hier niedergeschrieben. Im Jahr 943 wurde Unkel das letzte Mal als Besitztum des Klosters Prüm im »Prümer Urbar« aufgeführt.
Die Abhängigkeit von den kirchlichen Grundherren fand im Bau von Zehnt- bzw. Fronhöfen ihren Ausdruck, so z.B. im heute noch erhaltenen Fronhof des Kölner Domkapitels in Erpel. Auch der Bau des Christinenstifts in Unkel geht auf einen Zehnthof zurück.

Übergang Mittelalter / Neuzeit

Das Ende des Mittelalters und der Beginn der Neuzeit waren durch Unruhen und kriegerische Auseinandersetzungen geprägt, deren Folgen auch die Entwicklung der Städte und Dörfer im Rheinland beeinträchtigte. In dieser Zeit entschieden sich die Bewohner, ihre Orte mit Mauern zu schützen.

Die Kölner Stiftsfehde

Im Jahre 1475, wurde Unkel und Umgebung im Zusammenhang mit den Burgunderkriegen in einige kriegerische Handlungen verwickelt, die

Befestigungsanlagen

Erpel *erhielt bereits in der ersten Hälfte des 13. Jahrhunderts eine Befestigungsmauer am Rhein und einen dornenbewachsenen Graben landseits. Im 14. Jahrhundert dann wurde eine Ringmauer aus Basaltsteinen um den jetzt erweiterten Ort gezogen. Heute noch ist der stattliche Torturm, das Neutor, erhalten sowie ein runder Mauerrest am Rhein. Vom Rheintor steht nur noch der äußere Torbogen, der heute in den Fronhof einbezogen ist.*

Unkel *baute seine Befestigungsanlagen in der Mitte des 16. Jahrhunderts. Die Rheinseite wurde durch eine besonders starke Mauer aus Basalt- und Bruchstein geschützt, die von zwei Türmen flankiert war. Heute noch gilt der markante Gefängnisturm als Wahrzeichen Unkels (s. Foto). Um den alten Stadtkern führte eine halbkreisförmige Mauer mit wassergefülltem Graben. Auch diese Mauer aus Bruchstein ist z.T. noch erhalten.*

Das Bild zeigt im Ausschnitt eine Ansicht von Unkel im Jahr 1646, die Merian als Kupferstich anfertigte. Dem kundigen Betrachter fällt sogleich auf, dass die Topographie recht falsch wiedergegeben ist; auch die Ummauerung mit der Vielzahl von Türmen ist nicht korrekt, aber typisch.

Rheinbreitbach *umgab sich ebenfalls mit einer Befestigung, zunächst mit einem Graben und einem Pfahlbau, später dann mit einer Mauer aus Bruchstein, die auch Felder, Wein- und Obstgärten umschloss und in Teilen noch vorhanden ist. Der Verlauf lässt sich, wie in Unkel, teilweise auch an den alten Straßennamen ablesen.*

jedoch dem Stadtbild nichts anhaben konnten. Zwölf Jahre zuvor war ein neuer Erzbischof ernannt worden, Graf Rupprecht von der Pfalz. Da er sich nicht an gegenseitige Abmachungen gehalten hatte, verweigerten die Stände ihm jedoch den Gehorsam. Auf Grund dieser Streitigkeiten wurde 1473 ein neuer Verwalter der Ländereien ernannt, Hermann von Hessen, dessen Bruder Heinrich mit ihm zusammen versuchte, den Erzbischof gewaltsam zu entmachten. Einige Orte der Region Kurköln und des Erzstiftes wurden besetzt, um mit diesem Druckmittel die Macht an sich reißen zu können. Der Erzbischof suchte Rat bei Karl dem Kühnen, Herzog von Burgund, welcher ihm versprach ihn militärisch zu unterstützen, auch um seine eigenen Vorteile im Rheinland zu verteidigen und zu vertiefen.

Der deutsche Kaiser war mit dieser Auseinandersetzung nicht einverstanden. Er versuchte zu schlichten, jedoch konnte auch mit seiner Hilfe der Streit nicht beigelegt werden.

1474 rückte der Herzog von Burgund in Neuss, einem Teil Kurkölns ein, um Druck auf den Administrator Hermann von Hessen auszuüben. Dieser hatte sich dort niedergelassen, um einen strategisch wichtigen Punkt dieser Zeit zu besetzen.

Daraufhin ließ auch der Kaiser sein Reichsheer aufmarschieren und nahm die Orte der Unkeler Umgebung, Rheinbreitbach, Scheuren, Unkel selbst sowie Erpel mit seinen Truppen ein. Nur Linz konnte noch fast acht weitere Wochen seinen Widerstand aufrecht erhalten. Nach Zusammenbruch der Gegenwehr rückten die kaiserlichen Truppen bis nach Neuss vor und befreiten die Stadt von der Belagerung. Hermann von Hessen gelang es so, auch mit Hilfe des Kaisers seine administratorischen Aufgaben wieder aufzunehmen. Dem Erzbischof wurden alle Rechte an der Region entzogen, womit die »Kölner Stiftsfehde« endgültig ein Ende fand. Nach seinem Tod einige Jahre später nahm Hermann von Hessen auch dessen Platz als Erzbischof ein.

Stichwort Burgunderkriege

Seit der Mitte des 14. Jahrhunderts hatten die Herzöge der Burgunder ihr Territorium weit im Norden und Süden des Landes, im niederländischen Raum sowie um Luxemburg erweitert.
Während seiner Regierungszeit strebte nun Karl der Kühne einen großen burgundischen Staat an, der durch die Verbindung der beiden »Teile« zustande kommen sollte. Herzstücke dieses Plans waren dabei Lothringen und das Elsass.

Kurfürstliche Burg zu Linz – heute als Museum eingerichtet

Der Unkeler Stadtarchivar Rudolf Vollmer fasst die Ziele dieses Abkommens folgendermaßen zusammen: »Bei einem kriegerischen Überfall auf einen der Orte sollte man sich sofort gegenseitig benachrichtigen und ›stehenden Fußes‹ mit ›gewehrter Hand‹ dem Überfallenen zu Hilfe eilen, so als ob man selbst angegriffen würde. Um gegen Überfälle und Räubereien besseren Widerstand leisten zu können, sollten alle Städte, Dörfer und Flecken ihre Verteidigungsanlagen in Ordnung halten. Außerdem sollten die Bürger mit ›aller notwendigen Gebühr‹ bewaffnet sein.« (Quelle Vollmer 1995).
1597 wurde diese Gemeinschaft noch einmal erneuert und um einige ferner gelegene Orte erweitert. Sie blieb bis ins Jahr 1640 bestehen.

Linzer Eintracht

Nach dem »Burgundischen Krieg«, der im Jahr 1475 endete, schlossen sich einige Rheinorte, unter anderem auch Unkel (mit Rheinbreitbach) und Erpel (mit Bruchhausen), unter der Führung der Stadt Linz zur »Linzer Eintracht« zusammen.
Anstoß zu diesem Bündnis gab eine Abwehrhaltung, die durch die aufreibende »Kölner Stiftsfehde« ausgelöst wurde. Diese hatte das Leben innerhalb der Region und der Orte erheblich gestört und auch den Handelsverkehr unterbrochen.

Kölner Krieg (Truchsessischer Krieg)

Knapp ein Jahrhundert nach dem »Burgundischen Krieg« sollten die Rheinorte wieder Schauplatz kriegerischer Aktivitäten werden.
1583 erließ der Erzbischof und Kurfürst zu Köln, Gebhard Truchseß von Waldburg ein Gebot, welches das Erzstift verweltlichen sollte. Außerdem wollte er, der zum evangelischen Glauben auf Grund seiner Heirat übergetreten war, den protestantischen Glauben im ganzen Kurfürstentum einführen. Der deutsche Kaiser versuchte die-

ses zu verhindern, indem er Gebhard eine hohe Pension anbot, die dieser jedoch ablehnte. Gegen Ende des Jahres wurde auch der Papst aufmerksam auf die Unruhen und erließ eine Bannbulle gegen ihn, die ihn seines Dienstes enthob und für exkommuniziert erklärte.

Gebhard Truchseß hatte in der Zwischenzeit einige kurkölnische Städte von seinen untergebenen Truppen besetzen lassen, unter anderem auch Godesberg und Bonn. Sein Nachfolger wurde Ernst von Bayern, der wiederum bestrebt war, mehr und mehr Städte auf seine Seite zu ziehen. Gebhards Wunsch, dem ganzen Land den protestantischen Glauben zu vermitteln, sollte damit vereitelt werden. Die Lage für Ernst von Bayern war zunächst günstig. Er hielt eine große Anzahl von Städten besetzt und verstärkte sie mit Soldaten, so dass sie nicht in die Hände Gebhards gelangen konnte. Als dieser jedoch im Juli 1583 Hilfe von Pfalzgraf Casimir und des-

Der Tod als ständiger Begleiter

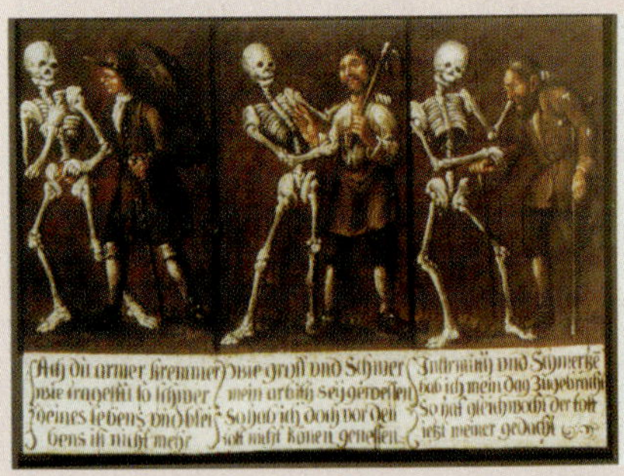

In kaum einer anderen Zeit war der Tod so allgegenwärtig wie in der ersten Hälfte des 17. Jahrhundert. Wer heute noch jung und blühend war, konnte morgen schon tot sein: Hunger, Seuchen, Überfälle und Kriege forderten ihren Tribut. Tiefe Frömmigkeit und finsterer Aberglaube lagen eng beieinander – die Hexenverfolgung erreichte ihren Höhepunkt. Selbst im kleinen Ort Erpel wurden im Jahre 1631 20 Personen als »Hexen und Unholde« auf dem Scheiterhaufen verbrannt. (siehe Bruchhausener Hexenkönigin)

Ungefähr aus dieser Zeit stammt das außergewöhnliche Gemälde des Totentanzes in der Bruchhausener Pfarrkirche (s. Foto), die einzige Totentanzdarstellung im Rheinland überhaupt.

sen 7000 Soldaten erhielt, änderte sich die Situation.
Unkel vermochte zwar noch Widerstand zu leisten; Rheinbreitbach, Honnef sowie Heister wurden jedoch von den feindlichen Truppen niedergebrannt und mitsamt Äckern und Weinbergen zerstört.
Nachdem die Truppen sich zurückgezogen hatten, arbeiteten die Unkeler fieberhaft weiter an einer Abwehr, denn als Grenzort zwischen den Interessensgebieten des ehemaligen und des neuen Erzbischofs erwartete es einen neuen Angriff. Dabei wurde vermutlich auch der »Peutherichgraben« angelegt: Auf der Bruchhausener Höhe ist noch heute diese Grabenstruktur, benannt nach dem truchsessischen Feldherrn Peutherich, im Gelände zu erkennen.
Im September des Jahres folgte in der Tat ein zweiter Angriff, der jedoch in Königswinter vereitelt werden konnte. Die gräflichen Truppen zogen sich danach nach Deutz zurück.

Der Dreißigjährige Krieg

Die kriegerischen Auseinandersetzungen im Dreißigjährigen Krieg trafen die Orte im Rheinland besonders schwer. Hatte schon eine vorübergehende Klimaverschlechterung zu massiven Ernteausfällen und Hungersnöten geführt, so war man auch noch gezwungen, bei Einquartierungen und Requirierungen das Wenige, was man hatte, mit Freund und Feind zu teilen.
Im Jahre 1633 wurden die Gemeinden Unkel, Erpel und Bruchhausen Ziel eines brutalen Überfalls durch die Schweden. Lediglich Rheinbreitbach blieb verschont. Die anderen Orte wurden geplündert und in Brand gesteckt. Erhalten geblieben ist aus der

Der Dreißigjährige Krieg (1618–1648)

Bezeichnung einer Epoche, in der Aufstände der katholischen sowie evangelischen Reichsstände Europas zu kriegerischen Handlungen führten. Diese Ständeverbände wollten mit Druck einige Forderungen durchsetzen, wie z.B. die Sicherung von Rechten innerhalb der Verfassung, Eigentumsordnungen und religiösen Bekenntnissen. Die zunächst regionalen Auseinandersetzungen weiteten sich nach kurzer Zeit auf die nationale Ebene aus und entflammten später auch internationale Konflikte zwischen den Ländern Europas. 1648 wurden alle kriegerischen Aktivitäten beigelegt und durch den »Westfälischen Frieden« besiegelt, der nun für Ruhe und Ordnung innerhalb der Länder sorgte und Kompromisse zwischen den einzelnen Parteien fand.

Pestkreuz auf dem Bruchhausener Friedhof mit düsteren Symbolen

Folgezeit ein Brief, in dem Rat und Bürgermeister von Unkel das Stift »Maria ad Gradus« eindringlich um Nachlass der Pachtgebühren bitten: »Häuser, Ställe und Scheunen sind teils verbrannt, teils abgebrochen und ruiniert, ja alles wovon wir leben sollen, ist geraubt, geplündert und hinweggenommen.«

Die Pest

Nach den Schrecken des Dreißigjährigen Krieges erfuhr die Region knapp 30 Jahre später einen weiteren Rückschlag: die Pest. Die Seuche breitete sich weit über das Rheingebiet aus und raffte viele Einwohner dahin. Auf den alten Friedhöfen in Unkel und in Bruchhausen gibt es deshalb eine ganze Reihe von Grabkreuzen mit der Jahreszahl 1666.

Revolutionskriege

Nach Ausbruch der französischen Revolution und Abschaffung der Monarchie begann Frankreich seinen Eroberungszug in Richtung Rhein. Preußen und Österreich verbündeten sich gegen die angreifenden Revolutionstruppen, wurden jedoch zurückgeschlagen. Schließlich vereinnahmte Frankreich das linke Rheinufer, während die kaiserlichen Truppen das rechte hielten. Die Kurkölnische Landesregierung hatte derweil ihren Sitz von Bonn nach Westfalen verlegt und die Orte am Rhein ihrem Schicksal überlassen.

So lagen Unkel, Erpel, Rheinbreitbach und Bruchhausen direkt an der Front und wurden in den Jahren zwischen 1792 und 1801 zum Spielball gleich zweier Großmächte. Die österreichischen Truppen bezogen hier ihr Quartier und richteten Lazarette für ihre Verwundeten ein. Diese Situation brachte aufgrund der Forderungen nach Lebensmitteln für Soldaten und für Pferde die Bewohner nicht nur in materielle Not – nach einem Ausbruch

des gefürchteten Lazarettfiebers starben auch 400 Menschen der einheimischen Bevölkerung.
Wiederholt drangen auch die Franzosen über den Rhein vor und plünderten die gesamte Region. Dabei bemächtigten sie sich nicht nur der gesamten Weinvorräte und damit des einzigen Handelsguts, sämtlicher Lebensmittel und der wenigen Geldreserven, sondern auch des Zugviehs, der Fuhrwerke und des Werkzeugs, so dass Feldarbeit in Zukunft kaum mehr möglich war. Weitere unfüllbare Forderungen stürzten die Gemeinden in tiefe Schulden und brachten die Bewohner an den Rand des Hungertods.
Ein Ende fanden die Koalitionskriege und die Plünderungen mit dem Frieden von Campoformio, bei dem klare Besitzverhältnisse geschaffen werden sollten. Das linke Rheinufer wurde Frankreich zugesprochen.
Doch auch dieser Friede hielt nur kurz an, denn fünf Jahre später brach der Zwist erneut aus und konnte erst 1801 beigelegt werden. In dem neuen Friedensvertrag wurden nun die Bedingungen des Friedens von Campoformio anerkannt und die kurkölnischen Fürstentümer aufgelöst.

Stichwort Französische Revolution

Zeit von 1789 bis 1799, in der die Bevölkerung Frankreichs sich gegen die absolute Monarchie auflehnte. Der Wunsch des Volkes war es, einen demokratischen Staat mit einer Verfassung zu errichten und die bisherigen Stände- und Adelsordnungen weitgehend aufzulösen. Feudale Vorzüge sollten dabei abgeschafft werden.

Buchtipp

Leonhard Reinirkens: André Bohnefaß – Liebe in Zeiten der Revolution. Herbig / K.H. Bock

Vielen Menschen ist Leonhard Reinirkens als Rundfunk- und Fernsehautor, Moderator und Sprecher bekannt. Für sein vielseitiges Werk erhielt er u.a. den Literaturpreis von Rheinland-Pfalz, den Adolf-Grimme-Preis und den Gerhart-Hauptmann-Preis. Seit 1999 zählt der sympathische Schriftsteller zu den Ehrenbürgern seiner Heimatstadt Unkel.
Die Roman-Trilogie über die Abenteuer seines Helden André Bohnefass bildet den Höhepunkt der Bestrebungen des Autors, die rheinische Geschichte lebendig zu machen.

Die Nassauische Herrschaft

Kurze Zeit nach dem Friedensschluss wurden die Orte der heutigen Verbandsgemeinde dem Herzogtum Nassau-Usingen zugesprochen. Dieses hatte linksrheinische Landstücke an Frankreich abtreten müssen und erhielt nun als Entschädigung einige der Ländereien der ehemaligen kirchlichen Fürstentümer. Insgesamt wurden vier Erzbistümer, 18 Bistümer und etwa 300 Abteien, Stifte und Klöster im Zuge dieser Säkularisation enteignet und ihr Besitz an weltliche Fürsten verteilt.

Dies war 1803 im »Reichsdeputationshauptschluss« festgelegt worden und brachte Einschränkungen mit sich, die das Land hart trafen. Die neue Regierung mit Sitz in Linz erließ Gebote gegenüber den Dörfern, die Spuren in der gesellschaftlichen, kulturellen und sozialen Struktur hinterließen. Die Erhöhung direkter und indirekter Steuern traf die Bauern hart, besonders in der damaligen wirtschaftlichen Lage, die sich kaum von den bisherigen Ausbeutungen erholt hatte. Außerdem schaffte die Nassauische Regierung einige demokratische Züge der bisherigen kurkölnischen Regierung ab, so dass die Bewohner der Umgebung zunehmend unzufriedener wurden. Sie sahen ihre politischen Rechte in Gefahr.

Die Ansicht von Unkel im Jahre 1840 (Stahlstich von Lang nach Bamberger) zeigt die Rheinüberquerung mittels Nachen

Die Preußische Herrschaft

Durch die Neuregelung des Wiener Kongresses wurde das Rheinland im Jahr 1815 schließlich unter preußische Herrschaft gestellt. Dies rief einigen Unmut unter der katholischen Bevölkerung hervor, die sich von den ihnen vorgesetzten protestantischen Bürgermeistern und Beamten bevormundet fühlte. Die gesamte Verwaltung wurde nach preußischen Vorstellungen geändert. Als einschneidend wurde auch der Umgang mit der Muttersprache empfunden – die Mundart galt fortan als verpönt. Wer sich auf dem Amt, in der Schule oder auf der Arbeit mit seinem Vorgesetzten verständigen wollte, musste nun »hochdeutsch« reden.

Stichwort Wiener Kongress

Nach der Niederlage Napoleons I. wurde Europa politisch neugeordnet. Zu diesem Zweck fanden sich europäische Staatsmänner und Herrscher zwischen 1814 und 1815 in Wien ein um gemeinsam über das europäische Geschick abzustimmen und ein Gleichgewicht der Mächte zu gewährleisten.

Das Deutsche Reich

Nach Gründung des »Deutschen Reiches« und der Ernennung Bismarcks zum Reichskanzler spitzte sich die Lage zu. Bismarcks Ziel war die Eindämmung katholischer Aktivitäten mittels politischer Sanktionen. Der sogenannte »Kanzelparagraph« verbot politische Aussagen über das System, die damals in vielen Predigten von Geistlichen gang und gäbe waren. In der Folgezeit wurden unter Bismarck noch weitere Gesetze erlassen, die die Rechte der Bischöfe und Priester weiter beschnitten und sie abhängig von den Gesetzen der Regierung machten. Die bisherige Trennung zwischen Kirche und Staat wurde recht schnell aufgehoben, um Verstöße gegen die neuen Gesetze u.a. mit Amtsentzug und Landesverweis hart zu bestrafen, so dass die Geistlichen Angst um ihren Lebensunterhalt haben mussten. Diese Maßnahmen trafen allerdings auch auf Widerstand in der Bevölkerung. Die »Zentrumspartei«, weitgehend Vertretung der Katholiken in Deutschland, nahm sich besonders dieses Problems an. Das katholische Rheinland, also auch die heutige Verbandsgemeinde, wurde als Feind der Regierung dargestellt und sympathisierte mit der Zentrumspartei.

Auch in Unkel waren die Folgen der Auseinandersetzungen zu spüren. 1874 wurde der Dorfpfarrer wegen einer Predigt belangt, die einige Vergleiche zwischen Kirche und Staat enthielt.

»Das Verbot des Zierens von Häusern bei Prozessionen«

Wie sehr das Verhältnis von Kirche und Staat gestört war, zeigt folgende Begebenheit aus Erpel, die der Unkeler Archivar Rudolf Vollmer wiedergibt (Foto: Fronleichnamsschmuck in Bruchhausen):

»Am 27.04.1884 ließ Bürgermeister von Altrock bekannt machen, dass das Zieren von Häusern mit Maien (Reisern) bei Prozessionen und Umzügen nur mit polizeilicher Genehmigung erfolgen dürfe. Als Begründung gab er an, dass zu diesem Zweck häufig die jungen Bäume im Wald gestohlen worden seien. Dies wolle man durch diese Maßnahme verhindern. Entgegen dieser polizeilichen Verordnung wurden am Fronleichnamstag viele Häuser ohne Genehmigung geschmückt. Daher erneuerte der Bürgermeister am 14.06.1884 diese Verfügung und drohte bei Zuwiderhandlung Strafverfügung an. Kurz vor der Erpeler Kirmes ließ von Altrock durch die Schelle verkünden, dass jedwedes Schmücken der Häuser in Erpel mit Maien oder mit Fahnen bei Strafe von 15 Mark verboten sei. Als der Landrat zufällig an einer Sitzung des Kirchspielrates am 18.06.1884 teilnahm, beschwerte sich der Erpeler Ortsvorsteher Herzmann über dieses Verbot. Der Landrat tadelte den Bürgermeister vor der ganzen Versammlung und befahl eine Gegenverfügung zu erlassen und das Verbot des Zierens aufzuheben. Am Kirmestage prangte daher Erpel in einem Schmuck wie selten zuvor.«

(Quelle: Vollmer 1995)

Gleichzeitig wurden dem Erpeler Schulleiter (und somit auch Geistlichen) die Lehrlizenz entzogen, da er angebliche antisemitische Schriften verbreitete, die sich in den Schulbibeln befanden. Mit ihm wurde auch der Unkeler Pfarrer verurteilt und beide durften von diesem Zeitpunkt an nicht mehr an Schulen lehren.
Doch immerhin kehrten nun wieder ruhigere Verhältnisse ein. Die Zeit war reif für die Rheinromantik. In den hübschen Orten am Rhein, insbesondere in Unkel, ließen sich viele adlige preußische Offiziersfamilien nieder; Kölner Industrielle richteten sich dort und in Erpel gern ihren Sommersitz ein. Auch Künstler zog es an den Rhein, so z.B. den Dichter Freiligrath. Nach und nach wurde Unkel und Umgebung zum kulturellen Treffpunkt zahlreicher Intellektueller.
Seit der Anbindung an die Bahnlinie und den Schiffsverkehr wurde die Region auch zunehmend zum beliebten Ziel für Ausflügler von nah und fern.
Mit dem Fremdenverkehr und dem Ansiedeln einiger Industriebetriebe öffneten sich der Bevölkerung neue Einkommensquellen, so dass sich – zumindest im Vergleich zu früheren Jahrhunderten – ein bescheidener Wohlstand entwickeln konnte.
Freilich ging es mit dem Weinbau bergab; hier hatten einige Missernten und Schädlinge für einen drastischen Rückgang gesorgt.

Stichwort Kulturkampf

Bezeichnung für die Zeit nach der Gründung des Deutschen Reiches 1871, als eine Auseinandersetzung zwischen den Parteien, der Kirche und der Regierung eine neue Trennung zwischen Staat und Kirche zum Ergebnis hatte. Die Gläubigen lehnten sich dabei gegen die Regierung auf, da diese die gesamte Macht an sich ziehen und die Kirche entmündigen wollte. Dadurch verschärften sich auch die Auseinandersetzungen zwischen den gesellschaftlichen Gruppen.
Durch den Kanzelparagraph (Verbot politischer Reden auf der Kanzel), das Schulaufsichtsgesetz (Geistliche sollten von nun an nicht mehr die Schulleitungen übernehmen), die Einrichtung von Standesämtern und Einführen der Zivilehe, das Verbot des Jesuitenordens und die Maigesetze (die Beaufsichtigung durch den Staat wurde erweitert und durch weitere Verbote ausgebaut) erreichte man das Ziel, die Autorität der Kirche staatlichbewusst zu untergraben.
Erst im Jahre 1879 konnten sich Papst Leo XIII. und Bismarck auf eine Annäherung der Streitparteien einigen.

Stichwort Erster Weltkrieg

Der Erste Weltkrieg beruht auf Auseinandersetzungen der europäischen Länder. Die europäischen Großmächte wollten weitere Ressourcen und Rohstoffquellen auf anderen Kontinenten erwerben und neue Märkte erschließen. Doch die verschiedenen imperialistischen Vorstellungen und der Konkurrenzkampf zwischen den Großmächten führten zu Spannungen, die den Krieg fast unvermeidbar werden ließen.
Der Krisenherd in der Balkanregion wurde schließlich zum Auslöser des Krieges im Attentat von Sarajevo, bei dem der österreichische Thronfolger ermordet wurde. Österreich verbündete sich daraufhin mit dem Deutschen Reich und stellte ein Ultimatum an Serbien, das auch erfüllt werden sollte. Gleichzeitig jedoch wurden auch die serbischen Truppen mobilisiert.
Die Großmächte Großbritannien, Deutschland und Frankreich hofften bis zu diesem Augenblicke, den Konflikt schlichten zu können, doch Österreich erklärte gegen Ende Juli Serbien den Krieg. Nach und nach weiteten sich die kriegerischen Handlungen auf ganz Europa aus.

Der Erste Weltkrieg

Die Orte der heutigen Verbandsgemeinde litten unter diesem Krieg, auch wenn er zunächst mit patriotischer Begeisterung unterstützt wurde. Viele Männer folgten dem Ruf des Vaterlands, und vorsorglich wurden Lazarette errichtet. Nach ihrer Abreise stellte sich jedoch heraus, dass die daheim gebliebene Bevölkerung nicht in der Lage war, die täglichen Feldarbeiten durchzuführen. Frauen, alte Männer und Kinder, die extra von der Schule freigestellt wurden, ackerten nun auf Feldern und Höfen, später auch russische Kriegsgefangene. Trotz dieses »Aufgebots« an Arbeitskräften herrschte bald Not in der Umgebung. Nahrungsmittel wurden rationiert und Lebensmittelkarten zugeteilt. Selbst in der Schule wurde Ackerbau zum großen Thema: Alle Schüler erhielten ein kleines Stück Acker zum Bewirtschaften und Ernten, und doch reichten die Lebensmittel nicht aus. Die einzige Alternative zur Lösung des Problems war Fabrikarbeit, und so gingen viele Jugendliche, Mädchen und junge Frauen in den Munitions- oder Geschossfabriken arbeiten, die in der Nähe von Troisdorf und Siegburg lagen.
Durch das Leben mit dem Krieg gerieten einige Familien in den Zwiespalt, denn meist waren die Väter und eigentlichen Ernährer in den Krieg gezogen und die Mütter damit beschäftigt, die Familie zu ernähren. Viele Kinder lit-

ten nicht nur unter den fehlenden Nahrungsmitteln, sondern auch an mangelnder Fürsorge von Seiten der Erwachsenen. Um diese Kinder wenigstens ernähren zu können, wurde 1916 ein »Verein zum Besten der Armen« gegründet, der mit Hilfe von gesammeltem Geld eine »Speisung« durchführen konnte.
Erst das Kriegsende 1918 verhieß ein Ende der Not. Doch auch danach gab es weitere Unruhen, in die nicht nur Unkel, sondern auch vor allem Rheinbreitbach, Erpel und Bruchhausen involviert waren. Denn noch bevor demokratische Kräfte nach Beendigung der Kaiserzeit in die Region einziehen konnten, machten sich einige Teile der Bevölkerung selbständig und riefen einen »Soldatenrat« aus. Dieser sollte die Errichtung neuer demokratischer Institutionen verhindern. Bald stellte sich jedoch heraus, dass dieser Rat nicht wirklich ernst zu nehmen war.
Die darauffolgende Zeit brachte einen beachtlichen Umschwung mit sich. Zunächst wurde ein Bürgermeister gewählt und später ein Gemeinderat, der für die Belange der Bürger zuständig war. Trotzdem machte sich eine große Depression in der Bevölkerung breit. Hinzu kam ein Hochwasser im Jahre 1920, das den beachtlichen materiellen Schaden von rund 750 000 Mark hinterließ. Der folgende Sommer 1921 ließ zudem durch seine Trockenheit und Hitze die Ernte auf den Feldern verdorren. Zum Glück strömten aufgrund des »schönen Wetters« reichlich Besucher in die Region, die ein wenig Geld in die Kassen brachten und so die Missernten zumindest teilweise wieder ausglichen.

Inflation

Bereits gegen Ende des Jahres 1922 setzte die Inflation ein, die die Preise enorm in die Höhe trieb und Waren unbezahlbar machte. Zusätzlich kamen

Rasende Geldentwertung: Banknoten aus den Jahren 1922 und 1923

Stichwort Versailler Vertrag

Friedensvertrag zur Beendigung des Ersten Weltkriegs, benannt nach dem Ort des Abschlusses, dem Schloss Versailles in Frankreich. Dort fanden sich Vertreter der Großmächte Frankreich, Großbritannien und den USA zusammen, um unter Ausschluss deutscher Beteiligung den Wortlaut des Vertrages festzulegen. Trotz der ablehnenden Haltung der Deutschen wurde der Vertrag durchgesetzt. Er beinhaltete nicht nur einige Klauseln zur vollkommenen Entmilitarisierung, sondern auch zur Übergabe aller Kriegsmittel an die Großmächte. Außerdem wurden neben den Reparationszahlungen die neuen Grenzen des Deutschen Reiches festgelegt.

noch die horrenden Zahlungen, die Deutschland als Wiedergutmachungen zu leisten hatte. Diese waren im Versailler Friedensvertrag festgehalten, der endgültig den Krieg beenden sollte.

Als einige Sachgüter (Telefonstangen) nicht pünktlich geliefert werden konnten, besetzten 1921 französische und belgische Truppen als Reaktion darauf das Rheinland sowie das Ruhrgebiet. Die Reichsregierung unter Kanzler Cuno rief zum »Passiven Widerstand« auf. Wer sich dem Widerstand anschloss, wurde von den Franzosen entlassen und ausgewiesen und konnte nur noch durch die so genannte »Rhein-Ruhr-Hilfe« unterstützt werden. Dabei verrichteten arbeitsfähige Männer gegen eine geringe Entlohnung gemeinnützige Arbeiten. Die Finanzierung des passiven Widerstands allerdings trieb die Inflation mit Riesenschritten voran, und bald war das Geld nichts mehr wert. Die Bevölkerung konnte nur noch mit Koffern voller Geld einkaufen gehen. Gehaltszahlungen wurden sofort in Lebensmittel umgesetzt, damit keine Zeit verstrich, in der die Mark noch weiter sinken konnte. Durch die Währungsreform vom 15.11.1923 gelang es Gustav Stresemann, die wertlose Mark durch die Rentenmark (s. Foto) sowie etwas später durch die Reichsmark zu ersetzen. Eine langfristige Lösung fand man allerdings erst 1924 im Dawesplan. Dieser regelte die horrenden Forderun-

Ausmaß der Inflation – Lohn-Preisübersicht

Zeit	Tagesverdienst	1 Brot	1 Pfund Fleisch
1913	6,25 Mark	1,04 Mark	0,90 Mark
1919	23,12 Mark	1,59 Mark	2,34 Mark
1922 (20.8.)	294,00 Mark	45,00 Mark	70,00 Mark
1923 (20.8.)	3,6 Millionen	0,6 Millionen	0,42 Millionen
1923 (23.10.)	28,3 Milliarden	3,00 Milliarden	1,5 Milliarden

(Quelle: Rheinbreitbacher Erinnerungen an das Jahr 1923, 2003)

gen des Versailler Vertrags auf ein Maß herab, das für die Deutschen ertragbar sein sollte. Zunächst jedoch wurde die Deutsche Mark durch amerikanische Kredite stabilisiert, so dass die Inflation stoppte. Gleichzeitig setzte dieser neue Vertrag fest, dass die Reparationszahlungen erst in den Jahren 1928/29 wieder in gemäßigter Weise aufgenommen werden sollten. Der Youngplan schließlich erlöste 1929 die Rheinländer vollends aus ihrer misslichen Lage. Er sorgte früher als ursprünglich geplant für die endgültige Räumung des Rheinlandes nach immerhin zwölf Jahren und setzte die Reparationsschuld in 59 Jahresraten neu fest.

Separatistenherrschaft

Im Jahre 1923, also zum Höhepunkt der Inflation, eskalierte im Rheinland die politische Bewegung der Separatisten. Schon nach dem Wiener Kongress waren Stimmen nach einem eigenständigen Rheinstaat laut geworden. Nach dem Ersten Weltkrieg standen auch die Franzosen dieser Idee eines »Pufferstaates« positiv gegenüber. Die rasende Geldentwertung, die kaum zu erfüllenden Reparationsforderungen und die Besetzung des Ruhrgebietes erwiesen sich schließlich als Nährboden für die Radikalisierung der separatistischen Bewegung. Aus dem Heer der Arbeitslosen rekrutierte sich rasch eine Truppe, die am 25. Oktober 1923 in Koblenz die »Rheinische Republik« ausrief. Daraufhin plante sie die Eroberung der Kreise Neuwied und Sieg, von deren Bewohnern sie sich großen Zulauf erhofften. Doch das Gegenteil war der Fall. Maßlose »Requirierungen«, die nichts anderes als willkürliche Raubzüge darstellten, und das brutale Vorgehen der Separatistenarmee machten der hiesigen Bevölkerung

Separatistendenkmal in Rheinbreitbach, wo die »Schlacht« begann

rasch deutlich, dass sie sich von dieser Schar keine vernünftige Regierung erhoffen durfte. Nach einer ganzen Folge von Plünderungen, u.a. in Unkel sowie auf den Gütern Haanhof und Hohenunkel, und gewalttätigen Auseinandersetzungen, insbesondere in Rheinbreitbach, sammelte sich eine »Heimwehr«.

Mitte November 1923 kam es dann in Honnef-Aegidienberg zur »Separatistenschlacht im Siebengebirge«, bei der die »Rheinarmee« besiegt und vertrieben wurde. Dass auch die Heimwehr dabei mit unnötiger Grausamkeit vorging, wurde in der rückblickenden Berichterstattung der 30er Jahre verständlicherweise verschwiegen. Hier ist nur vom »Abwehrkampf der treudeutschen Bevölkerung des Siebengebirges gegen die separatistischen Vaterlandsverräter« die Rede.

In dieser Zeit wurde auch in Rheinbreitbach (neben der Leonarduskapelle) ein Denkmal errichtet, das an den Sieg der Rheinländer erinnert. Es trägt die Inschrift »Hier begann am Abend des 15. November 1923 die Separatistenschlacht im Siebengebirge«.

Weltwirtschaftskrise und Nationalsozialismus

Die kommenden Jahre brachten wieder einen Aufschwung in der Zahl der Kurgäste. Ab 1927 bot Unkel auch eine neue Attraktion, das »Strandbad«, womit schlagartig das gefährliche Baden im Rhein aufhörte.

Zwei Jahre später wurde eine weiterbildende Schule errichtet, die streng nach der Geschlechtertrennung nur Mädchen ausbilden sollte. In ihr wurde Hauswirtschaft gelehrt. Doch alsbald sank die Stimmung wieder auf den Tiefpunkt. Durch die globale Weltwirtschaftskrise machte sich in Deutschland die Arbeitslosigkeit breit. Der Unmut in der Bevölkerung verstärkte sich, und auch das Rheinland blieb davon nicht verschont. Die Winter zuvor hatten geringe Erträge in der Weinernte gebracht und die Region, die immer noch vom Wein lebte, hatte einen tiefen Rückschlag erhalten. Als Folge der Weltwirtschaftskrise sprossen mehr und mehr radikale Parteien aus dem Boden, die viele Anhänger fanden, weil sie eine nationale Besserung versprachen.

1930 wurde auch in Unkel eine Ortsgruppe der NSDAP gegründet, die allerdings zunächst nicht viele Mitglieder hatte und auf Skepsis bei den Dorfbewohnern traf. Innerhalb der nächsten 10 Jahre steigerte sich die Mitgliederzahl um das 32fache auf 224 Mitglieder. Dies war mehr als 12% der Bevölkerung. Mit der Zeit wurden alle Mitglieder der Gemeinderäte und auch Bürgermeister, die nicht das nationalsozialistische System vertraten, durch Parteimitglieder ersetzt. Auch vor der Kirche wurde nicht Halt gemacht. Gottesdienste und Prozessionen wurden gestört und verhindert, wo es möglich war. Für die Jugendlichen gab es ein attraktives Freizeitangebot, das sich später zur Vollzeitbeschäftigung für die junge Bevölkerung auswuchs.

Der Zweite Weltkrieg

Die ersten Bomben fielen gegen Ende des Jahres 1942 auf Unkel und hinterließen einige Schäden. Obwohl auch in den folgenden Jahren immer wieder Angriffe stattfanden, nahm die Bombardierung doch erst 1944 und 1945 stark zu.

Vorübergehender Aufschwung – das Strandbad in Unkel wurde von Einheimischen und Kurgästen gern und ausgiebig genutzt

Antreten in der Hitler-Jugend

Nachdem Pitt eingezogen worden war, lagen alle Pflichten und Arbeiten nur auf Kathrins Schultern: vier schulpflichtige Kinder, der Stall mit zwei Ziegen und einem Schwein, weitverstreute Gärten, Felder und Wiesen, die Beheizung des Hauses mit Holz und Briketts, das bescheidene, aber räumlich ausgedehnte Geschäft, der Ärger mit eingewiesenen, ausgebombten »Pensionsgästen«. Kathrin war wirklich nicht gut auf Hitler zu sprechen. Es blieb nicht aus, dass alle Kinder je nach Alter zu allen Arbeiten miteingesetzt werden mussten: die Mädchen vornehmlich in Haus und Hof, die Jungen in Feld und Wald. Diese Arbeiten waren zeitaufwendig und ließen keine Zeit zum »Antreten«. Aber das Erscheinen zum »Dienst im Jungvolk« war Pflicht.

Eines Tages kam der Jungzugführer höchstpersönlich zu Kathrin und forderte sie auf, Heinzpitter und Nik zum Dienst zu schicken, und zwar sofort, weil es diesmal sehr wichtig sei. Kathrin fragte: »Wat es dann esu wichtich?« – »Demnächst findet ein großes Gautreffen in Hönne statt, und da müssen wir noch tüchtig exerzieren, damit wir uns nicht blamieren.« – »Un dofür brucht ühr ungedingk ming Junge?« – »Sicher, wir müssen doch vollzählig erscheinen! Das sind wir unserem Führer schuldig.«

Der HJ-Führer war ihr einige Stufen auf der Hoftreppe entgegengestiegen. »Ech sin dem Führer janix schöldig!« antwortete Kathrin nun schon aufgebracht. »Der hät minge Mann Soldat jemaach – un éch moß zoséhn, wie éch zerächkumme.« – »Aber es ist doch eine Ehre, Führer und Vaterland im Felde zu dienen«, antwortete der Hitlerjunge mit Überzeugung. »Un wer määt hé die Arbeit? Du, un die andere Hitlerjunge?« Jetzt schrie Kathrin: »Wenn ihr helfe kutt, dann kummen ming Junge och zom Aantredde. Un no mach, dat de fottküss!« – »Ich werde Sie beim Fähnleinführer und dem Ortsgruppenleiter anzeigen«, rief nun der HJ-Führer wütend. – »Don dat«, antwortete Kathrin wieder ganz ruhig. »Aber vorher hauen ech dir et Frack voll.«

Sie ergriff den Reisigbesen, der an der Hofmauer lehnte, schwang ihn hoch und ging auf den Jungführer los. Der machte einen Satz die Treppe hinab und rannte, so schnell er konnte, davon.

(Quelle: Adalbert N. Schmitz: »Lausbub, Meßdiener und Pimpf. Splitter einer Kindheit am Rhein 1931–1947.« Rheinbreitbach 1999.)

Die Ludendorffbrücke von Erpel-Remagen brach kurz nach Eroberung durch die Amerikaner als Folge der zahllosen Zerstörungsversuche ein.

Vornehmliches Ziel der feindlichen Angreifer war dabei die Ludendorffbrücke zwischen Erpel und Remagen. Während des Ersten Weltkrieges erbaut, war sie zwar als Versorgungsstrecke für die Westfront gedacht, diente aber nach ihrer Fertigstellung im Jahr 1918 nur noch der geschlagenen deutschen Armee zum Rückzug. Das Bauwerk, das neben den Gleisen einen Fußweg hatte, wurde von der hiesigen Bevölkerung gern zur schnellen Rheinüberquerung genutzt und galt als eine der schönsten Brücken am ganzen Rhein. Ab 1944 wurde sie durch die alliierten Streitkräfte wiederholt heftig angegriffen und beschädigt, konnte aber immer wieder repariert und weiter genutzt werden.

Im März 1945 trafen deutsche Truppen Vorbereitungen zur Sprengung, damit die Brücke bei einem feindlichen Vorstoß sofort zerstört werden konnte. Am 7. März stand die Ludendorffbrücke im Mittelpunkt der Nachrichten. Die Amerikaner standen vor Remagen, die Deutschen erteilten den Sprengbefehl. Zwei Sprengversuche wurden durchgeführt, doch die Brücke widerstand. Und so konnten gegen 16 Uhr die ersten Amerikaner den Rhein überschreiten. Dieses Ereignis

Nachrichtenzentrale im März 1945 – Haus Gertrud Busch in Erpel

Mitten im Wald – Betonrampen der einstigen V1-Stellungen

ging als »das Wunder von Remagen« in die Weltgeschichte ein, über das später auch ein Film gedreht wurde. Bald wurde Erpel eingenommen, und die deutschen Truppen zogen sich bis nach Unkel und Bruchhausen zurück. Die Amerikaner hingegen drängten binnen kurzem weiter bis Unkel und Scheuren vor. Kurze Zeit später wurden auch Rheinbreitbach und Honnef besetzt. Eisenhower wird mit den Worten zitiert, die Brücke sei ihr Gewicht (4.642 t) in Gold wert, und auch die deutsche Geschichtsschreibung sollte später schätzen, dass die Brücke das Ende des Zweiten Weltkriegs beschleunigt hat.

Zehn Tage nach dem Übergang der Amerikaner stürzte die Brücke aufgrund der zahlreichen Zerstörungsversuche ein und riss dabei 28 Männer in den Tod.

Der Soldatenfriedhof in Bruchhausen ist die letzte Ruhestätte vieler Menschen, die in diesen letzten Tagen des Zweiten Weltkrieges ums Leben kamen. Auch auf dem Unkeler Friedhof gibt es einige Kriegsgrabstätten.

In der Gegend um Bruchhausen waren einige Abschussrampen für die V-Waffen (Vergeltungswaffen) gebaut worden. In der Nähe des »Auge Gottes« lassen sich noch einige Reste der Betonrampen erkennen, die jedoch nicht fertig gestellt und damit nicht betriebsbereit waren.

Von der Ludendorffbrücke dagegen zeugen nur noch die Brückentürme. Auf der linken Rheinseite ist darin ein Friedensmuseum eingerichtet (vgl. Tour 10 ab S. 322).

Die Nachkriegszeit

Mit der Beendigung des Krieges wurden zahlreiche deutsche Soldaten gefangen genommen. Viele von ihnen wurden in das nahegelegene Gefangenenlager bei Kripp gebracht. Trotz Unterstützung und Protest von der restlichen Bevölkerung mussten manche dort unter katastrophalen Zuständen ihr Leben lassen.

Nach dem Krieg erholten sich auch die Orte der heutigen Verbandsgemeinde nur langsam von den schweren Schäden. Vieles war zerstört, besonders in Erpel (54% der Häuser). Zudem litt man auch unter dem Verlust wichtiger Handelsverbindungen wie die Remagener Brücke.

In der Folgezeit wurden langsam, aber sicher wieder »normale« Verhältnisse hergestellt: Die zerstörten Häuser wurden aufgebaut, es gab wieder Strom und auch die Felder konnten bewirtschaftet werden, um neue Lebensmittel zu erzeugen. Ein weiterer Fortschritt war die Währungsreform, die im Juni 1948 eingeleitet wurde. Die drei westlichen Zonen wurden durch ihre Besatzer dazu angehalten, »Reichsmark« gegen die neue »Deutsche Mark« zu tauschen. Von nun an war auch wieder ein halbwegs geregelter Handel mit Geld möglich. Durch die Meinungsverschiedenheiten zwischen den westlichen und der Sowjetischen Besatzungszonen spaltete sich bald Deutschland in zwei unterschiedliche Staaten auf.

Im Laufe der nächsten Jahrzehnte erfolgte jedoch wieder ein Aufschwung.

Zwei deutsche Bundeskanzler lebten in Unkel – Konrad Adenauer einige Jahre während der Nazizeit, Willy Brandt nach seiner Amtszeit.

Erinnerung an jüdische Mitbewohner

1853 gab es noch 100 Einwohner jüdischen Glaubens in Unkel, Erpel, Heister und Rheinbreitbach, 1935 waren es nur noch elf. Auch in Unkel brannte am 10.11.1938 eine Synagoge. Doch sind die jüdischen Mitbewohner und ihr Brauchtum nicht vergessen. Foto links: Franz Josef Federhen, Ehrenvorsitzender des Rheinbreitbacher Heimatvereins, erklärt vor dem Heimathaus die Bedeutung des Laubhüttenfestes.

Insbesondere die neue Hauptstadt Bonn setzte viele Impulse und machte die Rheinregion für den Tourismus noch interessanter. Viele Bundespolitiker wählten ihren Wohnsitz in Orten der Verbandsgemeinde, so z.B. Willy Brandt, der von 1979 bis zu seinem Tod 1992 hier lebte. Sein rekonstruiertes Arbeitszimmer kann im Rathaus besichtigt werden.

Ein allgemeiner Einwohnerzuwachs setzte ein, so dass auch die Orte selbst sich vergrößerten. Damit nahm auch der »Pendelverkehr« zu, der die Bewohner von ihren Wohnungen zur Arbeitsstelle brachte. Die Nahverkehrsnetze stellten sich auf die neuen Bedürfnisse ein und erweiterten ihr Angebot an Zielen in der Umgebung. Noch heute ist zu beobachten, dass die meisten Einwohner der Verbandsgemeinde ihren Arbeitsplatz nicht in der unmittelbaren Umgebung haben, sondern täglich pendeln.

Auch nach der Wahl der neuen Hauptstadt Berlin ist die Verbandsgemeinde immer noch eine attraktive Wohn- und Erholungsregion. Neben dem vielfältigen Natur-, Kultur- und Freizeitangebot spielt dabei die gute Anbindung an große Städte wie Köln oder Bonn, Koblenz und Neuwied eine Rolle.

Wirtschaft

WIRTSCHAFT

Die Verbandsgemeinde Unkel

Die Verbandsgemeinde Unkel, gelegen im Norden von Rheinland-Pfalz, bildet den nordwestlichen Zipfel des Landkreises Neuwied im Naturpark Rhein-Westerwald. Das Gebiet der Verbandsgemeinde umfasst auf einer Fläche von rund 2.700 ha

- die Stadt **Unkel** mit den Stadtteilen Heister und Scheuren,
- die Ortsgemeinde **Rheinbreitbach** mit dem Ortsteil Breite Heide,
- die Ortsgemeinde **Erpel** mit dem Ortsteil Orsberg und
- die Ortsgemeinde **Bruchhausen.**

Insgesamt leben in der Verbandsgemeinde rund 13.500 Menschen. Sie gehört zu den wenigen Regionen in Rheinland-Pfalz, die in den letzten Jahren einen Bevölkerungszuwachs zu verzeichnen hat.

Einwohnerzahlen

Verbandsgemeinde Unkel
(1.7.2003)

-	Unkel	5.137
-	Rheinbreitbach	4.778
-	Erpel	2.691
-	Bruchhausen	94
insgesamt		13.552

Die Verbandsgemeinden

Das Bundesland Rheinland-Pfalz ist in 163 Verbandsgemeinden unterteilt. Dieses System entwickelte sich nach Auflösung der Altpreußischen Ämterverfassung. Mit der kommunalen Neugliederung wurden die früheren »Ämter« 1968 aufgehoben und die selbstständigen Gemeinden in Verbänden zusammen gefasst.
Die VG verwaltet alle überörtlichen Angelegenheiten, d.h. Angelegenheiten, die mehr als eine der Kommunen betreffen. Dazu gehören die Aufstellung des gemeinsamen Flächennutzungsplans, die Trägerschaft über die Hauptschulen, der Brandschutz und die technische Hilfe, der Bau und die Unterhaltung von zentralen Sport-, Spiel-, und Freizeitanlagen. Auch das Standes- und das Meldeamt sowie das Sozialamt werden zentral von der VG beaufsichtigt. Alle Entscheidungen werden jedoch in Absprache mit den einzelnen Kommunen getroffen.
Sowohl die Städte als auch die Verbandsgemeinde sind eigenständige Kommunen. Jede der Gemeinden und die Verbandsgemeinde selbst wählt ihren eigenen Bürgermeister.

Anmerkung: Landwirtschaft, Weinbau, Forstwirtschaft und Fischerei werden im Kapitel »Landschaft« behandelt.

Handwerk und Dienstleistungen

Wirtschaft, Handel und Verkehr werden bekanntermaßen schon seit Menschengedenken betrieben. Wer weiß, auf welches Handwerk sich unsere Vorfahren verstanden? Das Wissen um alte Handwerkskünste gehört zu dem am stärksten gefährdeten der heutigen Zeit. Schriftliche Quellen gibt es wenige zu diesem Thema, doch können wir davon ausgehen, dass sich weit über ein Jahrtausend lang Menschen in unseren Orten befunden haben, die etwa das Töpferhandwerk betrieben oder eine Schmiede. Die Fischer am Rhein werden ihre Netze geknüpft und im Winter aus Weidenruten Lachsreusen geflochten haben. Spinnen und Weben war bis ins 19. Jahrhundert noch in jedem Haushalt gang und gäbe.

Zum Vergleich seien hier Gewerbeaufzählungen angeführt, die gut 400 Jahre auseinander liegen. In Erpel werden im Jahre 1401 Müller, Brauer, Zimmerleute, Dachdecker, Kesseler, Fassbinder, Schröter, Krämer und Kaufleute, Fischer, Weber, Bäcker und ein Bartscherer erwähnt. Die Unkeler Gewerbeliste weist noch 1809 folgende Handwerker auf: sieben Schuster, drei Schneider, drei Näherinnen, drei Maurer, drei Schmiede, einen Schreiner, drei jüdische Metzger, ein Bäcker, ein Krämer und ein Fischer. Die größte Zahl der Handwerker stellten jedoch die Schröter, die sich dem Transport des Weines widmeten. Von ihrer Bedeutung für das Wirtschaftsleben des Ortes zeugt das »Schröterkreuz« in Unkel-Scheuren.

Verbunden mit dem Rückgang der Landwirtschaft und des Weinbaus in der Verbandsgemeinde Unkel verschwanden erst im letzten Jahrhundert einige Handwerksberufe, die überwiegend Produkte für diese beiden Wirtschaftszweige herstellen, z.B. der Lohgerber und der Stellmacher.

Von »Weintransport-Experten« errichtet – das Schröterkreuz in Unkel

Der Lohgerber

Bis vor wenigen Generationen gerbte man Leder in unserer Region in der gleichen Weise wie die Kelten vor 2000 Jahren: mit Eichenrinde. Die Rinde von Eichen, die so genannte Lohe, enthält nämlich Tannin, eine Substanz, die sehr langsam in die Poren der Haut eindringt und sie entwässert. Dabei werden die Fasern konserviert und die Kristallisation von Stoffen verhindert, welche das Leder sonst steif und brüchig werden lassen. Zur Gewinnung der Lohe wurde die Rinde der jungen Eichenwälder in einem 20-jährigen Zyklus abgeschält (s. Foto: Peter Thelen) und die Stämme bis auf den Wurzelstock abgeschlagen, damit sie wieder austreiben konnten. Das Holz der Stämme konnte anschließend als Brennmaterial zum Beispiel in den Holzkohlemeilern der Köhler verwendet werden; gerade gewachsene jüngere Stämme dienten als Weinbergspfähle. Die Lohe selbst wurde zum Trocknen für einige Wochen gestapelt oder aufgehängt und dann zu Mehl weiterverarbeitet. Inzwischen wusch und schnitt der Gerber die Häute zu und ließ sie in einem unbelüfteten Keller schwitzen, bis die Haare abfaulten. Restliche Haare, Fleisch- und Fettreste wurden abgeschabt. Danach gerbte man die Häute in Gerbsäurebrühen rund drei Wochen lang an. Zum Abschluss füllte der Gerber das Lohmehl abwechselnd mit angegerbten Lederhäuten in große sogenannte Lohkästen und deckte das Ganze mit Wasser ab. Nach bis zu zwei Jahren waren die dicken Tierhäute dann durchgegerbt und konnten weiterverarbeitet werden.

Der Niedergang der kleinen Lohgerbereien und der Haubergswirtschaft erfolgte gegen Ende des 19. Jahrhunderts. Damals wurde entweder besser geeignetes Holz oder schon fertig produziertes und billigeres

Leder aus Nordamerika eingeführt. Dazu kamen noch neue Techniken wie die chemische Schnellgerbung. Auch heute noch findet man in der Verbandsgemeinde Unkel viele Hinweise auf Lohe und Lohgerbereien: So heißen Straßen zum Beispiel »An der Lohmühle« oder »Lohbungert«. In Rheinbreitbach befand sich einst im hinteren Teil des Heimathauses eine Lohgerberei.

Der Stellmacher

Als typisches Beispiel für einen nahezu vergessenen Beruf ist der Stellmacher zu nennen. Der Begriff »Stellmacher« stammt ursprünglich von der Tätigkeit, Gestelle, Aufbauten und Räder für Fahrzeuge aller Art, z.B. Kutschen anzufertigen. Heute wäre der Beruf vergleichbar mit dem des Karosserieschlossers oder Automechanikers.

Auf dem Land spielte die Anfertigung von Reisefahrzeugen eine untergeordnete Rolle. Wichtiger war die Herstellung von Fahrzeugen für den Transport von landwirtschaftlichen Gütern und von Geräten für die Arbeit im Bergbau und den Steinbrüchen. Dazu benötigten die Stellmacher insgesondere Holz, das sie zum großen Teil aus den hiesigen Wäldern gewannen. So wurden zum Beispiel in der Stellmacherei Johann Menden (s. Foto) in Rheinbreitbach nur einheimische Holzarten verwendet. Die Mendens kannten sich im Wald aus und wussten, wo sie das beste Eschenholz usw. finden konnten. Dieses wurde dann für die Herstellung von Radfelgen verwendet. Eine Spezialität der Stellmacherei Menden waren Schörreskarren, die zum Transport von großen Bottichen auf den Weinbergen benötigt wurden und bis über zwei Zentner laden konnten.

Führt den alten Rheinbreitbacher Familienbetrieb fort – Installationsmeister Jürgen Fuchs mit seiner Familie

Ein Handwerker vom alten Schlage – der »Eiserne Heinrich« in Unkel betreibt nicht nur Handel mit allerlei Eisenwaren, sondern gießt noch selbst.

Heute nimmt neben der Industrie auch das Handwerk einen breiten Raum in der VG Unkel ein. Insgesamt gibt es über 125 Handwerksbetriebe, davon sind aber nur ca. 12 »echte« Handwerker. Der Großteil der Betriebe sind Mischbetriebe, so betreibt der Malermeister zum Beispiel auch einen Handel für Farben, Lacke und Malzubehör. Die Zahl der Beschäftigten in Handel, Gastgewerbe, Verkehr und sonstigen Dienstleistungen hat in den vergangenen Jahren immer mehr zugenommen. Im Jahr 2001 lag sie bei fast 40%.

»Es klappert die Mühle ...«

... schon lange nicht mehr. Kaum zu glauben, dass es in unserer Region früher eine Vielzahl an Mühlen gab. Nahezu jeder Wasserlauf wurde zum Mahlen von Getreide, Raps und Bucheckern genutzt. In Rheinbreitbach war bis vor kurzem an der ehemaligen Wasserburg mit ihrer Ölmühle wenigstens noch ein Metallmühlenrad installiert. An der Kaskade in der so genannten »Unkeler Schweiz« ist ein Mühlrad aus Basalt der einzige Überrest der Urbachsmühle, für deren Betrieb sich einst der Wasserfall ergoss. Ansonsten erinnern fast nur noch die Name von Gaststätten an die »alten Mühlen«.

Bergbau

Aufgrund der reichen Ausstattung mit natürlichen Ressourcen hat der Bergbau bzw. der Abbau von Steinen und Erden in allen Orten der Verbandsgemeinde eine lange und sehr facettenreiche Tradition. Dem Landschaftsbild sieht man dies nicht unbedingt an. Die meisten bergbaulichen Tätigkeiten liegen Generationen zurück, und die Natur hat sich ihre Flächen wieder zurück erobert.

Basaltabbau

Das Stadtwappen von Unkel lässt schon erahnen, dass der Basaltabbau für die Stadt eine große Rolle gespielt hat. Warum sonst enthält es im unteren Bereich drei oder vier der typischen sechseckigen Basaltsäulen?
Allerdings wurde das wertvolle Gestein gar nicht auf dem heutigen Unkeler Stadtgebiet, sondern auf der gegenüberliegenden Rheinseite abgebaut. Hier befand sich bereits in römischer Zeit ein Steinbruch, der bis ins vorletzte Jahrhundert genutzt wurde. 1849 wurde er jedoch bei einem spektakulären Bergschlipf verschüttet. Heute erinnert nur das Erholungsheim des VdK an seinen Standort – und die Bezeichnung »**Unkelsteine**«. Dieser Herkunftsname ist in manchen Gegenden nämlich sogar zum Synonym für Basaltsteine schlechthin geworden.

Immer noch sichtbar ist dagegen die ehemalige Steinbruchtätigkeit am imposanten Basaltstock der **Erpeler Ley.** Auch hier befand sich das Basaltvorkommen verkehrsgünstig am Rhein. Dies sollte dem gesamten Berg fast zum Verhängnis werden.

Auch wenn sich einige frühe Naturschützer für die Erhaltung der Erpeler Ley stark machten – vor allem der in Remagen gegründete »Verein zum Schutze der Erpeler Ley« –, die Beendigung des Abbaus Anfang des 20. Jahrhunderts ist überwiegend den Nebenwirkungen der Sprengungen zu verdanken, die sich nicht mit anderen wirtschaftlichen Aktivitäten vereinbaren ließen. So war vor allem die Sicherheit der Eisenbahnanlagen durch Steinschlag gefährdet.

Vielleicht hat aber auch eine Eigenschaft des Erpeler Basalts selbst zum Abbaustopp beigetragen: Durch eine Laune der Natur ist er nämlich ein so genannter »Sonnenbrenner« – bei Lichteinstrahlung verliert das sonst so harte Gestein seine Widerstandsfähigkeit und zerbröselt.

Dem **Asberg** im »hohen Nordenosten« der Verbandsgemeinde blieb das Schicksal des Raubbaus nicht erspart: Der einstmals so stolze Gipfel, auf dem sich möglicherweise sogar ein Heiligtum der Kelten befand, reckt sich nun wie ein hohler Zahn empor. Hier wurde bis nach dem Zweiten Weltkrieg Basalt abgebaut, der mittels einer Seilbahn zum Rhein transportiert wurde.

Der Basaltbruch **Kuckstein** südlich von Bruchhausen war einer der größten Arbeitgeber im früheren Amt Unkel; 1934 arbeiteten dort 55 Personen. Hier wurde der Basalt nicht nur abgebaut, sondern auch direkt zu Schotter weiterverarbeitet. Reste der Betriebsanlagen sind z.T. heute noch vorhanden.

Eine besondere Art der Basaltverarbeitung ist bei Kalenborn nördlich von Linz entstanden. Hier wird der

Stichwort Basalt

Basalt ist ein vulkanisches Gestein, das sich durch Härte und besondere Widerstandsfähigkeit gegenüber Wasser auszeichnet. Bereits die Römer verwendeten es: Im Verlauf einer Römerstraße bei Bonn wurde eine drei Meter mächtige Basaltpackung gefunden. Zudem sind zahlreiche mittelalterliche Stadtbefestigungen und Fundamente von Sakralbauten im Rheinland aus Basaltsteinen erbaut. Seit dem 19. Jahrhundert wird Basalt vorzugsweise für Bauten zur Wasserregulierung (z.B. Deiche und Uferbefestigungen), für den Eisenbahnverkehr (Schotter) und den Straßenbau (Splitt) eingesetzt. Als Marktführer hat sich dabei die Linzer Basalt-AG erwiesen.

Im Basaltbruch: Mit der Brechstange werden die Säulen gelöst

Oft ist dazu eine gefährliche Kletterarbeit notwendig

Basalt nicht zu Schotter zermahlen, sondern geschmolzen und zu Röhren, Rinnen und Kohlenschleudern gegossen. Diese sind dann bei der Verwendung in Kraftwerken sogar Stahl überlegen, da **Schmelzbasalt** völlig unempfindlich gegenüber Korrosion und Abrieb ist!

Quarzitabbau

Rund um den Asberg wurde bis zum letzten Jahrhundert Quarzit gefördert und zum Verladen an den Rhein transportiert. Das hitzebeständige Material wurde insbesondere zum Auskleiden von Hochöfen verwendet. Zur Erinnerung auch an diesen traditionellen Wirtschaftszweig wurde in Bruchhausen ein Förderwagen mit Quarzbrocken aufgestellt.

Bruchsteingewinnung

In fast allen Orten der Verbandsgemeinde gibt es kleinere, mittlerweile überwachsene Steinbrüche, in denen während vergangener Jahrhunderte Tonschiefer und Sandsteine entnommen wurden. Dieses gut spaltbare Material eignet sich für Mauerwerk unterschiedlicher Art – Kirchenbauten, Wohnhäuser, Weinbergsmauern – und ist überall im Ortsbild anzutreffen.

Alter Hohlweg, Grenzgraben oder Wasserrinne zum Bergwerk?

Allerdings wurde dieser so genannte Bruchstein fast nur zur Eigenverwendung abgebaut.

Blätterkohleabbau

Dass auf dem Gebiet der Verbandsgemeinde Unkel einst auch Kohle abgebaut wurde, ist vielen nicht bekannt. Es handelt sich dabei um Blätterkohle: Ablagerungen von Kieselalgen in einem tertiärzeitlichen See nahe des heutigen Ortsteils Orsberg. Hier sind im Wald noch einige Spuren des Abbaus vor rund 200 Jahren zu erkennen. Man verwendete das brennbare Gestein besonders für die Verhüttung von Kupfererz. Kleine, flache Gruben im Gelände deuten aber darauf hin, dass sich hier auch die Bevölkerung für den Eigengebrauch zum Heizen bediente. Bekannt geworden ist die Lagerstätte in wissenschaftlichen Kreisen wegen ihrer Fossilfunde.

Tonabbau

Aus der gleichen Zeit stammt der Ton, der im letzten Jahrhundert ebenfalls in Orsberg gewonnen wurde. Die Grube wurde später mit Hausmüll verfüllt. Die Tonwerke Erpel, die den Ton verwendeten, gibt es heute noch. Allerdings hat sie sich auf Tierfutterproduktion spezialisiert.

Kiesabbau

Kies ist der einzige Rohstoff aus dem Bereich »Steine und Erden«, der heute noch in der Verbandsgemeinde gewonnen wird. Nachdem bereits im vorletzten Jahrhundert im Gebiet der Stadt Unkel ein großer Teil der natürlichen Vorkommen erschlossen und wieder verfüllt wurde, konzentriert sich der heutige Abbau auf die Hochfläche rund um Bruchhausen. Hier ist der Kies mit Lehm angereichert und eignet sich deshalb als Füllmaterial für Straßen- und Eisenbahntrassen. In naher Zukunft sollen die Kiesgruben auch hier wieder verfüllt und mit Wald rekultiviert werden.

Buchtipp: Aus Feuer und Wasser. Geologischer Wanderführer durch Stadt und Land. Band 1: Unkel und Bruchhausen.

Erzabbau

Vermutlich schon um 100 n. Chr. wurden erstmals Erze in unserer Region abgebaut. Das Bergwerk Virneberg bei Rheinbreitbach (Ortsteil Breite Heide) gehört zu den ältesten Bergwerken entlang des Rheins.
St. Marienberg in Bruchhausen galt zeitweise als eine der ertragreichsten Kupfererzgruben im Rheinland und beschäftigte zeitweise bis zu 150 Bergleute.
Heute hat sich auf dem Gelände ein Ausbildungszentrum angesiedelt, auf dem sich noch mehrere eingestürzte Stollenmundlöcher und Schachtpingen (trichterförmige Vertiefungen) befinden.

Geschichte des Kupferbergwerks Virneberg

Östlich der Rheinbreitbacher Ortslage »Breite Heide« befand sich früher ein Kupfererzgang, der durch geologische Vorgänge bis an die Erdoberfläche getreten war. Diese Erzschicht war bis zu 6 Meter stark und verlief bogenförmig auf ca. 300 m Länge von Nord nach Süd.
Wie und wann genau die Erze entdeckt wurden, ist unbekannt. Möglicher-

Die »Breite Heide« vor 150 Jahren – wo heute gepflegte Villen stehen, befand sich damals rund um den Kupferabbau ein Industriegebiet

Stichwort Knappschaft

Die Bergleute einer Grube wurden auch als Knappschaft bezeichnet. In den Jahren 1773/74 schlossen sich die Virneberger Bergleute zusammen, um durch eine gemeinsame Kasse, in die jeder seinen regelmäßigen Beitrag zu entrichten hatte, die Familien in Notfällen sozial abzusichern. Diese Art Knappschaftskasse bestand natürlich nicht nur in Rheinbreitbach, sondern auch in anderen Bergbauregionen. Die Bedeutung und Entwicklung dieser Einrichtung führte dazu, dass heute der Begriff »Knappschaft« ganz speziell für die Sozialversicherung der Bergleute steht.

weise suchten schon die Römer, die nachweislich am Drachenfels bei Bad Honnef Trachyt-Gestein abbauten, hier nach Kupfererzen. Neueste archäologische Funde belegen, dass auch im rechtsrheinischen Siebengebirgsraum um 100 n. Chr. Erze abgebaut und verhüttet wurden. Erzhaltige Böden zeichnen sich oft durch den Bewuchs mit typischen Pflanzen aus. In Fuhrwegen, die durch Regengüsse und Erosion immer weiter zu Hohlwegen ausgeschwemmt wurden, konnten ebenfalls Erzadern entdeckt werden. In den alten Halden und Stollen des Rheinbreitbacher Kupferbergwerks wurden später römische Münzen gefunden.

Als der Tagebau zu tief wurde, änderte man die Abbautechnik und trieb Stollen und Schächte in den Berg, um wieder an die Erzschicht gelangen zu können. In späteren Betriebsperioden wurden alte Stollen gefunden, die noch von Hand, mit Schlägel und Eisen, angelegt worden waren.

Der Sage nach waren diese Stollen sehr klein, und es wurden angeblich winzige Werkzeuge gefunden, die nur von Zwergen benutzt worden sein konnten. Im 17. Jahrhundert wurde dann bereits der Name Firneberg bzw. Virneberg verwendet, wobei das Wort »firn« für alt und im Ursprung unbekannt steht.

Die erste schriftlich nachgewiesene Betriebsperiode begann im Jahre 1604, in dem Bartholomäus Brück das kurfürstliche Bergwerk in Betrieb nahm.

Im Jahre 1694 wurde mit dem Bau eines neuen Grundstollens im Breitbachtal begonnen, der mit 1000 m Länge das Erzvorkommen am Virneberg erschließen sollte. Der Grundstollen erreichte dann 1720, nach 26 Jahren, mit 1040 m Länge sein Ziel am Virneberg. Dieser Grundstollen wurde auch als Förderstollen benutzt. Das heißt, es war damals technisch bedingt wirtschaftlicher, den Abraum und die Erze auf einer Strecke von einem Kilometer durch den Stollen zu fahren, als das Fördergut 100 m im Schacht nach oben zu ziehen. Hierzu wurde die

Bauarbeiten am Umlaufstolleneingang auf der Breiten Heide

Entwässerungsrinne im Stollen mit Holzplanken abgedeckt, über die mit einrädrigen Laufkarren die Gesteine abtransportiert wurden. Später kam eine eiserne Schienenbahn zum Einsatz, auf der die Förderwagen, so genannte »Grubenhunte«, von den Knappen geschoben wurden. In der Nähe des Stollenmundlochs im Breitbachtal waren damals zur Erzverarbeitung zwei Pochwerke und eine Schmelzhütte errichtet worden.
Mit dem Wasser des Breitbaches wurde das Erz auf einem Holzrost rein gewaschen und ließ das Kupfer erkennen. Jungen trugen das Gestein zur Lese. Ältere Männer hatten nun das Erz im Akkordlohn zu scheiden. Mit schweren Pochhämmern wurde das Gestein zerkleinert. In den Pochwerken trieb ein Wasserrad mehrere Hämmer gleichzeitig an. Dann musste von Hand das Kupfer vom unbrauchbaren Gestein getrennt werden. Das Kupfer wurde anschließend von Steinmessern im Scheffelkasten abgemessen und ging dann zur Schmelze.
Im 19. Jahrhundert wurden die Bergbauanlagen nach und nach abgebaut. 1896 demontierte man das letzte Schachtgerüst. Rheinbreitbacher Bürger trugen die Grubengebäude ab und errichteten sich aus dem Material Wohnhäuser im Dorf. Auch die Ziegelsteine der Schornsteine wurden zum Häuserbau wiederverwendet. Nach mündlichen Angaben sind dies die Häuser: Im Irsbich 4, kl.Mühlenweg 10 (Fachwerk), und Schulstraße 1 (Ziegelstein) in Rheinbreitbach.

Jürgen, Heinz-Peter und Barbara Fuchs sowie Josef Rott im Stollen

Die Sage vom Zwergenbrunnen

Unter den Bergleuten war – gefördert durch die Arbeit in ständiger Dunkelheit – ein gewisser Aberglauben weit verbreitet, der sich heute noch durch die bekannten Sagen über den Zwergenbrunnen ausdrückt.

»In alten glücklichen Urväterzeiten herrschte in den Felsenrissen und unter den dunklen Tannen und Farnwedeln ein geheimnisvolles Leben, Raunen und Knistern. Hier, wo ein munterer Quell entsprang und in Richtung des Rheinstromes floss, hatte das Zwergenvolk sein Reich. Die im nahen Bergwerk arbeitenden Grubenmänner hielten gute Nachbarschaft mit den Heinzelmännchen.

In ihrer unterirdischen Werkstatt schufen fleißige Zwerge einen kupfernen Kessel, den sie hilfsbereit, wie sie nun einmal waren, den Leuten liehen, wenn diese im Herbst ihr Essen kochen wollten. Sie verlangten nur, dass derselbe blitzblank geputzt zurückgebracht wurde, wie das ja auch unter anständigen Menschen selbstverständlich ist. Viele Jahre hindurch war besagter Kupferkessel so ein Pfand der Freundschaft und Hilfsbereitschaft zwischen Menschen und Zwergen.

Aber eines Tages geschah das Unglück: Die böse Kathrin aus dem Nachbardorf erschien am Zwergenbrunnen, um sich den Kupferkessel auszuleihen. Zaghaft und nur mit Bedenken händigte man ihr diesen für einen Tag aus. Am nächsten Abend stand der Kessel wieder am Brunnen, wo die böse Kathrin ihn ohne sich zu bedanken wieder hingestellt hatte. Und wie sah der Kessel aus! Schwarz berußt und beschmiert von übergelaufenem Essen!

Der erste Zwerg, der ihn so sah, ging los, um die anderen zu holen. Auch der Zwergenkönig kam und als er den Kessel so sah, wurde er erst sehr traurig und dann sehr wütend. Er rief: ›Wir ziehen aus!‹ und das ganze Zwergenvolk ließ sich noch am selben Abend in Erpel über den Rhein setzen.«

Der Zwergenquell ist längst versiegt und nur die alten Leute erzählen noch von ihm und seinen Bewohnern. Aber die Kinder im schönen Schulhaus in Bruchhausen haben das Zwergenvolk nicht vergessen und haben sie deshalb im Schulsaal verewigt. Manchmal kommt auch heute noch eine Mutter mit ihrem kleinen Kind an der Quelle vorbei und erzählt ihm von der Sage des Zwergenbrunnens.

Obwohl der Bergbau über Jahrhunderte in Rheinbreitbach betrieben wurde, war der Beruf des einfachen Bergmannes im Ort nicht hoch angesehen. Die Leute, die Weinberge oder Landwirtschaft betreiben konnten, waren finanziell besser gestellt. Die ärmeren Bürger, oft auch die kinderreichen Familien, waren auf den Bergbauberuf als Lebensunterhalt angewiesen. Der geringe Lohn reichte für den Lebensunterhalt meistens nicht aus, so dass man nach der Schicht nebenbei noch Landwirtschaft betreiben musste.

Den schlechten beruflichen Stand der Bergleute erkennt man auch daran, dass in Rheinbreitbach direkt nur wenige Hinweise auf den Bergbau zu finden sind. Weder bergmännische Kunstgegenstände in der Pfarrkirche noch Inschriften an Wohnhäusern oder ähnliches sind zu finden.

Im Wald jedoch sind auch heute zahlreiche Spuren des ehemaligen Bergbaus sichtbar: Verborgene Schürfgräben, verschüttete Stollenmundlöcher oder verstürzte Schächte lassen sich als leichte Vertiefungen an der Erdoberfläche erkennen. Der Bürgerverein St. Joseph – der aus der Knappschaft der Bergleute hervorgegangen ist und damit als Verein das stattliche Alter von über 230 Jahren aufweist – hat eine Reihe dieser Spuren für die Nachwelt gesichert, so z.B. den Stollenmund an der Straße zur Breiten Heide.

Kurz vor Abschluss der Sanierungsarbeiten am Eingang des Umlaufstollens (s. auch Themenwanderung Bergbau Tour 3 ab S. 298)

Die Bergbausammlung im Heimatmuseum Rheinbreitbach

Der Heimatverein Rheinbreitbach hat ein Zimmer seines »Museums für Rheinbreitbacher Alltagsgeschichte« ganz dem Erzbergbau gewidmet. Mit Tafeln und Bildern wird hier anschaulich die Geschichte des alten Bergwerks erklärt.

In Vitrinen kann man die über 100 Jahre alten Lampen und Handwerksgeräte bestaunen, mit denen die Bergleute ihre Arbeit im Dunkeln verrichteten; darunter befindet sich auch ein »Zwergenhammer« – ein Pochhammer, mit denen Kinder das Erz zerkleinert haben.

Daneben sind Eisen-, Blei- und Kupfererzbrocken, Schlacken und polierte Handstücke der Metalle ausgestellt. Prunkstück des Bergbauzimmers bildet eine Vitrine, die mit einer bunt glitzernden Auswahl der seltenen Mineralien aus Rheinbreitbach bestückt ist.

Die Uniform eines Bergmanns und die prachtvoll bestickte Fahne des Bürgervereins runden die Sammlung ab.

Rheinbreitbach, Hauptstraße 29. Öffnungszeiten jeden 2. und 4. Sonntag im Monat, 14.30–17.30 Uhr.

Industrie

Das ausgehende 19. Jahrhundert brachte dem Weinbau, der bisher ergiebigsten Einkommensquelle in den Orten, einen empfindlichen Rückschlag. Ungünstiges Wetter sowie pflanzliche und tierische Schädlinge hatten nicht nur zu Ernteverlusten, sondern sogar zur Zerstörung ganzer Rebanlagen geführt. So waren die Bürger froh, als 1870 Unkel einen Bahnhof erhielt, denn damit war die wesentliche Voraussetzung für die Ansiedlung von Industriebetrieben geschaffen. Bis auf wenige Ausnahmen entstanden in den Orten der heutigen Verbandsgemeinde eine ganze Reihe von Unternehmen, die sich auf die Weiterverarbeitung heimischer Bodenschätze konzentrierten. Dazu gehörte vor allem der Kies- und Basaltabbau. Der zunehmende Anbau von Obst auf ehemaligen Weinflächen zog daneben die Gründung zahlreicher Marmeladen- und Konservenfabriken in der Region nach sich. Im Folgenden seien einige Beispiele der beginnenden Industrialisierung genannt.

Als ersten »Industriebetrieb« in Unkel gründete **Paul Profitlich** 1872 eine **Pelzfabrik**, in der Kaninchenfelle veredelt wurden. Bis zum Ersten Weltkrieg arbeiteten hier ca. 20 Personen. Das Ziegelsteingebäude ist heute noch erhalten und wird überwiegend zu Wohnzwecken genutzt.

Kurz darauf siedelte sich in Unkel eine **Zement-Plattenfabrik** an – ab 1890 die **Firma Schwenzow** –, in der die ergiebigen Kiesvorkommen des Rheintals verarbeitet wurden. Nach Aufgabe der Fabrik in den 1960ern wurde das Gelände von der Firma Rabenhorst aufgekauft und genutzt. Eine weitere **Betonwarenfabrik** gründete **Hermann Josef Honnef** 1902 an der Provinzialstraße in der Nähe der Kiesgruben. Die dort hergestellten Fertigteile wurden mit dem Fuhrwerk zur Eisenbahn oder zum Rhein gebracht und verladen. 1945 brannte die Firma

Von der ursprünglich riesigen Pelzfabrik in Unkel ist noch eine Ecke stehen geblieben – ein markanter Ziegelsteinbau

nach einem Granatentreffer vollständig aus.
In Rheinbreitbach lag einer der wichtigsten Gewerbebetriebe mitten im Wald: Eine **Ziegelei** wurde dort 1892 gebaut und war nur eines von mehreren Ziegelwerke in der Region, die von den ergiebigen Lehmvorkommen der Region profitierten. Nach dem Krieg liefen die Geschäfte allerdings nicht mehr so gut. 1967 musste die »alte Ziegelei« Konkurs anmelden. Heute sind die Betriebsgebäude mit dem denkmalgeschützten Ringofen aus dem Jahre 1920 einsturzgefährdet.
In Erpel war die Möbelfabrik **Wendehorst** mit bis zu 150 Beschäftigten vorübergehend der größte Arbeitgeber. Heute befindet sich dort das Handwerker-Zentrum Erpel.

Privat-Brauerei Steffens

Hart an der Grenze zur benachbarten Verbandsgemeinde Linz, auf dem Severinsberg, wird das »Bier von hier« gebraut. Von Anfang an war die Privat-Brauerei einer der wichtigsten Arbeitgeber der Region; aus dem Amt Unkel waren 1934 immerhin 20 Menschen dort beschäftigt.
Gegründet wurde die Braustätte auf dem historischen St. Severinsberg von Franz Wilhelm Steffens im Jahre 1866. Neben dem klösterlichen Brunnen wurden alsbald auch zwei weitere Wasserquellen in Kasbach erschlossen, deren Qualität den guten Ruf der Steffens-Biere begründete.
Der Familienbetrieb nutzte schon früh die neuesten technischen Errungenschaften, so wurde 1898 eine Dampfmaschine zur Kälteerzeugung angeschafft, ab 1915 stellte man auf Elektrizität um.
Die verschiedenen Biersorten – am bekanntesten ist wohl das »Pilsener« sowie das helle obergärige »Steffi«– erreichten bei den jährlichen Qualitätsprüfungen der DLG (Deutschen Landwirtschaftsgesellschaft) bereits zehnmal die Gold- und sechsmal die Silberauszeichnung. Sie können gleich an Ort und Stelle in der gemütlichen Steffens Brauereischänke – mit deftiger Küche – probiert werden. Auch eine Besichtigung der Brauerei kann vereinbart werden.

Firma Rabenhorst

*Von den zahlreichen Betrieben der obstverarbeitenden Industrie – nach dem Weltkrieg gab es in Unkel, Erpel und Rheinbreitbach allein vier Marmeladenfabriken – konnte sich einzig und allein die **Firma Rabenhorst** erhalten. Bereits im Jahre 1805 in Oberwinter gegründet, zog sie noch vor der Jahrhundertwende nach Unkel. Zunächst etablierte sie sich als Weinkellerei und -großhandlung. Dabei legten die Firmengründer Lauffs stets großen Wert auf die gesundheitsstärkende Wirkung ihrer Produkte – vom »Unkeler Funkeler« (»Burgunder ohne Zucker«) über den ersten pasteurisierten Traubensaft (»Edelster alkoholfreier Naturwein – ärztlich empfohlen«) bis hin zum immer noch aktuellen Klassiker »Rotbäckchen«.*
Schon 1974 achtet das Unternehmen auf biologischen Anbau der zu verarbeitenden Früchte und stellte sich auch diesmal als Trendsetter heraus. Mit ca. 100 Beschäftigten zählt Rabenhorst heute zu den größten und modernsten Fruchtsaftbetrieben Deutschlands, die ihre über 70 Gesundheitssäfte nahezu weltweit liefern.

Heute ist der Haupterwerbszweig der Verbandsgemeinde Unkel eine leistungsfähige, überwiegend mittelständisch strukturierte Industrie. Im Jahr 2001 arbeiteten über 50% der Beschäftigten in der VG Unkel im produzierenden Gewerbe. Insbesondere Betriebe der Eisenverarbeitung, des Stahl- und Maschinenbaues, der Papier- und Verbandstoff-Fabrikation sowie der Baustoffherstellung haben sich hier angesiedelt. Die Zahl der Betriebe und die Anzahl der Angestellten hat seit Mitte der 90er sogar noch leicht zugenommen.
Zu den größten Industriebetrieben und Hauptarbeitgebern der Region gehört der Fruchtsafthersteller Rabenhorst.

Oberflächen-Beschichtungstechnologie im TZO Rheinbreitbach

Hochqualitativ sind auch die Produkte der **Gourmetfischräucherei Vidal** in Bruchhausen. Zu ihren Erzeugnissen gehören hauptsächlich der Räucherlachs sowie geräucherte Forellenfilets, Aal, Makrelenfilets, Schillerlocken, Heilbutt usw. Nach alter Tradition werden die Produkte durch Handarbeit und mit viel Liebe zum Detail hergestellt. Fisch-Spezialitäten wie Lachs in Grappa oder mit Sandelholz sind Gerichte, die man sich auf keinen Fall entgehen lassen sollte!

Wichtiger Arbeitgeber ist seit 1997 auch das **TZO - Technologiezentrum für Oberflächentechnik Rheinbreitbach** GmbH. Die TZO GmbH ist ein Kompetenzzentrum für Existenzgründer und Anwender im Bereich der Oberflächen-Beschichtungs-Technologie. Das Konzept ist einzigartig in Deutschland: Das thematisch ausgerichtete Zentrum mit apparativer Ausstattung verbindet die Ansiedlung innovativer Unternehmen und universitärer Forschungsinstitute unter einem Dach. Die Durchführung von Entwicklungsprojekten mit Partnern aus Industrie und Forschung bietet ein breites Spektrum von Problemlösungen und Anwendungsmöglichkeiten im Bereich der Oberflächentechnik.

Die Firma **Bluhm Systeme** in Rheinbreitbach ist in der Herstellung und im Verkauf von Kennzeichnungstechnik führend in Deutschland. Die Kennzeichnungstechnik umfasst sämtliche technische Lösungen zur Kennzeichnung von Produkten, wie zum Beispiel Druckern oder Codierern.

Auch die Firma **MEPA – Pauli und Menden** GmbH hat ihr Hauptwerk und ihren Vertrieb in Rheinbreitbach. Aus dem ursprünglichen Heizungs- und Installationsbetrieb wurde ein namhafter Hersteller von Systemprodukten »Rund ums Bad«. Heute hat die mittelständische Firma noch ein Zweigwerk in Pegau bei Leipzig und ein weiteres Werk in Wien.

Vorreiter in Sachen Sanitär: Firma Mepa in Rheinbreitbach

In direkter Nachbarschaft befindet sich das **Medienhaus Plump.** Der moderne Betrieb mit 75 Beschäftigten produziert im Zweischichtbetrieb und mit hoch entwickelter Technik Drucksachen aller Art. Insbesondere Verbände, Behörden, Verlage und Wirtschaftsunternehmen gehören zu den Kunden. Produziert werden seit Sept. 2003 auch CD-ROMs, von der Vorlage bis zum Versand alles in einer Hand.

Und wer hätte gedacht, dass die weltweit bekannten Marken ako und akopads in Rheinbreitbach produziert werden? In insgesamt über 45 Ländern verkauft die **Delu Ako Minky** GmbH aus Rheinbreitbach ihre Produkte. Dazu gehören nicht nur Spezialreinigungs- und Pflegemittel, sondern auch Bügelbretter, Bügelbrettbezüge, Wäschetrockenständer und Küchen- und Gartentextilien.

Obwohl die Firma **Recticel** eigentlich ein belgisches Unternehmen ist, sind die meisten Mitarbeiter in Deutschland beschäftigt. Alleine in Reinbreitbach sind es 450 Angestellte!

Recticel ist bekannt für die Herstellung von Innenteilen für die Automobilindustrie. Führende Automobilkonzerne wie Mercedes, Opel oder BMW lassen hier ihre Innenverkleidungen fertigen.

Viele der Industriebetriebe liegen in den Gewerbegebieten der VG Unkel. Das größte dieser Gebiete liegt in Rheinbreitbach. Eine noch größere Fläche soll hier als Gewerbegebiet ausgewiesen werden, um die Voraussetzungen zur weiteren Ansiedlung von Gewerbebetrieben zu schaffen.

Ebenfalls geplant ist das größte Gewerbegebiet der Region: ein 20 Hektar großer Industriepark soll in der Nähe von Kretzhaus gebaut werden.

Von der »Druckerei« zum »Medienhaus« – Unternehmen Plump

Handel

Der Handel spielt in den Orten am Rhein verständlicherweise seit jeher

Om Maat – auf dem Markt in Erpel

Der heute noch mittelalterlich geprägte Ort war seit 1130 im Besitz des Kölner Domkapitels und besaß die volle Gerichts- und Schutzhoheit. Seitdem wohl ist auch die Abhaltung eines jährlichen Herbstmarktes überliefert. Dafür musste Erpel dem Domkapitel einen »Clovin« zukommen lassen: eine stattliche Anzahl von Weintrauben an einem Holzgestell. Bereits 1244 erscheint dieser Clovin jedoch in die leichter zu handhabende Form reinen Weines umgewandelt. Einen weiteren »Kloben« entrichteten die Erpeler dem Rheinzöllner in Köln und erkauften sich auf diese Weise das Privileg der Zollfreiheit für alle Waren, die sie in der Stadt kauften. Kein Wunder, dass sich bei solchen wirtschaftlichen Vergünstigungen auch reichlich Fremde in Erpel niederließen.

Das so genannte »Weistum der Herrlichkeit Erpel« aus dem Jahre 1388 schildert das Marktwesen bis ins kleinste Detail. Zwar musste dem Domkapitel ein Zoll entrichtet werden, doch die Gemeinde bestimmte bereits selbst den Tarif und verpflichtete die Zöllner zur Höflichkeit.

Der Markt fand übrigens nicht auf dem heutigen Markt statt, sondern im Schatten der Kirche (s. Foto). Erpel hatte seine eigenen Maßeinheiten, auf deren korrekte Handhabung man streng achtete. Ebenso strikt waren die Hygienevorschriften: Auf der eigenen Fleischbank (auf dem Standort des heutigen Rathauses) durfte das Fleisch im Sommer nur einen Tag ausliegen, im Winter drei. Der Verkauf von ranzigem Fleisch wurde mit 2 Mark bestraft.

Es gab sogar eine Verordnung gegen die Kniffe der Händler, minderwertige Tran-, Rüb- oder Lampenölsorten für wertvollere auszugeben.

Neben dem Herbstmarkt gab es noch einen freien Jahrmarkt und einen Wochenmarkt, der dienstags stattfand. Jeder, der kommen wollte, erhielt von Montagmittag bis Mittwochmittag Freiheit und Geleit für sich und seine Ware.
Der Einzugsbereich der Erpeler Märkte war recht groß – er reichte von Köln bis Andernach. Da sich in diesen Tagen viele Fremde im Ort aufhielten, wurde zeitweise das Dolchtragen und das Würfelspiel zum Erhalt des Friedens verboten.
Abgesehen von den Märkten konnte man das ganze Jahr hindurch täglich Lebensmittel, Brot, Fleisch und Wein in den Häusern der Bäcker, Fleischer, Winzer und Wirte erwerben – so wie wir es auch heute noch kennen.

eine große Rolle. Über den regen Handel bereits in der Antike – sogar »international«, etwa zwischen Römern und Germanen – wird im Kapitel Geschichte berichtet (s. S. 148).

Aus dem Mittelalter gibt es aus Erpel schriftliche Quellen, die das Marktgeschehen sehr genau beschreiben. Demnach wurde neben Wein Brot und Fleisch, Fisch, Mehl und Öl gehandelt.

»Moderner Markt« – »der Vorteilcenter« in Unkel bietet ein gutes Sortiment zu günstigen Preisen und zieht auch Kunden aus NRW an.

Kleidung, Kleinmöbel, Zeitungen, Heimatliteratur – beim »Fotoladen« von Jürgen Schädlich in der Fußgängerzone Unkels findet man (fast) alles ...

Die Zahl der Einzelhandelsgeschäfte ist allerdings in den letzten Jahren zurückgegangen. Die steigende Mobiliät und der damit verbundene Zeitmangel führt hier wie anderswo dazu, die Besorgungen überwiegend in Einkaufszentren zu erledigen. In diesem Zusammenhang sei »der« **Vorteilcenter** in Unkel erwähnt, der sich einen guten Namen erworben hat, ist er doch unter die TOP 50 in Deutschland gewählt worden. Kleidung, Küchenzubehör und viele weitere Produkte können hier zu günstigen Preisen bei einem freundlichen Personal erworben werden.

In allen Orten finden sich aber nach wie vor kleine, liebenswerte Geschäfte, in denen man die alltäglichen oder auch nicht alltäglichen Einkäufe stets mit einem gemütlichen Schwätzchen verbinden kann.

Verkehr

Als Verkehrsweg erster Güte ist natürlich der **Rhein** zu nennen. Ihm ist jedoch im Abschnitt »Landschaft« ein eigenes Kapitel gewidmet (ab S. 127). Ein nennenswertes Wege- bzw. **Straßennetz** existierte sicher schon im Mittelalter. Für eine geregelte Verkehrsführung sorgten allerdings erst die Preußen mit Übernahme der Herr-

Die Kasbachtalbahn

Der Bau der Bahnstrecke Linz (Rhein) – Neustadt (Wied) – Flammersfeld – Altenkirchen wurde am 6.7.1906 genehmigt, aber erst im April 1909 wurde mit dem Bau begonnen. Nach dreijähriger Bauzeit konnte die Eisenbahnstrecke am 1.10.1912 der Öffentlichkeit übergeben werden. Der Bau wurde durch die vielen Brücken, Tunnel und die enormen Höhenunterschiede zwischen den einzelnen Orten erheblich erschwert.
Aufgrund der Kriegsereignisse musste am 11.3.1945 der Zugverkehr eingestellt werden. Nach Instandsetzungsarbeiten konnten die Züge ab Linz am 13.7.1945 wieder bis Mettelshahn bei Neustadt verkehren. Am 25.09.1966 wurde der Abschnitt Kalenborn-Wiedmühle stillgelegt, nachdem der Personenverkehr bereits 1960 geendet hatte. Zum letzten Mal setzte sich die alte Dampflok mit ihren Güterwagen prustend und schnaubend in Bewegung und keuchte die Strecke ein letztes Mal entlang. 54 Jahre lang war die Eisenbahnlinie oft nur die einzige Verbindung für die Bewohner des vorderen Westerwaldes. Von der Bahnstrecke Linz-Altenkirchen ist seitdem nur noch die 8,9 km lange eingleisige Strecke von Linz nach Kalenborn übrig geblieben. Die Dampflokomotiven wurden erst 1966 durch Dieselloks der Bundesbahn ersetzt.
Fast 30 Jahre lang wurde noch die Strecke im Güterverkehr bedient (Basalt und insbesondere Basaltprodukte) und auch dieser am 17.5.1995 eingestellt. Bis zur kompletten Stillegung der Strecke 1995 wurden

verschiedentlich Sonderfahrten mit Schienenbusgarnituren zwischen Linz und Kalenborn durchgeführt.
1999 wurde die Strecke von der Eifelbahn Verkehrsgesellschaft mbH mit Sitz in Linz von der Deutschen Bahn AG gekauft. Seit diesem Jahr fahren auf dieser Strecke an Sonn- und Feiertagen wieder regelmäßig im Stundentakt Personenzüge. Los geht es in ***Linz,*** *der bunten Stadt am Rhein. Kurz danach ist auch schon die erste Haltestelle erreicht: der alte Bahnhof in Kasbach. Nach kurzem Aufenthalt geht es weiter durch das Kasbachtal in Richtung* ***Brauerei Steffens,*** *die dort einen neuen Haltepunkt eingerichtet hat. Hier lädt die* ***Brauereischänke*** *mit ihren 150 Sitzplätzen und einem Biergarten zu einem Aufenthalt ein. Der letzte Teil der Steilstrecke macht ihrem Namen alle Ehre: Bis hinauf zur Endstation in Kalenborn braucht der Schienenbus jedes der insgesamt 300 PS, um den Anstieg zum Westerwald auf die Linzer Höhe zu schaffen; immerhin rund 300 Höhenmeter sind insgesamt zu überwinden (vgl. Tour 12 ab S. 328). In* ***Vettelschoss-Kalenborn*** *kann man sich den Ort mit dem in Deutschland einzigartigen* ***Schmelzbasaltwerk*** *ansehen, um dann eine oder zwei Bahnen später wieder die Heimfahrt anzutreten, oder aber man wandert durch den Wald auf dem vor kurzem fertig gestellten Wanderweg zurück nach Linz.*

Die Unkeler Unterführung unter der Bahnlinie ist bei Hochwasser regelmäßig nur mit dem Bötchen passierbar ...

schaft im Jahre 1815. Sie ließen die so genannten Provinzial-Landstraßen mitten durch die Orte bauten.

Unkel war bis dahin z.B. nur durch Feldwege mit dem Heerweg, der kurkölnischen Hauptverkehrsstraße verbunden. Bei dem Umbau 1823 wurden in Unkel leider zwei Stadttore abgerissen; sie waren der Durchfahrt hinderlich.

Im letzten Jahrhundert verfuhr man eher in entgegengesetzter Richtung: Nun beschloss und baute man aufgrund des steigenden Verkehrsaufkommens Umgehungsstraßen, um den Ortskern frei zu halten. Eine Schnellverkehrsstraße (B 42) verbindet seit den 1950ern die Orte Rheinbreitbach, Unkel und Erpel miteinander.

Einen ersten **Eisenbahnanschluss** erhielten die Orte der jetzigen Verbandsgemeinde im Jahre 1870. Zwar hatten gleich drei Gemeinden einen Bahnhof beansprucht – Rheinbreitbach, Unkel und Erpel –, die Rheinische Eisenbahngesellschaft indes wollte noch nicht einmal eine Haltestelle bewilligen. So war man zunächst mit dem Bau

Die »Päddche«

Die jahrhundertelange landwirtschaftliche Tradition in unserer Region spiegelt sich in der Anzahl der »Päddche« wider, der kleinen Fußwege. Vielerorts sind sie verschwunden: der Flurbereinigung zum Opfer gefallen oder zu Straßen ausgebaut. Rheinbreitbach bildet hier eine rühmliche Ausnahme – in der immer noch ländlichen Struktur des Dorfes hat sich ein fast vollständiges Netz von Pfädchen erhalten können.

des Unkeler Bahnhofs 1870 zufrieden; Erpel erhielt später die gewünschte Station und Rheinbreitbach ist nach wie vor nur mit dem Busverkehr an die Bahnlinie angebunden.
Aufgrund der Hochwassergefährdung wurde die Rheinstrecke höher gelegt, was in Unkel einen neuen Tribut erforderte: Um den Straßenverkehr zu entlasten, wurde die Eisenbahnlinie an mehreren Stellen unterführt. Just hier sorgten fortan die alljährlichen Hochwasser dafür, dass der Stadtkern von Unkel nur noch per Nachen erreicht werden kann ...

Nähe zur Bundesstadt Bonn

Die Verbandsgemeinde Unkel ist in ihrer Entwicklung seit Jahrzehnten durch die frühere Bundeshauptstadt Bonn sowie den Regierungssitz geprägt gewesen. Ihre Infrastruktur, der Arbeitsmarkt und die Wirtschaftsstruktur sind Teile der Region Bonn geworden. Wie sich die Verlagerung nach Berlin auf die wirtschaftliche Situation ausgewirkt hat, ist noch nicht wissenschaftlich untersucht worden. Auf den ersten Blick lässt sich jedoch kein massiver Einbruch feststellen: Die Bevölkerungs- und Beschäftigungszahlen in der VG Unkel sind weiter gestiegen. Unverändert pendelt ein großer Teil der Bevölkerung nach Bonn und Köln. Insgesamt betrachtet, hat ein erfolgreicher Strukturwandel in Bonn und Region stattgefunden. Der Bonn-Berlin-Ausgleich hat die Ansiedlung großer Dienstleistungsunternehmen sowie Forschungs- und Kultureinrichtungen gefördert. Als Beispiele seien die Museumsmeile, der Posttower, das Forschungszentrum CAESAR (Center for Advanced European Studies and Research) sowie die Fachhochschulen in Rheinbach und Bad Honnef genannt.

Tourismus

Auch der Fremdenverkehr hat in den Orten der Verbandsgemeinde eine uralte Tradition. Man muss darunter ja

Frühe Form des Tourismus: Pilgerreisen, z.B. zur Leonarduskapelle

Warum ist's am Rhein so schön? Die Rheinromantik lockte im 19. Jahrhundert Bildungshungrige an Drachenfels und Rolandsbogen

nicht immer nur Vergnügungsfahrten in unserem heutigen Sinne verstehen. Jahrhundertelang waren Rheinbreitbach und Bruchhausen Wallfahrtsorte, zu denen sich Heerscharen von Pilgern aufmachten. Bei aller Frömmigkeit – der ein oder andere Gläubige hatte bei der Pilgerschaft nicht ausschließlich religiöse Motive.

Im 19. Jahrhundert profitierten die Gemeinden am Rhein von den damals schicken Bildungsreisen. Die Rheinromantik trug dazu bei: Dichter und Maler wussten ein anziehendes Bild von der Landschaft und den Orten zu zeichnen. Wohlhabende und später auch kleinbürgerliche Familien verbrachten hier ihre Sommerfrische.

Die Eröffnung der rechtsrheinischen Eisenbahn und der Dampfschifffahrtslinie führte ab 1870 zu einer Ausweitung des Fremdenverkehrs. 1881 wurde in Unkel der Kur- und Verkehrsverein gegründet, der sich fortan der Verschönerung des Ortes und dem Ausbau der Wanderwege widmete. Nach dem Bau eines Strandbads am Rhein konnte man mit einer weiteren Attraktion werben – und das Herbergswesen florierte.

In den 60er Jahren des 20. Jahrhunderts war dann insbesondere der »rheinische Tanzabend« gefragt. Die erste Adresse war das »Hotel Mürl« in Scheuren, zu dem unzählige Gäste mit Bussen und sogar Sonderzügen anreisten.

In den nachfolgenden Jahrzehnten haben sich die Wünsche und Gewohnheiten der Gäste erneut geändert. Bis

Nicht nur Schwerpunkt des neuen Leitbilds: die Weinkultur

zum Jahr 2000 sank die Zahl der Besucher in der VG Unkel sehr stark. Die Verweildauer blieb ungefähr konstant bei drei Tagen. Auch die Anzahl der Fremdenverkehrsbetriebe sank von 13 auf 8, also um mehr als 60 % zwischen 1997 und 2001.
Aufgrund der sinkenden Zahl der Touristen in der Verbandsgemeinde Unkel entwickelten die Zuständigen ein neues Tourismus-Leitbild mit neuen Schwerpunkten. Als großes Ziel galt und gilt immer noch, das Wegweisungssystem und Informationssystem weiter zu entwickeln und zu überarbeiten. Besonders Ortsbildpflege, städtebauliche Struktur und das Erscheinungsbild der gesamten Region wurden in den Mittelpunkt gestellt.
Neue Schwerpunkte sollen auf dem Tagestourismus, Kultur- und Wandererlebnis, Kongress- und Seminartourismus, Kultur- und Zeitgeschichte nach 1945 und dem Weinerlebnis liegen. Den Initiatoren war dabei bewusst, dass sie eines der klassischen Feriengebiete in Deutschland repräsentieren. Sie wollen dabei dieses Leitbild fortschreiben und damit verbunden die Landschaft am Rhein erhalten und schützen und neben den Einwohnern auch den Gästen näher bringen.

Die VG Unkel als Nachbar einer UNESCO-Weltkulturerbe-Region

*Das **Obere Mittelrheintal** ist von der UNESCO als »eine Kulturlandschaft von großer Vielfalt und Schönheit« gewürdigt worden. Seit zwei Jahrtausenden ist es einer der wichtigsten Verkehrswege für den kulturellen Austausch zwischen der Mittelmeerregion und dem Norden Europas. Das enge Flusstal zwischen Bingen, Rüdesheim und Koblenz, über dem bei St. Goarshausen die Loreley thront, ist Inbegriff der romantischen Rheinlandschaft, die sich weiter bis nach Bonn erstreckt. Die im Wechselspiel von Natur und Mensch geformte Kulturlandschaft mit ihren Weinterrassen und Burgen hat Literaten, Maler und Musiker stets inspiriert. Lassen auch Sie sich von dieser Region begeistern!*

Ortsporträts

BRUCHHAUSEN

Bruchhausen ist der einzige Höhenort der Verbandsgemeinde. Weit ab vom Rhein, der Schnellstraße und der Eisenbahnlinie, hat sich Bruchhausen seinen ruhigen, dörflichen Charakter erhalten können.
Einzelfunde deuten darauf hin, dass sich hier bereits in der Jungsteinzeit Menschen aufgehalten haben. Eine dauerhafte Siedlung wurde dann vermutlich in der frühen fränkischen Zeit, der so genannten Merowingerzeit errichtet, wie Fundstücke aus dem 7. Jahrhundert belegen (siehe S. 151). Dabei handelte es sich vielleicht um ein einzelnes Gehöft, das Haus eines Bergmanns oder eines Köhlers. Die Gründung des Ortes Bruchhausen datieren Sprachkundler in die Zeit um 900 n.

Legende vom Bau der Bruchhausener Kirche

Vor langer, langer Zeit waren die Höhen oberhalb von Erpel, Unkel und Rheinbreitbach noch menschenleer. Nur Köhler und Erzhauer trieb es hinauf, um durch harte, mühselige Arbeit im Wald einen kargen Lohn zu erlangen. Doch mit der Zeit richteten sich die Arbeiter auf der unwirtlichen Hochfläche häuslich ein. Einfache, aber zweckmäßige Hütten entstanden, aus denen Essensduft und Kinderlachen drangen. Doch damit nicht genug – ein Kirchlein wollten die Bewohner bauen, zu Ehren der Gottesmutter. Als Bauplatz wählten sie einen Hügel inmitten des Dorfes und fuhren dort fleißig Steine und Holz zusammen. Aber, siehe da, an einem Morgen war alles Baumaterial verschwunden! Erst später fand man es wieder in einem Talausschnitt in der Nähe einer Quelle. Aufs Höchste verwundert, aber unverdrossen, fuhren sie alles wieder hinauf auf die alte Stelle, um es am nächsten Morgen wieder an der Quelle zu entdecken. Diesen Vorgang konnte sich keiner erklären, und staunend umstanden alle Bewohner den Platz. Da hub im nahe gelegenen Dorngesträuch ein wundersames Vöglein, das niemals einer gesehen hatte, ein herrliches Lied an, und allen wurde klar, dass es Gottes Wille sei, an dieser Stelle die Kirche zu bauen. Und als man denn so den neuen Bauplatz abschritt, entdeckte man in dem Dorngestrüpp eine überaus schöne Muttergottes-Statue. Mit frohem Eifer bauten die frommen Menschen ihr Gotteshaus und stellten darin die Statue auf, die dort noch heute verehrt wird.

(frei nach: Richard Daub: Wallfahrtsort Bruchhausen)

Chr., zumindest weist die Endung -hausen darauf hin. »Broich« (mit dem rheinischen Dehnungs-i, gesprochen also »Brooch«) heißt im fränkischen Dialekt soviel wie »sumpfiges Gelände«. Und genau dies passt ja auch auf die topographische Lage des Ortskern in einem Quellsumpf. Das ursprüngliche Dorf lag dementsprechend auf den umliegenden Höhen, hufeisenförmig um das heutige.

Wallfahrtskirche St. Johannes Baptist

Nur die Legende weiß zu berichten, warum die Bruchhausener Pfarrkirche merkwürdigerweise an der tiefsten Stelle des Dorfes errichtet wurde, wo das morastige Gelände nahe dem Quellsumpf sicher einen schlechten Baugrund abgab. Aber was soll's? Just dieser Ort hat sich nun vermutlich schon seit über 1000 Jahren als geeignet erwiesen; bereits 1025 bzw. 1094 wird eine »marianische Kapelle« in Bruchhausen erwähnt. Von ihr ist nichts mehr erhalten, dafür aber der Turm und einige Wände der nachfolgenden Basilika aus dem Jahre 1230. Gegen 1500 wurde die Kirche im spätgotischen Stil mit Chor und Gewölbe umgebaut, 1682 erfolgten weitere Angliederungen. So präsentiert sie sich heute als mehrteiliger, verwinkelter Bau mit romanischen, gotischen und barocken Elementen – ein Stilmix, der trotz

Von jeher bildet die Kirche den Mittelpunkt des Dorfes

aller Ungereimtheiten sehr reizvoll wirkt: Nicht umsonst gilt die Wallfahrtskirche als eines der schönsten Baudenkmäler der Region. Vielleicht tragen aber nicht nur die äußeren Reize und die kostbaren Kunstwerke zu diesem Eindruck bei; so mancher Besucher spürt schon beim Betreten, dass dieses Gotteshaus seit vielen Jahrhunderten bis auf den heutigen Tag einen frommen und lebendigen Glauben atmet.

Seit jeher ist die Kirche eine Marienwallfahrtsstätte. Davon zeugen zahlreiche, zum Teil uralte Mariendarstellungen. Aus einem Kalkstein gemeißelt und prachtvoll bemalt ist die Marienfigur »**Trösterin der Betrübten**« (auf dem linken Seitenaltar). Diese »Bruchhausener Madonna«, geschaffen um 1420, ist als Königin dargestellt mit solch einem liebreizendem Ausdruck, dass sie beim Beschauer »Edelsinn, Liebe und Vertrauen« erweckt (so der Bruchhausener Volksschullehrer Richard Daub 1957).

Noch älter ist die Statue der Maria als **»Zuflucht der Sünder«**; ein Meister der Kölner Schule hat sie bereits um 1350 aus Eichenholz geschnitzt. Vorübergehend war sie wohl wenig beachtet und hinter dem Hochaltar aufbewahrt worden. Nur zu Prozessionen

Wundersame Muttergottes »Zuflucht der Sünder« (um 1350)

wurde sie hervorgeholt, angekleidet und mitgetragen.

Im Jahre 1745 baten nun einige Jungfrauen des Ortes, die Madonna schmücken und in der Kirche aufstellen zu dürfen. Einige Wochen später beobachteten zwei Mädchen, dass der Muttergottes aus beiden Augen eine kristallklare Feuchtigkeit drang und wie menschliche Tränen über die Wangen floss. Auch in den nachfolgenden Monaten wurde diese wunderbare Erscheinung immer wieder beobachtet und bezeugt – übrigens auch von protestantischen Offizieren, wie die Chronik ausdrücklich vermerkt.

Obwohl die Kirche darüber zunächst alles andere als begeistert war und die Madonna hinter dicken Türen verschloss, drang die Kunde von der weinenden Muttergottes durchs ganze Land und machte Bruchhausen als Wallfahrtsort berühmt. Zahlreiche Pilger brachten ihr wertvolle Broschen, Medaillons und Kreuzchen dar, die noch heute zu ihren Füßen angeordnet sind. Zum Feste Mariä Himmelfahrt am 15. August wird sie alljährlich in ihrem Gewand aus Brokat und Brüsseler Spitze während einer abendlichen **Lichterprozession** durch den Ort geführt.

Das – zumindest kunsthistorisch betrachtet – wohl bedeutendste Werk der Kirche ist das Ölgemälde, das sich in der Eingangshalle befindet: ein **Totentanz**, das Einzige seiner Art im Rheinland. In Frankreich und in der Schweiz

Atmet einen frommen Glauben – die Marienwallfahrtskirche in Bruchhausen mit ihrem gotischen Chor

sind diese schaurig-schönen Bilderbögen seit dem Spätmittelalter öfter anzutreffen. In ihnen klingt die Auferstehung der Toten an, die sich am Jüngsten Tag tanzend aus ihren Gräbern erheben – ein Motiv, das mahnend und tröstlich zugleich auf den allgegenwärtigen Tod in der damaligen Zeit vorbereiten sollte.

Der Totentanz in Bruchhausen zeigt zwanzig Todeskandidaten in wohlsortierter Reihenfolge: neun Vertreter der geistlichen Stände (oben) und elf der weltlichen. Mitten unter ihnen befindet sich der auferstandene Christus, der allen Menschen Erlösung verheißt. Die Art und Weise, wie Gevatter Tod die Damen und Herren zum Tanze auffordert, ist höchst individuell und hält so manche Überraschung parat. Grinsend äfft er den Arzt nach, höhnisch hält er dem Richter einen Geldbeutel entgegen – dem armen Bettelmann legt er jedoch liebevoll den Arm um die Schulter. In den Szenen vom Domherrn und Leutpriester klingen lokale Zwistigkeiten an, bei denen sich der Tod auf die Seite des Leutpriesters schlägt und ihm beim Austeilen der Kommunion zu den Kranken hilft – vermutlich eine Anspielung auf die Pestwelle, die während des 30jährigen Kriegs in Bruchhausen wütete. Auch die Kleidung der Adligen mit ge-

Die Hexenkönigin von Bruchhausen

Sie war nur eine von zwanzig unschuldigen Personen, die im Jahre 1631 in Erpel auf dem Scheiterhaufen landeten, eine von mehreren hunderttausend in Mitteleuropa, die zwischen 1500 und 1750 als »Hexen und Unholde« verurteilt und verbrannt wurden. Nirgendwo wütete die Hexenverfolgung so heftig wie im Heiligen Römischen Reich Deutscher Nation, und dort insbesondere im Kurfürstentum Köln. Doch während von vielen Hingerichteten nicht einmal der Name überliefert wurde, ist das Schicksal der Gräfin Anna Katharina aus Bruchhausen in minutiösen Gerichtsprotokollen erhalten geblieben.
Sie war die Witwe des Grafen Robert von Spee, der 1619 zum Bürgermeister von Erpel (und damit auch von Bruchhausen, Orsberg, Heister und Niederkasbach) gewählt wurde. Als er 1629 starb, war seine Frau 40 Jahre alt.
Gegen den Willen ihrer Kinder heiratete sie den »Pferdeknecht« Konrad Kron und geriet daraufhin ins Gerede der Leute. Als die systematische Hexenverfolgung Erpel erreichte, gelangte auch sie in die grausamen Mühlen eines Inquisitionsprozesses. Leugnen half nichts – wie allen anderen Opfern wurden auch ihr durch Folterungen »Geständnisse« abgepresst: sie habe mit dem Teufel selbst getanzt, sei durch die Luft geritten und habe mit Schadenszauber die Ernte verdorben.
Wenige Tage später wurde sie vermutlich auf einem Hinrichtungsplatz im Kasbachtal öffentlich verbrannt.
Sie sollte eines der letzten Opfer sein – nahezu zeitgleich zu ihrem Tod wurde die mutige Aufklärungsschrift »Cautio Criminalis« ihres berühmten Verwandten, des Jesuitenpaters Friedrich Spee von Langenfeld veröffentlicht, die in ihrer Kühnheit und Ehrlichkeit maßgeblich zum Abebben der Hexenprozesswelle beitrug.

Buchtipp:
Die Hexenkönigin von Bruchhausen. Auf den Spuren der Anna Katharina Spee. – Historischer Roman, Fakten und Hintergründe, Schauplätze. Zusammengetragen und verfasst von Dr. Gisela Born-Siebicke, Pfarrer Dr. Ernst Breit, Pfarrer i.R. Elmar Wiegelmann.
edition wolkenburg, Rheinbreitbach 2002.

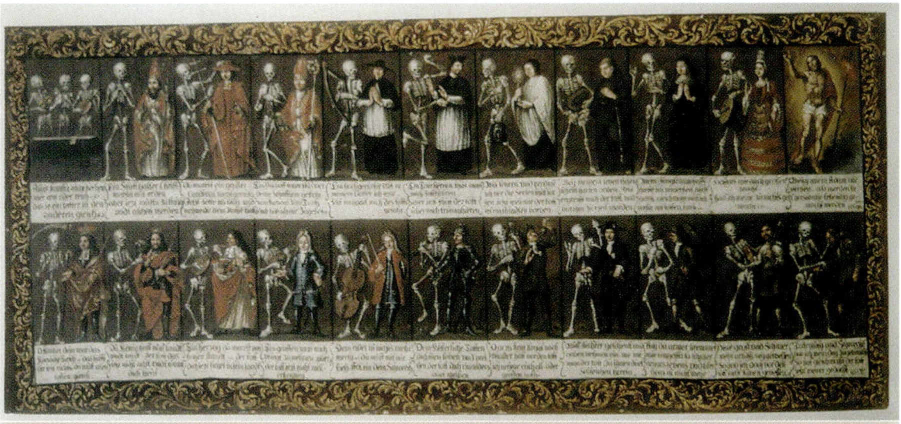

Das ungewöhnlichste Kunstwerk der Kirche: Der Tod bittet zum Tanz – die Bilderfolge aus der Pestzeit ist mahnend und tröstlich zugleich

puderten Perücken deutet auf eine Entstehung in der Barockzeit hin.
Ungefähr zur gleichen Zeit wurde auch das **Votivbild der Schmerzreichen Mutter Gottes** in Auftrag gegeben (1636). Es wurde gespendet von den Kindern der Anna Katharina Spee, die als »Hexenkönigin von Bruchhausen« verbrannt wurde.

Burg Spee und Gehöfte

Das **Burghaus der Familie Spee** ist noch erhalten (Waldstraße 28 – Privatbesitz). Es befindet sich oberhalb der Kirche an der höchsten Stelle des Ortes: ein schlichtes spätgotisches Gebäude mit hochaufragenden Giebeln aus dicken Bruchsteinmauern. Die Fachwerkteile sind in späteren Zeiten angebaut worden. Den Hof begrenzt eine Reihe von Wirtschaftsgebäuden, darunter eine Scheune aus dem 17. Jahrhundert. Neben dem Haus ist ein zwölf Meter tiefer Brunnen. Kuriosum ist ein »Weinsarg« im Keller des Hauses: ein steinerner Sarkophag, zu dem eine Rinne führt. Möglicherweise wurde er zum Auffangen von Wein verwendet, der beim Gären ausfloss.
Zuletzt wurde die Burg Spee als Hofanlage eines landwirtschaftlichen Betriebes genutzt, der 1964 ausgesiedelt wurde. Heute dient sie ausschließlich Wohnzwecken.
Um die Kirche herum sind noch **zahlreiche Gehöfte** vom ausgehenden 17. bis zum 19. Jahrhundert erhalten. Zumeist handelt es sich um Fachwerkgebäude, die liebevoll gepflegt werden. Eines der schönsten ist das **ehemalige Pastorat** (Orsberger Str. 1), gegenüber der Pfarrkirche. Es wurde mit seinem

An der höchsten Stelle des Dorfs errichtet – die Burg Spee

wohlgestalteten Mansarddach und Dachgauben gegen Anfang des 18. Jahrhunderts gebaut. 1967 wurde es vorbildlich renoviert und dabei von der Straßenfront zurückgesetzt. Nur der Gewölbekeller ragt noch an der ursprünglichen Stelle in die Straße.

Das **Kelterhaus des Winzervereins** wurde bereits an anderer Stelle erwähnt (s. S. 107). In den letzten Jahren wurde der Backsteinbau mit spätklassizistischen Elementen (1901 errichtet) zum Heimatarchiv weiter ausgebaut und wird von der Gemeinde sowie verschiedenen Ortsvereinen gern genutzt.

Fromme Zeugen

Bemerkenswert ist die reiche Zahl an religiösen Kleindenkmälern, die ein beredtes Zeugnis über die Frömmigkeit der Bewohner abgeben. Erwähnt sei der Kirchplatz und Friedhof. Hier befinden sich u.a. eine **Mariensäule** mit einer bewegenden Darstellung der Schmerzhaften Muttergottes sowie ein ungewöhnlich gestalteter Kreuzweg mit einem symbolträchtigen **Friedhofskreuz** aus dem 17. Jahrhundert (s. S. 162). Aber auch in Wald und Flur begegnen uns immer wieder schön gestaltete **Wege- und Segenskreuze.**

Die Schmerzhafte Muttergottes – Mariensäule aus der Barockzeit

ERPEL

Ein schöner Rahmen – Blick durch das Neutor in den Ort hinein

»Kaum ein Ort am Rhein scheint so die sonnige Lebensfreude des gesegneten Rheintals widerzuspiegeln wie das trauliche Erpel am Fuß der schroff zum Strom hin abfallenden Erpeler Ley«, heißt es in dem historischen Führer »Rheinische Kunststätten« (Heft 29). In der Tat strahlt der Ort mit seinem nahezu geschlossenen Bild rheinischen Fachwerks, der alten Stadtmauer, der Kirche und dem Rathaus eine eigene Atmosphäre aus. Kaum zu glauben, dass nach dem Zweiten Weltkrieg – aufgrund der Lage nahe der strategisch wichtigen **Ludendorff-Brücke** – 54% der Bausubstanz zerstört war. In mühevoller Arbeit haben die Bewohner ihren Ort wieder aufgebaut. Zum Abschluss ließ die Gemeindeverwaltung Erpel am Fronbogen die Aufschrift »**Herrlichkeit Erpel** – Fronhof – 1388« anbringen. Die Jahreszeit bezeichnet nicht etwa das hohe Alter des Gebäudes – der Fronbogen selbst ist sogar noch älter –, sondern auf das Erscheinungsjahr eines Gerichtsbuches, das als so genanntes »Weistum« von der Blütezeit Erpels kündet. Der Begriff »Herrlichkeit« dagegen weist auf die Sonderstellung des Ortes hin. Er war nämlich bereits 1130 dem Kölner Domkapitel geschenkt worden, dem politischen Gegenspieler des Kölner Kurfürsten. Das Domkapitel errichtete in Erpel eine so genannte Unterherrschaft, die eine Sonderstellung im Erzstift und späteren Kurfürstentum begründete und bis zum Beginn des 19. Jahrhunderts währte. Diese »Herrlichkeit« war also nie einer weltlichen Obrigkeit untergeordnet.

Aufgrund der weiten Entfernung von Köln bestellte das Domkapitel einen Vogt zur Wahrung seiner Interessen und zur Sicherheit der Erpeler Bürger. Doch schon wenig später wurde für diese Aufgaben ein ortseigener Schultheis für mehrere Jahre ernannt. Erpel erwarb sich nach und nach immer mehr Freiheiten – freilich mit Billigung des Domkapitels.

Die Kölner Domherren weilten regelmäßig in der schönen Jahreszeit und natürlich während der Weinlese in dem eigens dafür erbauten »**Fronhof**«, der aus Kelterhaus, Zehntscheune, Tiergarten und dem Kölner Hof bestand.
Die älteren Teile des Kölner Hofs, ein im gotischen Stil erbautes Haus nahe des Kirchturms, sind bis heute gut erhalten. In seiner Verlängerung wurde 1725 im heiteren Rokokostil ein sechsseitiges Gartenhaus mit geschwungener Haube aufgesetzt. Den ältesten Teil des Fronhofs stellt allerdings der Torbogen dar, der ursprünglich zum Rheintor der mittelalterlichen Befestigung gehörte und vermutlich in der ersten Hälfte des 13. Jahrhunderts errichtet wurde. Von

Die Legende von den Rheinperlen

Als Gott der Herr die weite Welt erschaffen hatte, betrachtete er sein Werk mit Wohlgefallen. Schließlich wollte er den Menschen die Stätten zuweisen, an denen sie leben und arbeiten sollten. So nahm er eine Handvoll schwarzer, silberner und goldener Perlen, steckte sie in seine Jackentasche, setzte sich in seinen goldenen Himmelswagen und fuhr am Firmament über das weite Erdenrund.
Überall dort, wo er die Erde als Stätte der Arbeit geschaffen hatte, warf er eine schwarze Perle zu Boden. Dort, wo er sein Werk für besonders gelungen hielt, streute er silberne Perlen aus. Und dort, wo heute die schönsten Stätten unserer Erde sind, legte er mit Bedacht einige goldene Perlen zu Boden. Als der Herr nun sinnend die Erde betrachtete, fiel durch ein kleines Loch in seiner Tasche eine goldene Perle hinab zur Erde, ohne dass der Herr diese bemerkte. Die goldene Perle aber fiel auf die Bergeshöhen an einem stark gewundenen Fluss, rollte hinab ins Tal und versteckte sich unter all dem dichten Grün. Als die Menschen sich nun über die Erde verbreiteten, kamen einige von ihnen an den Felsen am Rhein. Und sie spürten, dass hier eine der goldenen Perlen des Herrn verborgen sein müsse. Mit ihrer Hände Fleiß schufen sie einen herrlichen Ort, dessen Name ein jeder von uns weiß: »Erpel – die Perle am Rhein«.
Viele Generationen gingen hier ein und aus. Sie lebten hier und sie arbeiteten hier. Und ich glaube, dass sich ein jeder von ihnen über das kleine Loch in der Tasche des Herrn gefreut hat.

Nacherzählt von Willi Christmann, † 2004 *(Quelle: Unkeler Reporter)*

Herrlichkeit Erpel – der Fronhof mit dem Rheintor aus dem 13. Jahrhundert vor der Höherlegung der B 42 (rechts ein Feigenbaum, s. S. 142)

der dazugehörigen Ringmauer sind große Teile erhalten, insbesondere die besonders massiv aus unbehauenen Basaltbrocken gemauerte Befestigung zum Rhein hin. Als einziger Turm der alten Stadtmauer ragt heute noch das **Neutor** mit seiner spitzbogigen Durchfahrt empor. In den Geschossen des Torturms wird mit viel Engagement von hiesigen Handwerkern ein kleines Museum geschaffen. Die früheren Tore Schleidenpforte und das Linzer Tor sind nicht mehr erhalten. Erwähnenswert ist jedoch auch der Rest eines runden Turmes am Rhein, der einst – wohl ähnlich wie der Unkeler Gefängnisturm – als Eisbrecher fungierte.

Die Pfarrkirche St. Severin

Uralt ist auch die Pfarrkirche in der Dorfmitte. Die heutige Kirche ist über einem Vorgängerbau größtenteils im spätromanischen Stil errichtet und ist damit das älteste Gotteshaus in der Verbandsgemeinde Unkel (Foto S. 154). Während der Barockzeit wurde sie leider einschneidenden Änderungen unterworfen, die in den 1960er Jahren bei umfangreichen Restaurierungsarbeiten jedoch größtenteils wieder rückgängig gemacht wurden. So präsentiert sie sich heute wieder als dreischiffige Emporenbasilika. Der Innenraum in schöner rhythmischer

Süßer die Glocken ...

»Mehrfach schon hatte der erfahrene Meister in diesem Jahre – 1388 – den Guss der Glocke versucht. Ein Kunstwerk sollte sie werden, 2250 Kilogramm reinstes Metall – Kupfer, Zinn und sogar Silber – hatten ihm die Bürger der Herrlichkeit Erpel dafür zur Verfügung gestellt. Wochenlang hatten die Vorarbeiten gedauert, hatte er mit seinen Gesellen und Lehrlingen die Form aus Lehm gestaltet und gebrannt, die Dammgrube ausgehoben und die Form in die Erde gemauert. Mehrmals hatte er ein Gebet gen Himmel gesendet und das flüssige Metall in die Form gefüllt. Doch die Mühe ward nicht mit Erfolg gesegnet – jedes Mal misslang der Guss. Müde und enttäuscht brach der Meister die Arbeit ab. Andere Auftraggeber drängten ihn nun schon, eine wichtige Reise konnte nicht mehr aufgeschoben werden. So verabschiedete er sich von seiner Familie und seinen Gesellen und zog davon.

Als er nach Wochen wieder die Rückreise antrat und heimatlichen Boden unter den Füßen fühlte, traute er seinen Ohren nicht. War das nicht der Klang einer neuen Glocke? Ein tiefes »D« schallte ihm entgegen, weich und voll. Was mochte geschehen sein? Bei Heister lief ihm sein Lehrling entgegen. Voll Freude und Stolz berichtete ihm der Junge, dass er sich an den Guss der Glocke gewagt hatte – und siehe da, es war ganz vorzüglich gelungen. Dem Meister schwanden die Sinne. War es die Eifersucht, die in ihm emporwallte, oder die Sorge um die ihm anvertrauten Gehilfen, die der törichte Knabe bei der Arbeit mit 45 Zentnern glühenden Metalls in Gefahr gebracht hatte? Eine unbändige Wut bemächtigte sich seines Verstands; er zückte seinen Dolch und erstach den armen Lehrling. Die Erpeler aber setzten dem unglücklichen Jungen an der Stelle, wo er hingestreckt wurde, ein Kreuz.«

(Nacherzählt von Martina Rohfleisch, Quelle: rheinkiesel 10/1999)

So weit die Sage, von der die größte der Erpeler Glocken umweht ist. Tatsache ist, dass am Weg zwischen Erpel und Heister ein Kreuz mit dem Bild einer Glocke gefunden wurde. Dieses einfache, schwere Trachytkreuz, von dem der untere Teil längst abgebrochen und verschwunden ist, stellt mit seiner Jahreszahl 1388 das älteste Steinkreuz der Rheinprovinz darstellt. Und wirklich wurde die größte Glocke im gleichen Jahr gegossen. Vom Mann, der sie laut Inschrift schuf – Heinrich van Gerresheim –, ist jedoch auch nach 1388 der Guss weiterer Glocken bezeugt.
Das Kreuz ist vor kurzem in den Besitz der Ortsgemeinde gekommen und wird nach seiner Restaurierung nahe der Kirche aufgestellt.

Gliederung ist nach alten Originalbefunden farbenfroh ausgemalt: Alle tragenden Architekturteile in hellem Grau mit weißem Fugenstrich, die Säulendienste, Rippen und Wülste dagegen im lebhaftem Streifen-, Wellen- und Punktmuster in Rot, Gelb, Grau und Schwarz. Nur wenige Kunstwerke lenken den Blick von der gelungenen Architektur auf sich, darunter der Erzengel St. Michael aus gotischer Zeit, der in jugendlichem Schwung sein Schwert gegen den Höllenhund richtet.

Dem Auge verborgen, bewahrt die Kirche jedoch einen weiteren kostbaren Schatz auf: ihre **Glocken**. Um die älteste – Osanna genannt – rankt sich eine sonderbare Sage, doch auch ohne sie wirkt das Erpeler Geläut geheimnisvoll schön. Die einzelnen Glocken sind harmonisch aufeinander abgestimmt: D – E – fis – E; ihr Zusammenklang bildet mit der Reinheit der Obertöne keine Akkorde, sondern Melodien, die bereits mehrfach aufgenommen wurden und »über den Äther« liefen. Auch wenn das Alter von Osanna erstaunlich scheint – schließlich wurde die Technik des Glockengusses erst um 1100 von Mönchen entwickelt – gab es möglicherweise sogar noch Vorgänger in Erpel. jedenfalls heißt es in einer Legende, nach der das Erpeler Gotteshaus die Gebeine der Hl. Drei Könige aufnahm, als sie von Mailand nach Köln gebracht wurden: »Bei der Translation 1164 läuteten am Rhein entlang in allen Orten zu beiden Seiten die Glocken.«

An diese sagenhafte Geschichte erinnern übrigens auch die drei Kronen im oberen Feld des Ortswappens.

Vor der Kirche steht eine prachtvolle Blutbuche. Man kann sich gut vorstellen, dass sich hier auch in grauer Vorzeit ein mächtiger Baum erhob, in dessen Schatten sich die Bürger versam-

Beschattet von einer uralten Blutbuche – das barocke Rathaus von Erpel gegenüber von der Kirche

»Om Maat« – »der schönste Marktplatz am Mittelrhein« mit Pumpensäule und Platane wird umgeben von prachtvollen Fachwerkhäusern

melten. Die Geschichte spricht bereits im 14. Jahrhundert von einer Fleischbank, neben der 1624 auch ein Gerichts- und Bürgerhaus errichtet wurde. Heute befindet sich ungefähr dort das **Rathaus**, ein schmaler schöner Bau aus dem Jahre 1780. Die Inneneinrichtung stammt teilweise ebenfalls aus dieser Zeit.

Fachwerkbauten

Um dieses alte Zentrum gruppieren sich zahlreiche, unterschiedlich gestaltete Fachwerkhäuser aus vier Jahrhunderten. Ein besonders gelungenes Ensemble mit drei Giebeln, Fenstererker, Ecksäulen und reichen Schnitzereien stellt die **»Erpeler Burg«** (Fährgasse 2 und Kölner Straße 29) aus dem 16. und 17. Jahrhundert dar. An der Seite zeigt sich noch das untere Mauerwerk eines Turms, wo vor einigen Jahren bei Restaurierungsarbeiten der Kopf einer steinernen Bischofsfigur aus dem 14. Jahrhundert zu Tage trat.
Auf dem Kreuzungspunkt alter Handelsstraßen entstand in einer dreieckigen Ausweitung ein weiteres Zentrum, der heutige **Markt**. Einheimische wie auch auswärtige Experten halten ihn für einzigartig. 44 Meter lang ist die geschlossene Häuserfront an der Berg-

seite, errichtet in schönstem rheinischen Fachwerk.
Im Haus Nr. 20, das einzige Gebäude am Markt, das eine Jahreszahl trägt, nämlich 1696, befindet sich übrigens seit 1812 bis auf den heutigen Tag eine Brennerei, die mittlerweile unter Denkmalschutz steht.
Den Mittelpunkt des Markts bildet eine riesige Platane, die 1887 gepflanzt wurde und eine Pumpsäule aus dem Jahre 1753 überragt. Auffällig ist die schöne Pflasterung des Platzes mit dem Ortswappen aus handgroßen weißen Kieselsteinen. Hier saß in früheren Zeiten beim Kirchweihfest – das im Sommer am Tag des »Zweitpatrons« Johann Baptist gefeiert wird – der Kirmesmann und beguckte sich das bunte Treiben. Heute stellt man ihm auf dem neuen Kirmesplatz am Neutor einen Sessel auf.
Doch immer noch wirkt der Markt sehr lebendig. Zwischen den weißen Pflastersteinen spielen Kinder Abschlagen, während in der anliegenden Gaststätte »Om Maat« Gäste und Einheimische zu einem gemütlichen Schwätzchen zusammenfinden.

ORTSTEIL ORSBERG

Oberhalb von Erpel, auf 200 m Höhe, liegt das kleine Dorf Orsberg. Beschauliche Fachwerkhäuser umgeben die schlichte barocke **Kapelle** aus dem Jahre 1708. Das Innere des Saalbaus mit einem hölzernen Tonnengewölbe wird durch einen noch älteren Altar beherrscht, der möglicherweise aus einem Vorgängerbau stammt. Das Mittelbild darüber zeigt in einer recht ungewöhnlichen Darstellung die Vermählung von Maria und Josef.
Höhepunkt im dörflichen Leben, das immer noch teilweise durch die Landwirtschaft auf der Hochfläche geprägt ist, bildet die Kirmes, die jährlich Mitte August gefeiert wird.
Der Ort ist idealer Ausgangspunkt für Wanderungen. Sehenswert ist auch der idyllisch gelegene Dorfbrunnen **»Orsberger Brönnchen«**.

Mit Aussicht aufs Rheintal – die barocke Kapelle von Orsberg

RHEINBREITBACH

Rheinbreitbach liegt – anders als der Name vermuten lässt – nicht direkt am Rhein, sondern etwas oberhalb und ist auf diese Weise geschützt vor Überschwemmungen. Ursprünglich hieß es nur »Breitbach« oder »Breipaach«, wie die Einheimischen es aussprechen. Der fränkische Name bezieht sich auf den Bach, der einst mitten durch den Ort lief und erst im Jahre 1826 ein engeres Bett erhielt. Doch schon im17. Jahrhundert taucht erstmals der Name «Rheinbreitbach« auf, wohl zur Unterscheidung vom gleichnamigen Dorf im Westerwald, dem heutigen Waldbreitbach.

Der alte Kern des Orts schmiegt sich in Herzform an seinen Hausberg, den Koppel. Um ihn herum war eine Befestigungsanlage aus Pfählen und z.T. aus Mauern errichtet. An ihrer Außenseite war ein Graben gezogen, dessen Tiefe nach alten Quellen zumeist neun Meter betrug. Den Verlauf kann man z.T. an den noch erhaltenen Bruchsteinmauern und an den Straßennamen wie »Am Rumersgraben« ablesen. Der Graben umfasste neben dem Dorf auch Felder, Obst- und Weingärten.

Abwechslungsreiches Fachwerk an der Westerwaldstraße

Winzerhöfe im Fachwerkbau

Vom einstigen Weinbau sind noch zahlreiche Spuren erhalten geblieben. Abgesehen von dem Wingert nahe dem Koppel, der von Hobbywinzern betrieben wird, ist das Ortsbild geprägt von den **alten Winzerhöfen** im Fachwerkbau mit ihren typischen großen Torbögen. Entlang der Westerwaldstraße lassen sich einige dieser liebevoll gepflegten Hofanlagen bewundern.

In der Rheinstraße befindet sich mit dem langgestreckten **Waldorfhof** eines der ältesten dieser Winzerhöfe mit einem geräumigen Gewölbekeller aus der ersten Hälfte des 17. Jahrhunderts. Noch vor wenigen Jahren sollte er wegen Baufälligkeit abgerissen werden und einem Neubau weichen. Mit viel

Der Hillenhof im Irsbich – einst ein klösterliches Anwesen ...

... ebenso wie »Unterm Heilig« in der Burgstraße

Engagement und Freude an historischen Details wurde er jedoch renoviert und dient nun Wohnzwecken.
Schräg gegenüber erhebt sich hinter einer Toranlage das eher kompakte rebenbewachsene Fachwerkhaus des **Hillenhofs** – eine ländliche Idylle mitten im Dorf.
Am Zaun erstreckt sich meterweise Brennholz aus dem hofeigenen Wald, in den Scheunen sammeln sich landwirtschaftliche Klein- und Großgeräte aus vergangenen Zeiten – darunter auch Traktoren-Oldtimer –, unter Obstbäumen gackern Hühner und schnattern Gänse.

Eine Vorstellung von der früheren Dorfatmosphäre vermittelt auch die **Burgstraße**. Hier gibt es eine ganze Reihe von historischen Fachwerkhäusern. Auf der Ecke zur Hauptstraße hin, gegenüber vom stattlichen »Tabakhäuschen«, liegt das ehemalige Weinlokal **»Em Höttche«**. In dem urigen Bau, der heute bewohnt wird, entdeckte man vor einiger Zeit die Reste eines fränkischen Schwertes (s. Kapitel Geschichte S. 152). Folgt man dem Verlauf der »Jass«, wie die Straße früher genannt wurde, erblickt man auf der linken Seite ein weiteres Weinlokal, das zur Zeit nur zu besonderen

Anlässen geöffnet hat. »**Unterm Heilig**« heißt dieses reizvolle Anwesen mit einem vollständig erhaltenen Kelterhaus, das aus Bruchstein im 16. Jahrhundert errichtet wurde.
Im Innern zeugten bauliche Besonderheiten auf die jüdische Kultur ehemaliger Bewohner hin: Eine blinde Treppe deutete auf den Brauch eines rituellen Bades hin. Einheimische erzählen, dass hier auch traditionell das Laubhüttenfest gefeiert wurde. Der Heimatverein erinnert immer wieder in Führungen und Festen auf das Leben und die Bräuche der einstmals zahlreichen jüdischen Mitbewohner des Ortes hin.

Die Untere Burg

Die Burgstraße führt schließlich hinter die Pfarrkirche. Gegenüber befand sich einstmals die Untere Burg, eine der ältesten Wasserburgen im Rheinland. Sie gehörte dem Grafengeschlecht der Breitbacher, das 1246 wegen eines Streits um den Weinzehnt erstmals urkundlich erwähnt wird. In mehrfacher Weise ist es mit den Herren von Wolkenburg und Drachenfels verquickt, was sich auch in der Gestaltung des Wappens niedergeschlagen hat: ein roter Drache auf silbernem Schild (die Drachenfelser haben einen silbernen

Ländliche Idylle auf dem Hillenhof mit blühenden Obstbäumen, Gänsen und Hühnern – und das mitten im Dorf

Drachen auf einem roten Schild). In der Mitte des 13. Jahrhunderts waren die Herren von Breitbach Dienstmannen der Grafen von Sayn, später wurden sie durch Verkauf der Güter zu Ministerialen des Kölner Erzbischofs und sollten es bis zum Jahre 1785 auch bleiben. Berühmtester Vertreter des Rheinbreitbacher Geschlechtes war übrigens Emmerich Joseph von Breitbach, der als Erzkanzler nach dem Kaiser zum zweitwichtigsten Mann im Deutschen Reiche gekürt wurde. Gleichzeitig war er Erzbischof von Mainz. Als solcher krönte er 1764 Joseph II. im Frankfurter Dom zum deutschen Kaiser.

Das Burggebäude mit seinen Nebengebäuden – darunter eine Ölmühle – wurde bereits 1376 erstmalig erwähnt. Da die Grafen ihren Wohnsitz ab 1500 in das komfortablere Schloss Bürresheim verlegten, wurde die Rheinbreitbacher Burg nicht mehr durchgängig gepflegt. Gegen Anfang des 20. Jahrhunderts zerfiel sie zusehends. In den Dreißigerjahren sollte sie renoviert werden; die Zementsäcke befanden sich bereits im Burghof, doch der Ausbruch des Zweiten Weltkriegs verhinderte dieses ehrgeizige Projekt. In den Sechzigerjahren blieb kein anderer Ausweg, als die mittlerweile eingestürzten Reste abzureißen.

Der wiedererrichtete Torbogen der einstigen Unteren Burg – im Hintergrund der Koppel mit Kreuz

Die ehemalige Wasserburg in der ersten Hälfte des 20. Jahrhunderts

Heute erinnert nur noch der **Torbogen** mit dem Wappen an die mittelalterliche Burg und das Adelsgeschlecht. Eingemauert in den Bogen sind die sterblichen Überreste der letzten Freifrau von Breitbach, Anna Maria Gräfin von Walderdorff. Im Hintergrund liegen die Fundamente der Burganlage, zwischenzeitlich vom Erdreich befreit und nun wieder von der Natur zurückerobert. Gut erhalten und sehr geschmackvoll renoviert ist allerdings das ehemalige **Gesindehaus** der Unteren Burg, das mit seinem schön gestalteten Garten am Bachlauf den Eindruck einer Wasserburg wachhält.

Die Obere Burg

Wenn es einst eine Untere Burg gab, muss sich in Rheinbreitbach doch auch eine Obere Burg befinden. In der Tat liegt sie nur wenig oberhalb, eingebettet in einen prachtvollen Park mit exotischen Bäumen. Ihre Ursprünge liegen im Dunkeln; sicher ist nur, dass sie bis 1655 ein Lehen des Stiftes Maria ad Gradus war, das auch in Unkel ein Anwesen besaß. Berühmtheit erlangte der auffällige Bau Anfang des 20. Jahrhunderts, als ihn sich der damalige Bestseller-Autor Rudolf Herzog zum stattlichen Sommersitz auserwählte.

Hervorragend restauriert – das »Gesindehaus« der Wasserburg

Im Kern mittelalterlich – die Obere Burg in ihrem prächtigen Park dient heute als Bürgerzentrum

Heute ist sie – frisch renoviert – der Sitz des Bürgermeisters und wird für eine hochkarätig besetzt Kulturreihe genutzt. Im Park findet alljährlich im August das vielbesuchte Parkfest statt, an dem fast alle Ortsvereine mitwirken.

Pfarrkirche St. Maria Magdalena

Direkt gegenüber der ehemaligen Unteren Burg liegt die Pfarrkirche Rheinbreitbachs, der Heiligen Maria Magdalena geweiht. Ein Modell des gotischen Gotteshauses befindet sich im Louvre als Beispiel einer rheinischen Dorfkirche. Der Bau aus dem 15. und 16. Jahrhundert bildet mit den barock überarbeiteten Altären und der Kanzel aus dem ausklingenden Rokoko eine harmonische Einheit und strahlt eine anheimelige Atmosphäre aus – im Kontrast zum modernen Anbau der Kirche in den Sechzigerjahren. Kunsthistorisch besonders wertvoll ist die Ampel mit dem Ewigen Licht, eine aufwendige Silberarbeit aus der Zeit um 1700. Neben den schön gestalteten Holzfiguren der Maria Magdalena und der Muttergottes sei die übermannsgroße barocke Statue des Joseph erwähnt (in der Nähe des Taufbrunnens), die an die Bergbautradition

des Ortes erinnert und nach jahrzehntelanger Abwesenheit erst kürzlich wieder »heimgekehrt« ist.
Zum Kirchenschatz gehört neben goldenen Monstranzen und Kelchen, geschnitzten Kreuzen und silbernen Weihrauchgefäßen auch eine Vielzahl farbenprächtiger Kaseln (Messgewänder), die bis zu über 500 Jahre alt sind.

Leonarduskapelle

Dem bereits im Mittelalter hochverehrten heiligen Leonardus war bereits im 16. Jahrhundert eine eigene Kapelle geweiht worden. Nach ihrer Zerstörung im Kölnischen oder Truchsessischen Krieg wurde 1655 mit dem Bau der heutigen Leonarduskapelle begonnen. In späterer Zeit wurde sie mit einem bemerkenswerten Flügelaltar und einem Armreliquar des hl. Leonardus ausgestattet. Es spricht für das religiöse Bewusstsein der Rheinbreitbacher, dass in diesem früheren Wallfahrtskirchlein regelmäßig die Wochentagsgottesdienste stattfinden.
An die alte Bedeutung der Leonarduskirmes erinnert der Brauch der Pferdesegnung, die der Pfarrer alljährlich im November vornimmt.

Wallfahrtskapelle St. Leonardus aus dem 17. Jahrhundert

Rheinische Dorfkirche aus der Gotik – St. Maria Magdalena

Evangelisches Gemeindezentrum

In diesem Zusammenhang sei auch das moderne evangelische Gemeindezentrum in der Bürresheimer Straße erwähnt. Bis zum Beginn des 19. Jahrhunderts hatte die evangelische Konfession in Rheinbreitbach nicht nennenswert Fuß gefasst, auch nicht zur Zeit der Reformation. Das mag nicht verwundern, war das Dorf doch fest in der Hand des Kölner Erzbischofs. Mit der Auflösung des Kölner Kurstaates, als das Rheinland preußisch wurde, kamen die ersten Protestanten in den Ort. Heute umfasst die evangelische Gemeinde weit über 1.000 Mitglieder. In dem neuen Bauwerk auf kreuzförmigem Grundriss sind neben dem eigentlichen Gotteshaus noch verschiedene Räumlichkeiten untergebracht, die u.a. Seniorentreffs, Krabbel-, Jugend- und Frauengruppen dienen. Ökumene, insbesondere der Austausch und die praktische Zusammenarbeit mit der katholischen Pfarrgemeinde, wird von beiden Seiten groß geschrieben.

Gründerzeitliche Villen

Schräg gegenüber von der Leonarduskapelle erhebt sich der markante Turm des **Burghotels »Ad Sion«**. In dessen unmittelbarer Nähe befand sich einst ein Grundstück, gehörig zum Kloster Ad Sion in Köln, das Mechtild

Haus mit wechselvoller Geschichte – Burghotel Ad Sion

von Sayn um 1250 gestiftet hatte. Nach der Säkularisation wurde das Anwesen von einem wohlhabenden Industriellen erworben, der sich auf diesem »Paradies oben am Rhein« eine stattliche Villa erbauen ließ. Je nach Besitzer wechselte diese ihren Namen von Villa Julia über Villa Coerper und Haus Stephan bis zuletzt zum »Haus Elisabeth«. Erst vor kurzem wurde das ehemalige Tagungszentrum zum Burghotel umgewandelt und erhielt einen Namen, der an die mittelalterliche Geschichte anknüpft.

Übrigens war der Erbauer dieses Hauses nicht der Einzige, der Rheinbreitbach in dieser Zeit als »Sommerresidenz« auserkor. Der kleine beschauliche Ort etwas abseits vom Strom genoss nämlich den – während der Industrialisierung nicht unerheblichen – Vorteil, dass es nicht unter dem »Qualm der Dampfschiffe und Lokomotiven« zu leiden hatte. So entstand insbesondere **»Im Sand«** eine prächtige Villa nach der anderen.

Denkmäler

Neben diesen augenfälligen Gebäuden sei auch eine Reihe von Denkmälern angeführt, die zur Erinnerung an verschiedene kämpferische Auseinandersetzungen errichtet wurden. Allen voran das wohl bekannteste: das **Kriegerehrenmal** direkt am Ortseingang, das sich dem Gedenken der im Ersten und Zweiten Weltkrieg Gefallenen und Vermissten widmet. In diesem Zusammenhang sei auch das Denkmal des Junggesellenvereins auf dem Koppel erwähnt. Weniger im Mittelpunkt der Aufmerksamkeit steht das **Separatistendenkmal** neben der Leonarduskapelle. Es erinnert an den Vorabend der so genannten »Separatistenschlacht« im Siebengebirge, als Rheinbreitbacher

Einmalig in der Region – das kleine »Museum für Rheinbreitbacher Alltagsgeschichte« birgt eine Fülle von liebevoll zusammengestellten Exponaten

und Unkeler Jugendliche der recht unorganisierten Separatistentruppe einen Denkzettel verpassen wollten und dieser Schuss im wahrsten Sinn des Wortes nach hinten losging (vgl.S. 171).
Kaum mehr im Bewusstsein sind die Umstände, die zur Errichtung des **Österreich-Denkmals** (an der Hans-Dahmen-Halle) geführt haben.
Erwähnt werden sollten auch die zahlreichen, gut gepflegten Wegekreuze aus verschiedenen Jahrhunderten sowie mehrere »**Rasten**« – steinerne Tische zum vorübergehenden Ablegen von Lasten (Foto S. 74).

Heimatmuseum

Die Geschichte des Ortes und der Region spiegelt sich sehr anschaulich in dem »Museum für Rheinbreitbacher Alltagsgeschichte« wider, das der hiesige Heimatverein betreibt. Es befindet sich in einem rund 300 Jahre alten Fachwerkhaus mit Putzfassade, das eine ganz eigene Geschichte durchlaufen hat. Wohl als Wohnhaus eines Weinhändlers mit geräumigem Winzerkeller errichtet, diente es zeitweise auch als Lohgerberei und noch vor wenigen Jahrzehnten als Gemeindebüro. Der Heimatverein hat es nun seit einigen Jahren von der Gemeinde gepachtet und mit sehr viel Engagement, Kapital und Eigenleistung renoviert und eingerichtet. Zu besichtigen gibt es dort u.a.

- eine Küche aus der Zeit um 1920 mit Kohlenherd und allerlei Gerätschaften, Spitzenunterwäsche und Stickbildern
- ein Wohnzimmer (»de jode Stuff«) aus der Zeit um 1860
- ein Kinder- und Schulzimmer aus der Zeit um 1920 mit alten Möbeln, Lehrmaterial und Spielzeug
- ein Bergbauzimmer mit Informationen, Werkzeugen, Fundstücken und Mineralien aus den Kupfererzgruben in Rheinbreitbach
- eine Schuster-, Schneider- und Stellmacherwerkstatt sowie zahlreiche Gerätschaften aus der Landwirtschaft
- Sammlung des Karnevalvereins mit Orden und Pokalen
- Sammlung des Junggesellenvereins mit Uniform und Ketten
- Bibliothek, Zeitungs- und Fotoarchiv
- dazu Gemälde und Fotos aus Rheinbreitbach und Umgebung.

Schule anno dunnemals – im Heimatmuseum Rheinbreitbach

UNKEL

Die Stadt Unkel ist besonders reich an historisch interessanten Bauwerken. Da ihre Sehenswürdigkeiten jedoch in einer Vielzahl erhältlicher Publikationen geschildert werden, beschränkt sich dieser Führer nur auf einige »Highlights«.

Pfarrkirche St. Pantaleon

Wie kein anderer Ort der Verbandsgemeinde ist Unkel geprägt durch die Lage am Rhein. Keine Straße trennt die Stadt vom Ufer; mehrere der malerischen Gassen münden direkt in die Rheinpromenade. Auf der höchsten Stelle, dem Pantaleonsberg, erhebt sich die ehrwürdige katholische Pfarrkirche St. Pantaleon. Die romanische Basilika mit dem wuchtigen Turm wurde während der Gotik umgebaut und insbesondere während der Barockzeit mit wertvollen Kunstwerken ausgestattet. Aus spätromanischer Zeit stammt noch ein Taufstein aus Basalt, den der mittelalterliche Steinmetz mit einem sehr fein gearbeiteten Laubfries geschmückt hat. Der ebenfalls schön gestaltete Bronzedeckel stammt aus jüngerer Zeit. Der Taufbrunnen – das älteste Kunstwerk Unkels – ist in der **»Vierzehn-Nothelfer-Kapelle«** aufgestellt, in der sich die fast lebensgroßen Figuren dieser Heiligen befinden, darunter auch eine Statue von St. Pantaleon,

Überragt die uralten Bäume des Kirchhofs – St. Pantaleon

dem die Kirche geweiht ist. Eigentlich ist die Verehrung dieses Heiligen mitsamt der anderen Nothelfer eher in südlichen Regionen verbreitet. Doch mit Theophanu (955–991 n.Chr.), der Gemahlin von Otto II., kam die Kunde von ihnen auch in unsere Region. Pantaleon war sozusagen der »Lieblingsheilige« der Prinzessin aus Konstantinopel, die durch ihre Heirat byzantinisches Kulturgut an den deutsch-sächsischen Hof und damit nach Köln brachte.

Der kunstvoll geschnitzte hölzerne Schrein aus dem 15. Jahrhundert auf dem Altartisch der 14-Nothelfer-Ka-

Altar mit Pantaleonslegenden aus dem 15. Jahrhundert

Herresdorf-Altar mit Mariä Tempelgang, unten die Stifter mit Familie

pelle enthielt Reliquien des **Hl. Pantaleon.** Aus ungefähr der gleichen Zeit stammt der ehemalige Hochaltar, der in volkstümlicher Art legendäre Szenen aus dem Leben des Heiligen erzählt. Als Patron der Ärzte mit einer Salbdose ausgestattet, wird er zudem mehrfach in der Pfarrkirche abgebildet. Noch älter ist die ausdrucksstarke Holzplastik an einem der Pfeiler. Als **»Schmerzensmann«** ist Jesus Christus dort dargestellt; dornenbekrönt und mit gefesselten Händen schaut er uns an.

Im Renaissancestil ist ein steinerner Altar gehalten, den die Brüder von Herresdorf gegen 1630 gestiftet haben. Er zeigt die recht seltene Darstellung des **Tempelganges Mariens**. In unmittelbarer Nachbarschaft hängt am Pfeiler eine Plastik, die **»Schule Mariens«** genannt wird: Mutter Anna und Tochter Maria haben in der Bibel gelesen und lassen das Wort Gottes auf sich wirken. Ungefähr in der Mitte der Kirche hängt ein ebenfalls **spätgotischer Leuchter** aus Schmiedeeisen mit schön gearbeiteten Engeln.

Besonders prächtig ist die barocke Einrichtung in der Kirche, die größtenteils vom Unkeler Pfarrer Godfrid Eschenbrender und seinem Bruder gestiftet

Schule Mariens – trautes Beisammensein von Mutter und Tochter

Prachtvoll – der barocke Hochaltar in der gotischen Kirche

wurde, deren Familienwappen mit drei Kleeblättern aus diesem Grund an vielen Kunstwerken auftaucht. Zu ihren edlen Spenden gehört der **Hochaltar**, dessen Gemälde genau dem der römischen Pantaleonskirche entspricht und möglicherweise vom gleichen Maler, nämlich dem Italiener Mattia Preti geschaffen wurde. Es zeigt Pantaleon bei der Heilung eines Blinden. Der Tabernakel mit dem Lamm Gottes auf dem Buch mit den sieben Siegeln kam allerdings erst im Rokoko dazu. Barock sind auch die Kanzel und die Beichtstühle. Die **Kommunionbank** mit ihren kunstvoll geschnitzten Eucharistiesymbolen verdient eine besondere Beachtung. Nach dem zweiten Vatikanischen Konzil wurden vielerorts die »schrankenhaften« Kommunionbänke abgeschafft; die Unkeler Chorschranken bilden also eine Ausnahme.

Eine wundervolle Arbeit ist die kostbare Stickerei des Stammbaums Christi, das die **»Wurzel Jesse«** in Gold- und Silberfäden auf rotem Samt darstellt. Die jahrhundertelange Geschichte dieses Gotteshauses lässt sich auch an kleinen Details ablesen, wie z.B. den geschnitzten Hausmarken, mit denen die Kirchgänger »ihre« Bank als solche gekennzeichnet haben. So spürt man auch trotz der prächtigen, kunsthistorisch wertvollen Ausstattung: Diese Kirche lädt weniger zum Besichtigen denn zum Beten ein.

Der Friedhof

Die Kirche umgibt »der am schönsten gelegene Friedhof am Rhein«, wie Kunsthistoriker urteilen (Rheinische Kunststätten, Stadt Unkel). Dies ist dem konservativen Geist der Bewohner zu verdanken, denn eigentlich sorgten die preußischen Beamten im 19. Jahrhundert dafür, dass die Friedhöfe an die Stadtgrenzen verlagert wurden. Die Unkeler setzten es jedoch durch,

Altes Grabkreuz mit barocken Todessymbolen

ihre Toten weiterhin auf dem Kirchhof zu begraben und sie auf diese Weise bei sich zu behalten. So finden wir auf dem Friedhof Grabkreuze und -male aus fünf Jahrhunderten. Die Wege sind gesäumt von schönen alten, z.T. spätgotischen Steinkreuzen mit Hausmarken und Berufsbezeichnungen. Auf einigen Kreuzen der Barockzeit sind die Leidenswerkzeuge plastisch herausgearbeitet.

Die begrenzende Mauer gehörte übrigens teilweise zu dem ehemaligen Bein- und Rathaus, das sich hier früher befand.

Christinenstift

Hinter dem Friedhof erstreckt sich das Christinenstift, das aus einem mittelalterlichen Zehnthof hervorgegangen ist. Er gehörte dem Kölner Domkustos, der die Rechte vermutlich im 11. Jahrhundert von der polnischen Königin Richeza geschenkt bekam. Nach der Säkularisation wurde das Gebäude zunächst von verschiedenen auswärtigen Familien als Sommersitz genutzt. Hier »residierte« um 1829/31 die »Rheingräfin« – Sybille Mertens-Schaaffhausen. Die Tochter des Kölner Bankherrn Abraham Schaffhausen war eine umfassend gebildete und interessierte Frau, die es verstand, zahlreiche Literaten und andere Künstler ihrer Zeit – wie z.B. Annette von Droste-Hülshoff, Johanna und Adele

Das Christinenstift gegenüber der Kirche – in seinem Kern ein mittelalterlicher Zehnthof, später »Residenz der Rheingräfin«

Schopenhauer, Mutter und Schwester des Philosophen – zum geistreichen Austausch zusammenzuführen. 1896 erwarb es dann der Zeitungsverleger August Libert Neven DuMont, der mit großem Kapitaleinsatz in einem Anbau ein kleines Krankenhaus einrichtete, das nach seiner Ehefrau »Christinenstift« genannt wurde. Nach weiteren Umbauten dient es heute als Seniorenwohnheim.

Der Fronhof Maria ad Gradus

Die Hauptrolle in der mittelalterlichen Geschichte Unkels spielte allerdings das Kölner Stift Maria ad Gradus. Es wurde im 11. Jahrhundert vom Kölner Erzbischof Anno II. gegründet und sogleich mit umfangreichen Besitztümern in Unkel ausgestattet. Deren Nutznießung hatte er zwar ursprünglich der oben erwähnten Königin Richeza verliehen, doch nach ihrem Tod fielen die Güter an ihn zu seiner freien Verfügung zurück. Auch das Mariengrader Stift errichtete einen Fronhof in Unkel, der z.T. noch heute erhalten ist und mit seinem Mauerwerk aus unbehauenen Basaltbrocken die Rheinpromenade beherrscht.
Im Besitz des Stiftes waren auch die Fährrechte. Der Fährmann musste die Bewohner des Kirchspiels umsonst über den Rhein setzen und bekam

Mittelalterlicher Fronhof von Maria ad Gradus mit umgebautem Turm

dafür von jedem Haus jährlich ein Brot. Die größte Bedeutung für das Stift hatte allerdings der Weinzehnt. Sobald die Trauben reif waren, kam einer der Stiftsherren als »Windelbote« nach Unkel und überwachte die Lese. Auf dem Fronhof wurde er beherbergt und beköstigt, und am Sonntag darauf wurde »Geding« gehalten. Alle Einwohner Unkels mussten dann erscheinen und sich über wichtige Verbote und Gebote aufklären lassen.

Die Stadtmauer

Bereits in der Mitte des 16. Jahrhunderts war Unkel von einer steinernen Befestigung inklusive Graben und Wall umgeben, von der große Teile erhalten sind. Vom Rhein aus stieg man durch kleine Törchen in die engen Gassen hinauf – heute noch sind zahlreiche Torbögen erkennbar. Der markante Südturm der Stadtmauer hat sich ebenfalls behaupten können. Während der Barockzeit wurde er mit einer geschweiften Haube gekrönt. In seinem Inneren zeugt er jedoch noch vom tiefsten Mittelalter. Er hat ein finsteres Verlies, in dessen Handschellen schon so mancher Verbrecher festgesetzt wurde. Einer der letzten war Anton Kühlwetter, ein Floßarbeiter, der sich als Gewohnheitsdieb betätigte und darum 1739 zum Tode verurteilt wurde. Angeblich verbrachte auch Ludwig van

Trutzig – der Gefängnisturm wehrte auch Eishochwasser ab

Beethoven nach einer wilden Zecherei eine Nacht im Kerker, wo er – so munkelt man – während der Ausnüchterung seine »Adelaide« komponierte. Heute ist der **Gefängnisturm** eines der Wahrzeichen Unkels. Auf Wunsch öffnet er seine massive Eichentür zum Dachgeschoss, wo ein kleines Museum u.a. mit historischen Skulpturen eingerichtet ist.

Der **Nordturm** der Stadtmauer ist ebenfalls erhalten geblieben – doch auch er hat seine ursprüngliche Gestalt eingebüßt. Eingebaut in den Fronhof des Stifts Maria ad Gradus (siehe oben), wurde er von den späteren adeligen Besitzern im 19. Jahrhundert aufgestockt und dem Zeitgeschmack entsprechend mit einem Zinnenkranz versehen.

Sinnbild der Rheinromantik – das Freiligrathhaus am Rheinufer ...

Freiligrath-Haus

Ebenfalls in der Rheinfront finden wir das hervorragend restaurierte Freiligrath-Haus, das um 1760 erbaute wurde und eine schön gegliederte Fassade mit einem geschwungenen Balkon aufweist. Hier verbrachte der Dichter Ferdinand Freiligrath 1839/40 die fröhlichste Zeit seines Lebens, wie er schreibt: »Hab' ein Belvedere hart am Rhein, um das mich ein Fürst beneiden würde. – Mir ist fabelhaft wohl hier.« Dies mochte zum einen an dem prachtvollen Panorama des Stroms und des Siebengebirges liegen, das sich ihm von seinem Fenster aus bot. Zum anderen lag dies aber auch am »Unkeler Funkeler«, dem Rotwein, den er oft in Gesellschaft seiner Freunde genoss und darüber nur zu gerne seinen geduldig wartenden Kölner Verleger vergaß. Zum dritten jedoch war es wohl die Erzieherin der Nachbarskinder, Ida Melos, die sein Herz höher schlagen ließ und zu der er über den Zaun hinweg zarte Bande knüpfte. Zu ihrer beider Bedauern waren sie jeweils anderweitig gebunden, und so wurde der steinernen Verbindung zu Nachbars Garten alsbald der Name »Seufzerbrücke« angedichtet. Als Freiligrath schließlich Unkel verließ, hatte er in zweierlei Hinsicht gewonnen: erstens die Hand von Ida Melos und zweitens den Ruf eines bedeutenden Dichters, der sich erfolgreich für den Wiederaufbau des eingestürzten Rolandsbogens eingesetzt hatte.

Buch-Tipp: Die zauberhafte Liebesgeschichte und die Rettung des romantischen Rolandsbogens schildert der Godesberger Autor Heinz Magka in seiner Novelle »Liebe in Unkel« – mit dem entsprechenden historischen Hintergrund und herrlichem Lokalkolorit (s. auch S. 249). Horlemann Verlag, Bad Honnef 2002.

Gründerzeitliche Villen

... und die »Seufzerbrücke« mit der ältesten Hochwassermarke

In unmittelbarer Nachbarschaft haben sich in der Gründerzeit wohlhabende Familien in den mittelalterlichen Herrensitzen oder neuen prachtvollen Villen angesiedelt, so z.B. der Industrielle Paul Profitlich, der mit seiner Kaninchenfellfabrik gegen Ende des 19. Jahrhunderts für Arbeitsplätze sorgte (siehe Kapitel Wirtschaft S. 195). Einen repräsentativen Landsitz ließ sich auch Fritz Henkel errichten, dessen Firma sich nach Herstellung des ersten »selbsttätigen« Waschmittels Persil zum Weltunternehmen entwickelte. Er zeichnete sich durch besondere Wohltätigkeit aus. So kaufte er der Freiwilligen Feuerwehr von Unkel eine Motorpumpe und später sogar ein Feuerwehrauto; dem Sportverein schenkte er einen Fußballplatz, der ihm zu Ehren »Fritz-Henkel-Platz« genannt wurde. Die Henkel-Villa an der heutigen »Fritz-Henkel-Straße« wurde leider in den 1960er Jahren abgerissen. Der Park mit seinem alten Baumbestand und einer repräsentativen Portalanlage im Jugendstil existiert noch.

Fachwerkhäuser

Werden die äußeren Straßen Unkels von stattlichen Massivbauten gesäumt, so ist der eigentliche Ortskern immer noch durch Fachwerkbauten geprägt. Besonders entlang der Frankfurter Straße oder der pittoresken Pützgasse sind

Das »eigenwilligste Gebäude am Mittelrhein« – das Bügeleisenhaus

Das schönste Haus am Markt – das Schutzengelhaus

zahlreiche Winzerhöfe oder kleinere Fachwerkhäuser aus dem 17. und 18. Jahrhundert erhalten. Oft handelt es sich dabei um schlichte Gebäude in Ständerbauweise ohne bauliche Spielereien.

Ein recht origineller Bau befindet sich an der Ecke Frankfurter Straße / Lehngasse, das von den Anwohnern **»Bügeleisen«** genannt wird. In der Tat kann es die Ähnlichkeit zu einem Plätteisen nicht leugnen. Bei einer wissenschaftlichen Untersuchung der Fachwerkbauten wurde es vom Experten Herbert Nebel als das »eigenwilligste Haus am Mittelrhein« bezeichnet.

Eines der schönsten Gebäude mit einem aufwändigen Mansarddach ist das **Schutzengelhaus** (Kirchgasse 2), das über der Tür die Datierung 1738 trägt. In seiner Front ist ein geschnitztes Motiv eines Schutzengels eingelassen, dem der Bau seinen Namen verdankt. Die schöne Madonna auf der Mondsichel an der Hausecke zieht freilich noch mehr Blicke auf sich.

Als Beispiele respektabler Winzerhöfe mit den typischen groß angelegten Toranlagen sei der **Schwarzenberger Hof** (Frankfurter Straße 26), der älteste Adelshof der Stadt, genannt und der ehemalige **Hof des Kölner Ursulinenklosters** aus dem Jahre 1732 am unteren Markt. Besonders stattlich ist auch

Liebreizende Madonna auf der Mondsichel (Schutzengelhaus)

Ihm verdankt das Schutzengelhaus seinen Namen

das Haus des Kölner Postmeisters Felix Josef von Becker in der Lehngasse. Wesentlich bescheidener in ihren Ausmaßen fallen dagegen die Gebäude in der **Pützgasse** aus. Doch bilden gerade diese heimeligen Fachwerkhäuser mit dem liebevoll gepflegten Blumenschmuck der Anwohner einen malerischen Anblick. Eine Augenweide stellt insbesondere das traditionelle Weinhaus »Im Lämmlein« (Pützgasse 6) dar, das zum Gaumenschmaus einlädt.
Der Name »Pützgasse« ist übrigens dem »Pütz« (rheinisch für »Brunnen«) zu verdanken, der als mächtige Pumpensäule mit Voluten und Pinienzapfen seit 1759 den kleinen Vorplatz beherrscht.

STADTTEIL SCHEUREN

Einem Streit ist die erste urkundliche Erwähnung Scheurens zu verdanken: Vor gut 750 Jahren führten in »Scuren« die Schwestern Irmentrudis, Beatrix und Sophia ein gottgeweihtes Leben als »Beginen« – so nannte man die frommen Frauen, die sich ohne Gelübde in einer Wohn- und Betgemeinschaft zusammenfanden. Als Irmentrudis verfügte, dass nach ihrem Ableben das Haus, in dem sie gemeinsam wohnten, an die Abtei Heisterbach fallen sollte, konnten die Damen sich nicht einigen und mussten ein Schiedsgericht anrufen. Abgesehen von dieser Urkunde aus dem Jahre 1286 wissen die Historiker nichts Außergewöhnliches aus dem kleinen Dorf am Berghang zu berichten. Allerdings ging es auch hier nicht immer beschaulich zu. Auch Scheuren wurde im Burgundischen Krieg durch kaiserliche Truppen besetzt und verwüstet. Der Kölner Krieg hinterließ hier noch mehr Spuren als im benachbarten Unkel, das erfolglos belagert wurde: Die Kapelle wurde abgebrannt. Erst genau hundert Jahre später – 1683, also auch weit nach den Wirren des 30jährigen Kriegs – wurde sie wieder aufgebaut, und zwar durch den uns schon bekannten Unkeler Vikar Godfried Eschenbrender (s. S. 236). Dieses Kirchlein bildet bis auf den heutigen Tag den Mittelpunkt des Orts und wird von den Anwohnern liebevoll **»Scheurener Dom«** genannt. Es ist im spätgotischen Stil errichtet und mit einem barocken Hochaltar ausgestattet. Darüber schweben zwei Engel, die Konrad Adenauer – er hatte sie zum 80. Geburtstag von Ludwig Erhard erhalten – höchstpersönlich den Scheurenern stiftete. An der Wand hängt eine Passionstafel, die noch älter ist als die Kirche selbst: Die Meditationsbilder von Christi Leiden, Sterben und Auferstehung wurden 1460 von der »Kölner Malschule« geschaffen und kamen erst im 19. Jahrhundert in das Gotteshaus. Vom »Dom« aus, dessen Chor in den Dorfplatz hineinragt, gehen strahlenförmig die Straßen ab: die Scheurener

Blick von der Bergstraße auf den Scheurener Dom

Alter und neuer Dorfmittelpunkt – der Pütz mit Barbarafigur

Massiv gebaut – die mittelalterliche Wasserburg Vilszelt in Heister

Straße, die Bergstraße, Im Winkel und die St. Josefstraße, die nach dem Patron der Bergleute benannt ist. Hier reiht sich ein Fachwerkhaus ans andere, darunter mehrere **Winzerhöfe**. Bis ins 20. Jahrhundert lebten die Bewohner von der Arbeit im Wingert, und so hinterlässt Scheuren auch heute noch den Eindruck eines urigen Winzerdorfs. »Dorfgemeinschaft« ist das Motto, unter dem sich selbst in unserer Zeit die alten und neuen Anwohner zusammentun. In Eigenleistung haben die Scheurener Vereine etwa den **»Domplatz«** vor einigen Jahren selbst gestaltet, mit Brunnen und einer Figur der Schutzpatronin Barbara. Und jedes Jahr richten sie im Mai das »historische Domfest« aus, das mit mittelalterlichem Handwerker- und Bauernmarkt Gäste von weit her lockt. Scheuren hat übrigens ganz freiwillig auf eine Eingemeindung durch die Stadt Unkel hingewirkt. Am 25. November 1905 wurde der »Vereinigungsvertrag«, wie er wörtlich heißt, von beiden Gemeinderäten einstimmig angenommen. Die Scheurener bestanden lediglich darauf, weiterhin ihr eigenes Kirchweihfest zu feiern ...

STADTTEIL HEISTER

Am Fuße des Stux liegt ganz zurückgezogen das alte Dorf Heister, das im Truchsessischen Krieg völlig niedergebrannt wurde. Ein einziges Gebäude hat dem verwüstenden Heer standgehalten: die **Wasserburg Vilszelt**, der älteste Profanbau der Verbandsgemeinde. Im Kern stammt der vierkantige Bruchsteinbau aus dem Mittelalter. Eine Urkunde erwähnt ihn im 13. Jahrhundert als Lehen der Herren von Ütgenbach vom Kölner Domkapitel. Der ursprüngliche Wassergraben ist zwar trocken gelegt, aber noch rundum zu erkennen und wird von einer steinernen Bogenbrücke überspannt. Heute wird die schlichte Burg unter den mächtigen Bäumen von Privatleuten bewohnt, die sich engagiert um den Erhalt des historischen Gemäuers bemühen.

Gleich daneben erstreckt sich der **Stuxhof**, der die Region mit frischem Gemüse und Obst versorgt. In der Ortsmitte gab es einst ein großes Weingut. Die schlichte Kapelle aus dem Jahre 1753, die dem heiligen Sebastian geweiht ist, wird von hübschen Fachwerkhäusern umgeben.

DIE MENSCHEN

DIE RHEINLÄNDER

Gelassenheit zeichne den Rheinländer aus, so die landläufige Meinung, und eine ansteckende Fröhlichkeit.
Volkskundler vermuten den Ursprung der gleichermaßen konservativen wie weltoffenen Art in der Berufstätigkeit der Winzer. Als fleißiger Weinbauer dem Jahreswechsel unterworfen, habe er eine gewisse Wertbeständigkeit und ein Traditionsbewusstsein entwickelt. Der Handel mit dem begehrten Rebentrunk indes förderte die Gastfreundschaft und Offenheit auch Fremden und Fremdem gegenüber.
Heutzutage leben nur wenige Winzer in den Orten am Rhein, und die vom Arbeitsleben geforderte Mobilität mischt die Bevölkerung hier vielleicht noch mehr durch als anderswo. Wie schaut es also heute aus mit der Mentalität der Rheinländer?
Ein Blick und ein Hinhören genügt – ob in der Bäckerei oder im Bus, beim Schoppen Wein in der Gaststube oder beim Bier auf dem Volksfest: Man trifft sie immer wieder, die herzliche, ehrliche und unkomplizierte Art des Rhein-

Rheinischer Humor

Historische Wetterstation
Standort: Kölner Straße 28, Erpel

Stein ...

... warm oder heiß = Sonnenschein
... feucht oder nass = Regen
... kühl oder eisig kalt = Winter
... bewegt = Sturm
... dunkel = Nacht
... unsichtbar = Nebel
... mit Blut = Betrunkener heimgegangen
... voll Luftschlangen = Karneval
... weg = Diebstahl oder Hochwasser

»Drink doch ene met ...« Einladung beim Erpeler Blütenkorso

länders – selbst wenn dieser aus Westfalen stammt oder aus der Türkei. Schließlich ist das Rheinland schon seit Jahrtausenden Grenzland und Schmelztiegel zugleich.
Vielleicht liegt es aber auch an Vater Rhein selbst, der ewig unstet dahinströmt. Das Wissen um diese Urgewalt vor der Haustür führt offenbar zu einer Wesensart, die der Nicht-Rheinländer Konrad Beikircher so treffend beschreibt:

»Das Rheinische Grundgesetz:

Artikel 1: Et es wie 't es.
Artikel 2: Et kütt wie 't kütt.
Artikel 3: Et hätt noch immer jot jejange.«

Die rheinische Fröhlichkeit

» ›Wisse, lieber Freiligrath, es ist viel Sorge um den Wein. Wo aber Sorge ist, da muss die Liebe wohnen, und die Menschen hier am Rhein bestellen mit Andacht ihre Berge, in denen der Wein wächst. Der heitere Mut und die Fröhlichkeit rheinischer Herzen, sie sind nicht leichten Sinnes. Diese Wesensart ist der Dank in der Andacht an Gott, und Gott hat viele Arten von Andächtigen. Und nun, beginne, mein Lieber, beginne froh und vergiss die Liebe nicht.‹
Stumm reichte Freiligrath Karl Simrock die Hand. Ein paar Worte nur, wenige Sätze waren es, die Simrock gesprochen hatte. Dennoch fühlte Freiligrath, wie sie ihm eine ganze Welt offenbarten, die Welt der Winzer am Rhein. Er fühlte, dass er diese Welt verkannte, wenn er geglaubt hatte, hierher lautes Wesen, Ausgelassenheit und Übermut mitbringen zu müssen. Die Fröhlichkeit des Rheinländers war echt.«

Aus: Heinz Magka: Liebe in Unkel. Eine Freiligrath-Novelle. Horlemann Verlag. Bad Honnef 2002.

DAT RHEINISCHE PLATT

Viel älter als die deutsche Schriftsprache ist im Rheinland die Mundart: Schon die alten Franken vor knapp 1500 Jahren sprachen »Platt«, und dem fränkischen Stamm der Ripuarer zu Ehren benannten Mundartforscher den rheinischen Originalton in unserer Region als »ripuarisch«, wenngleich »mit einem moselfränkischen Einschlag«.

Ja, die Mundart ist wieder in. Im 19. Jahrhundert nicht zuletzt durch die preußische Herrschaft verdrängt, gilt sie wieder als schick. Wissenschaftler katalogisieren Laute und Wortbildungen, Mundartdichter verfassen ganze Bücher auf Platt, und Prominente erlauben sich einen leichten Dialekt. Man zitiert wieder Goethe: der Dialekt als »das Element, in welchem die Seele ihren Atem schöpft«, als Ausdruck von Begegnung, Beschaulichkeit, Menschlichkeit. Aber wer spricht sie eigentlich noch, die Mundart?

Selbst im Rheinland, in der deutschen Mundartregion mit der größten Vielfalt, wo fast jeder Ort seine mundartlichen Besonderheiten pflegt, setzt sich mehr und mehr der »Regiolekt« durch. Und so manch einer spricht eher ein »jeknubbeltes« Hochdeutsch als ein »echtes Platt«. Doch in Unkel und Erpel, in »Breipaach« und »Broches«, da gibt es noch einige, die »de Muttersproch« nicht verlernt haben. Hür ens, wi se klaafe un schwaade ...

Die Mundart macht auch vor der Kirche nicht Halt. Mindestens einmal im Jahr gibt es, wie hier in Unkel, eine »Kölsche Mess«.

Rheinische Sprichwörter und Redensarten

In einem Wörterbuch in Rheinbreitbacher Mundart hat der Heimatforscher Dr. Elmar Heinen eine kleine Sammlung rheinischer Redewendungen zusammengetragen, die »belegen, wie der Rheinländer aus jahrhundertelanger, über viele Generationen hinweg gereifter Erfahrung sein Leben und seine lieben Mitmenschen betrachtet« (die hochdeutsche Übersetzung in Klammern gibt den Inhalt nur höchst unzureichend wieder):

- *Gelassenheit spricht aus dem Satz:* Wat ech net waiß, maach mech net haiß.
- *Gelassenheit ist aber nicht Antriebsschwäche. Lahme Entschlusslosigkeit muss hören:* Küss de höck net, küss de morje.
- *Wer zu umständlich an Kleinigkeiten arbeitet, erhält den Tadel:* Dä kann sech en enem Mostertsdöppche dut arbaide. *(Der kann sich an einem Senftöpfchen tot arbeiten.)*
- *Überhaupt soll man Kleinigkeiten nicht aufbauschen, also nicht* us enem Fuez ene Donneschlaach maache.
- *Von einem ganz Langsamen sagt man:* Däm kannste em Laufe de Botz flecke. *(Dem kann man beim Laufen die Hose flicken.)*
- *Problemlösungen sollte man nicht an Kleinigkeiten scheitern lassen:* Kütt me övve de Hond, kütt me och övve de Stäez. *(Kommt man über den Hund, dann kommt man auch über den Schwanz.)*
- *Zufriedenheit mit Wenigem spricht aus der Weisheit:* Besser ene Fluu em Döppe wie jaa kai Fleisch. *(Besser einen Floh im Topf als gar kein Fleisch.)*
- *Von einem sehr Mageren heißt es:* Dä kann de Jaiß zweschen de Höene bütze. *(Der kann eine Ziege zwischen den Hörnern küssen.)*
- *In allen Lebenslagen lässt sich trösten mit:* Onkruut vejait net. *(Unkraut vergeht nicht.)*

(aus: De Steinwäch eraff op de Bröck an, Wörterbuch und Histörchen in Rheinbreitbacher Mundart. Rheinbreitbacher Heimathefte, edition wolkenburg 2000.)

DIE VEREINE

»Wenn sieben Deutsche zusammenstehen, gründen sie einen Verein.« Was hier den Deutschen nachgesagt wird, gilt für die Rheinländer in einem noch stärker ausgeprägtem Maße. Allein im Dorf Rheinbreitbach z.B. gibt es rund 30 Vereine, von denen sich 17 zusammengetan haben, um – richtig! – einen neuen Verein zu gründen: den Förderverein der Ortsvereine, der das alljährliche Parkfest organisiert.

Hat die Organisation in Vereinen oft bürokratische Gründe, so wird durch die freiwillige, ehrenamtliche Tätigkeit oft Erstaunliches vollbracht.

Auch heute noch stellen in allen Orten der Verbandsgemeinde die Vereine die wichtigsten Träger des gesellschaftlichen und kulturellen Lebens dar. Sie bilden eine »zweite Heimat« – für die Einheimischen gleichermaßen wie für die Zugezogenen, die dort so schnell wie sonst nirgendwo Anschluss bekommen.

Jeder Verein hat seine eigene Geschichte. Mehrere entstanden wie überall in Deutschland während eines regelrechten Booms in der Mitte des 19. Jahrhunderts. Manche sind allerdings noch älter, wie z.B. der Junggesellen-Verein Bruchhausen, der im Jahr 1624 ge-

Wohl posierend – der Junggesellenverein von Unkel mit seinen traditionellen Uniformen und Fahnen auf einer historischen Aufnahme

En Kirmes ohne Könich – dat jit et nit

Et woe am Kirmesmoendaach 1969. Esch kann mech noch jenau dran erinnere. De Löck woren all e beßje opjekratz. Die Amerikaner woren jrad met däm »Eagle«, odde wie dä Vuel heß, op dem Mond jeland. (...)
Do wor dat Kirmesjlöck fass perfek.
Ävve nue fass on noch net janz perfek. Dä Vorsitzende wued allmählich nervös. At bahl zwei Uhr. Öm 7 Uhr, spätestens soll de Zuch jon. Dä neue Könich hät bis dann jo och noch e beßje zo erledige. Vieliesch moss seng Frau, de Könijin, sujar noch es schnell bei de Frisös.
Also, düssjohr, 1969, do eß de Wurm drenn. Die Bürje scheesse an däm Vuel vorbei, als wenn se dat alles nix anjing. Se hann kein Loss. Odde hann se kein Jeld? Odde hann se en de Uhre imme noch die Wöed von de Frau höck morge: »Onderstand dech on mach de Könich.« Su jing dat hin und her.
Op einmol dät sich eine melde, däm dat janze Jedöns zovill wued on reef: »Esch maache de Könich!« Dat moss wie en Erlösung gewees sen. On wer wor dat, dä däm Kirmesmondaach domols, 1969, widde op de Spröng holf? Dat wor de Thele Hermann. Ene Reporter hätt ihn domols jefroch, wiesu er dozo jekumme wöe, janz spontan zu sage, dat er de Könich mache dät. Do hätt de Thele Ohm iesch e beßch komisch jekuck, dann hätt er jejrinz on jesaat: »Jong, dat versteisst du nit. En Kirmes ohne Könich, dat jit et nit!«

Ewald Thelen

(aus: 100 Jahre St.-Joseph-Bürgerverein Scheuren)

gründet wurde und damit einer der ältesten Junggesellen-Vereine im Rheinland ist. Oder der Bürgerverein Unkel aus dem Jahre 1720. Oder der St.-Josephs-Bürgerverein in Rheinbreitbach, der sich aus der früheren Gewerkschaft der Bergleute entwickelt hat und immerhin bereits sein 225-jährige Bestehen feiern konnte.

Im »Dritten Reich« wurden fast alle Vereine gleichgeschaltet und unterlagen der national-sozialistischen Kontrolle. Dennoch vermochten es viele Vereine, ihre eigentlichen Ziele im Auge zu behalten.

Von der Vielzahl der Vereine sollen im Folgenden nur einige wenige erwähnt werden, die einen maßgeblichen Einfluss auf die Pflege des Brauchtums haben.

Dazu zählen in jedem Ort die Bürgervereine, die in historischer Zeit für den Schutz und die Sicherheit der Gemeinschaft zuständig waren und die Prozessionen begleiteten. Aus diesem Grund sind sie mit Waffen ausgestattet und schießen alljährlich den Schützenkönig aus, der für die Kirmesfeierlichkeiten gebraucht wird.

Die Junggesellen haben ihre eigene Vereinigung, die dem Bürgerverein in ihren Aufgaben ähnelt. Ihnen obliegt jedoch zusätzlich das Aufstellen des Dorfmaibaums und der Maibäume für die jungen Mädchen. Das Engagement im Junggesellenverein ist naturgemäß zeitlich beschränkt – wer heiratet, fliegt raus.

Der Geschichte und der Pflege des Ortsbilds haben sich darüber hinaus

Alt und Jung vereint sich zu interessanten Vorträgen und Exkursionen – hier die Heimat- und Geschichtsvereine Bruchhausen und Rheinbreitbach

Was wären wir ohne sie? Die Freiwillige Feuerwehr Unkel betätigt sich nicht nur im Retten, Bergen, Löschen und Schützen, sondern auch im Musizieren

die örtlichen Heimat- und Geschichtsvereine Rheinbreitbach und Bruchhausen, der Geschichtsverein Unkel sowie der Kur- und Verkehrsverein Unkel 1882 verschrieben. In Erpel gibt es für die Gestaltung des Weinfestes zusätzlich einen Brauchtumsverein.
Wichtige Arbeit leisten ebenfalls die Freiwillige Feuerwehr in jedem Ort (es gibt in der Verbandsgemeinde keine Berufsfeuerwehr!), die Karnevalsvereine, die Musik- und Gesangsvereine, die zahlreichen Sportvereine (von Kanuclubs über Judovereine bis hin zum beliebten Fußball) und viele, viele andere mehr, für die der Platz hier nicht reicht.

Als Kuriosum sei nur noch ein Verein genannt als Beispiel von zahlreichen, die nur wenige Jahre existierten: Am 13.1.1902 wurde der Kegel- und Rauchclub in Unkel gegründet. Jedes Mitglied erhielt leihweise eine Pfeife und Tabak vom Club gestellt. Die Pfeife blieb allerdings Eigentum des Clubs und durfte nicht aus dem Clublokal entfernt werden. Ziel des Clubs war es, »das Kegeln durch entsprechende Ausbildung seiner Mitglieder sowie in Veranstaltungen von geschlossenen gemütlichen Rauchabenden nach Kräften zu fördern, um dadurch die Einigkeit und den Frohsinn der Jugend zu bereichern.«

BRAUCHTUM

Wie überall im Rheinland, so gibt es auch in den Orten der Verbandsgemeinde viele Sitten und Gebräuche, die jeweils einen besonderen Ursprung und ihre eigene Geschichte haben.

DIE FÜNFTE JAHRESZEIT: KARNEVAL UND FASTNACHT

Vielleicht verdanken wir den Karneval den »alten Römern«; sie brachten nämlich schon vor zwei Jahrtausenden ihre orgiastischen »Saturnalien« – Feste zu Ehren ihres Saat-Gottes Saturn – an den Rhein. Dort vermengten sie sich mit germanisch-keltischen Bräuchen rund um die Fruchtbarkeitsgöttin Nerthus. Ursprünglich wollte man mit den bunten Masken, Kostümen und natürlich mit Lärm den Winter und seine bösen Geister vertreiben. Im alemannischen Raum steht immer noch dieser düster-abschreckende Charakter im Vordergrund, doch im Rheinland scheint es sich schon immer um eine eher vergnügliche Angelegenheit gehandelt zu haben.

Mit den Römern verbreitete sich auch die christliche Lehre, die alsbald eine zeitliche Beschränkung des lärmenden Festes vorsah, nämlich mit der Einführung des Aschermittwochs, dem Beginn der Fastenzeit. So erklären sich auch die Namen »Fastnacht«, »Fasching« (»Schank vor dem Fasten«) und schließlich auch »Karneval«, der sich vom lateinisch »carne vale = Fleisch, lebe wohl« ableiten soll. Man sagt, dass im Mittelalter die »drohende« Fastenzeit das ausschweifende Feiern noch begünstigt hat: Das Fasten ließ sich besser nach ausgiebiger Feierei ertragen;

Ob Clown oder Kleopatra – jeder Jeck ist anders ...

Verulkt das Militär auf rheinische Art: Funkenmariechen in Breitbach

Immer eine Augenweide – die Burggarde Rheinbreitbachs vor der historischen Burg (oben) und die Bruchhausener Garde (unten)

andererseits waren viele Lebensmittel nicht lange haltbar und wurden deshalb während eines großen Festes verzehrt.

Nach dem Mittelalter wurde der Karneval oft von Königen, Fürsten und Stadträten verboten; den Obrigkeiten war das närrische Treiben nämlich aus politischen Gründen suspekt. Kein Wunder – schon immer galten die »Tollen Tage« als Ventil gegen Unterdrückung. So wurde im 19. Jahrhundert z.B. auch das unbeliebte preußische Militär in den Karneval integriert, wobei Uniformen, Sitten und Verhaltensweisen verulkt wurden. Heute noch gehören bunt uniformierte Spielmannszüge, Prinzengarden und »Funkenmariechen« zum Bild des rheinischen Karnevals.

Sessionseröffnung

Da die fröhliche Narretei am Aschermittwoch ein abruptes, unwiderrufliches Ende findet, haben die klugen Jecken den Anfangspunkt ihres Festes bereits auf den 11.11. des Vorjahres verlegt. Dadurch bilden die »Tollen Tage« eine ganze, »fünfte« Jahreszeit. Die sogenannte »Session« beginnt also am 11.11. um 11:11 Uhr mit der Prinzenproklamation. Nach Neujahr laden die Karnevalsvereine der Gemeinden zu »Sitzungen« ein mit vergnüglichen Reden, Sketchen und Tanzeinlagen. Hier sind natürlich insbesondere die weiblichen Tanzmariechen gefragt, die zur Freude des Publikums die wohlgeformten Beine »schmeißen«. Zunehmend bringen jedoch auch Männerballettgruppen den Saal zum Toben. Für besondere Leistungen bekommt man einen bunt-glitzernden Karnevalsorden (s. links) an die Brust geheftet.

Weiberfastnacht

An Weiberfastnacht, dem Donnerstag vor Fastnacht, übernehmen die Frauen das Zepter. In Rheinbreitbach sorgen schon ab 5.00 Uhr die Weckmöhnen mit Pauken und Rasseln dafür, dass keiner den Tag verschläft. Überall werden Männer ihres Herrschaftssymbols beraubt, indem man ihnen den Schlips abschneidet; im nahe gelegenen Bonn-Beuel, wo die Weiberfastnacht von geplagten Wäscherinnen erfunden wurde, gibt es für Polizisten eigens an diesem Tag eine krawattenlose Uniform. Rathäuser und Schulen werden »gestürmt«. In Schulen und Kindergärten verhindern Kinderprinzenpaare einen geregelten Ablauf, alle Kinder erscheinen natürlich verkleidet. Behörden und Geschäfte machen in der Regel ab 11 Uhr den Laden dicht. Regiert von der

Weiberfastnacht in Erpel – einst und heute

Rathaussturm in Unkel: Nicht immer lässt sich der Bürgermeister (links) freiwillig in Ketten legen – kein Wunder, dass der Nachwuchs müde wird.

»Obermöhn« feiern die Frauen in eigenen »Weibersitzungen«; erst ab 20 Uhr dürfen sich auch Männer dort blicken lassen.

D'r Zoch kütt

Die weiteren Tage werden mit Festen, Partys und Sitzungen verbracht, und schließlich beginnen am Sonntag und am Rosenmontag die Karnevalszüge. Sie bilden den eigentlichen Höhepunkt des närrischen Treibens. Schon viele Monate vorher wählen die Karnevalsvereine ein Motto aus, nach dem die farbenfrohen Wagen und dazu passende Kostüme entworfen und gestaltet werden. Auch die Zuschauer am Straßenrand haben sich phantasievoll verkleidet. Ungeduldig harren sie der bunten Wagenkolonne, die sich durch die engen Straßen windet.
Endlich – »dr Zoch kütt«. Jede Fußtruppe und jeder Wagen, insbesondere der Prinzenwagen, wird mit fröhlichem »Alaaf« begrüßt. Dazu schunkeln Zugteilnehmer und Zuschauer gemeinsam im Takt von neuen und alten Karnevalsschlagern. Die Kinder öffnen die mitgebrachten Beutel und lassen die »Kamelle« hineinregnen.
Ein besonderes Highlight ist jedes Jahr der Siebengebirgszug, der besonders lang und aufwendig gestaltet ist. Im jährlichen Wechsel stellt immer eine andere Gemeinde aus dem Siebengebirge das »Siebengebirgsprinzenpaar«

D'r Zoch kütt – Alaaf, Kamelle, Strüßcher ...

(s. Foto S. 262 mit Marlene und Ralf Rother).
Selbstredend sind an den närrischen Tagen (Weiberfastnacht und Rosenmontag Nachmittag) fast alle Geschäfte geschlossen. Erst am Aschermittwoch ist dann wieder alles vorbei ...

Nicht nur ein buntes Kostüm, sondern eine Rolle: Nixe und Scheich

Kleines Wörterbuch des Fastelowends

Alaaf: *traditioneller Gruß im rheinischen Karneval – die Schlachtrufe anderer karnevalistischer Hochburgen, wie z.B. »Helau« sollten tunlichst vermieden werden ...*

Bützche: *neckischer Kuss, oft auch nur mit den Händen verteilt.*

Funken: *Darstellung preußischer Soldaten mit Dreispitz, weiß gelockten Haarrollen und Zopf – der zackige Gruß wird spöttelnd mit der rechten Hand an der linken Stirnseite ausgeführt. Dabei darf natürlich auch das weibliche »Funkenmarieche« nicht fehlen.*

Jecke: *»Janz jeck« sind die rheinischen Narren; sie handeln nach dem Motto: »Jeck loss Jeck elans« – Narr gib jedem Narren den Weg frei. (auf dem Foto: Siebengebirgsprinzenpaar Marlene und Ralf Rother)*

Kamelle: *Nicht nur bunte Bonbons gehören zum Standardwurfmaterial, sondern auch Popkorn, Schokolade, Pralinen; Öko-Jecke werfen Möhren und Porreestangen; beliebt sind auch Strüßcher: Blumensträußchen*

Muze/Muzemändelcher *(auch »Nonnefützcher« genannt): köstlich kleines Fettgebäck, verträgt sich gut mit einem »Tässchen Schnaps«*

DIE FASTEN- UND OSTERZEIT

Mit dem Aschermittwoch beginnt die Fastenzeit, die 40 Tage andauert und der innerlichen Vorbereitung auf Ostern dienen soll. Früher wurde dabei bewusst auf leibliche Genüsse, zumindest aber auf einige Nahrungsmittel, insbesondere Fleisch, Eier und Süßigkeiten, verzichtet – ein Brauch, der heutzutage, auch in Form des Heilfastens, wieder zunehmend praktiziert wird.
Traditionell laden einige Vereine in der Verbandsgemeinde am Aschermittwoch zum gemeinsamen Fischessen ein. Beliebt ist an diesem Tag auch der Heringsstipp: eingelegte Heringe mit Zwiebelringen und Gurkenstückchen in einer säuerlichen Rahmsoße.
Eine Woche vor Ostern wird in allen Orten der Verbandsgemeinde Palmsonntag gefeiert. Eine kleine Prozession erinnert an den feierlichen Einzug Jesu in Jerusalem. Statt der mediterranen Palmzweige dienen auch im sonnenverwöhnten Rheinland geweihte Buchszweige als Symbol ewigen Lebens. In einigen Gemeinden, so z.B. in Rheinbreitbach, binden die Kommunionkinder Buchszweigsträußchen mit Schleifen auf einen Stock.
Viele Kirchgänger nehmen sich einen »Palm« mit nach Hause, um ihn hinter ein Kruzifix zu stecken. Die Kirche sammelt die übrigen Zweige ein und verbrennt sie im nächsten Jahr zu Asche, mit der an Aschermittwoch den

Klappern gehört zum Handwerk – Klapperlauf in Bruchhausen

Gläubigen ein Kreuz auf die Stirn gezeichnet wird.
Mit dem Palmsonntag beginnt die Karwoche – die »stille Woche«. Am Gründonnerstag vor Ostern versammeln sich die Gläubigen zur Feier des letzten Abendmahls. Danach schweigen die Glocken – »sie fliegen nach Rom«, sagt der Volksmund. Im Bruchhausen und auch im benachbarten Linz kann man heute noch den uralten Brauch des »Klapperlaufs« erleben. Die Messdiener versammelten sich früher an den Kartagen in allen Gemeinden am Rhein mit hölzernen Klappern und Rasseln, um das Angelusläuten um 6, 12 und 18 Uhr zu ersetzen. Heutzutage laufen allerdings auch Mädchen und jung gebliebene Erwachsene mit.
An Karfreitag wandern viele Gläubige in einer Familienwallfahrt betend und

singend durch die gesamte Verbandsgemeinde.
Ostern beginnt traditionell mit dem Osterfeuer in der Nacht zum Sonntag. Das höchste Fest der Christen feiert die Auferstehung Jesu und damit den Sieg des Lebens über den Tod. Das »Osterlamm«, ein Kuchen in Form eines liegenden Lamms, stellt den religiösen Zusammenhang anschaulich dar; die übrigen österlichen Symbole deuten eher allgemein auf das neu erwachende Leben im Frühjahr hin, so natürlich die gefärbten Eier, die versteckt, gesucht und gefunden werden. Da der Frühling im Rheinland viel früher Einzug hält als in den anderen Teilen Deutschlands, wird Ostern in der Verbandsgemeinde oft schon im voll erblühten Garten gefeiert.

DER MAIBAUM

Am 30. April ziehen die Junggesellenvereine in den Wald, um einen Maibaum zu schlagen: eine möglichst große, gut gewachsene Birke. Die unteren Äste werden entfernt, dann richtet man den riesigen Baum in der Dorfmitte auf, wo er einen Monat stehen bleibt. Am Abend versammeln sich die Leute, um unter dem Baum mit traditionellen Frühlingsliedern den Mai

Fast geschafft – die Birke muss sorgfältig aufgestellt werden, schließlich soll der Maibaum einen Monat lang stehen (Domplatz Scheuren)

Der prachtvolle Maibaum in Erpel – geschmückt mit bunten Bändern

»anzusingen«. In einigen Gemeinden tanzt man auf Maibällen in den Mai hinein.

Nachts geht auch draußen das fröhliche Treiben weiter, denn dann machen sich die männlichen Jugendlichen des Dorfes auf, um ihrer Auserwählten einen »Maien« zu schlagen und ihn, z.T. mit Bändern dekoriert, ans Haus zu stellen. Die Forstverwaltung hält eigens für diesen Zweck Birken mit Schlagerlaubnis bereit. Trotz dieser Institutionalisierung haftet diesem Brauch zuweilen ein leicht chaotischer Charakter an: Oft messen die Jungverliebten ihre Zuneigung an der Größe des Baums, doch nicht jedermann meistert die logistische Herausforderung, einen über 10 m hohen Baum ohne Folgeschäden zu schlagen, zu transportieren, aufzurichten und zu befestigen ...

In Bruchhausen ziehen die Junggesellen von Haus zu Haus, um mit einem »Köttlied« Eier zu sammeln.

PROZESSIONEN

Im Mai beginnt auch die Zeit der Wallfahrten und Prozessionen. Das ganze Rheinland ist von Wallfahrtswegen durchzogen; über 300 Orte galten früher als Pilgerziele, darunter auch Bruchhausen (Marienwallfahrtsort) und Rheinbreitbach (Hl. Leonardus). Ihre Blütezeit hatten die Wallfahrten im 17. Jahrhundert, als hier der Dreißigjährige Krieg, Hungersnöte und Seuchen wüteten. Noch bis ins 20. Jahrhundert hinein gehörten regelmäßige Wallfahrten auch für die Bewohner der heutigen Verbandsgemeinde zum Jahresablauf. Heute hat nur noch die Fußpilgerschaft nach Trier, ausgerichtet von der Matthiasbruderschaft, eine gewisse überregionale Bedeutung. Nach wie vor wird aber die Fronleichnamsprozession in allen Orten mit großer Festlichkeit begangen. Dabei folgt die Gemeinde im Gebet dem ausgesetzten »Allerheiligsten«: Der Leib Christi in Form einer Hostie wird in einer prächtigen goldenen Monstranz unter einem Baldachin rund um den

Fronleichnamsprozession in Unkel – ein Gottesdienst im Grünen

Ort getragen. Die Prozessionsstrecke ist feierlich mit Fahnen, grünem Laub und Blumenteppichen geschmückt. Die Heilige Messe selbst wird bei gutem Wetter ebenfalls unter freiem Himmel gefeiert.

Auch Christi Himmelfahrt (zehn Tage vor Pfingsten) ist ein Feiertag, an dem sich die Gläubigen traditionell an einer Prozession beteiligten. In vielen Haushalten wurde an diesem Tag nur Fleisch von fliegenden Tieren verzehrt oder Brot in Vogelform. Die Bittprozessionen fanden an drei Tagen morgens vor Himmelfahrt statt, um den Segen Gottes für die Felder, Obst- und Weingärten zu erbitten: ein Zeichen dafür, dass Volksfrömmigkeit und der bäuerliche Jahreslauf immer eng miteinander verwoben waren. In Rheinbreitbach findet bis auf den heutigen Tag eine Himmelfahrtsprozession statt, die durch den Wald zum Koppel, dem hiesigen Hausberg, führt. Sie geht auf ein Gelübde zurück, das 1945 von der Pfarrgemeinde zum Dank dafür gestiftet wurde, dass das Dorf während der Kampfhandlungen weitgehend von Zerstörungen verschont blieb.

KIRMES – KIRCHWEIH

Die Kirmes ist in den Dörfern und Städten am Rhein immer ein großes Ereignis. Ihrem Ursprung nach erinnert die Kirmes an den Tag, an dem das Gotteshaus eingesegnet wurde und wird deshalb meistens am Gedenktag des Patrons abgehalten. So erklärt sich auch der Name: Kirmes leitet sich vom

Prachtvolle Monstranz aus Rheinbreitbach

Fronleichnam

Fronleichnam, su ne Daach es besonders schön,
wenn de Sonn vom Himmel laach, on kein Wölkchen es ze seen.
Wie sen de Stroosse blank jekeert, jeschwenk sen all de Södche
Jrön Birke längs de Huswän stoon, en Dose on en Pöölsche.

De Husaltärche sen jebaut, an Türpel, Pooez on Dür,
et Hellijebild oder de Fijur kütt widde mol ze lir
on siit, ömraamt von Kerzestompe on bontem Blomestruß,
met vill Jestreusels op dem Pflaster, doch widde so erbauend us.

Die lang Prozession kütt dann bäddend eran
on de Jlocke, se löggen su feng.
En de Stuff setz de Opa mem Hexeschuß
on spenks neujirisch durch de Jadeng.

Spielt der Trööteverein »Lobet den Herrn«,
kütt de Schlußsäje met de Monstranz,
jeet dann alles met Andach en de Knee,
dann es stell der verdräänteste Panz.

On dono jeet et heim, doch dat Senge jov Duesch,
on die Wirtschaf, die lockt wie noch nie.
Su öm zwei rüümp de Mamma de Desch endlich aff;
welke Schloot iß jo doch keiner mi.

Christa Scharfenstein

(aus: Rheinbreitbacher Heimathefte 2000)

niederdeutschen Wort »Kirchmesse« ab, andernorts ist der Begriff »Kirchweih« verbreitet. Dabei mag der lärmende Vergnügungsrummel mit Karussells und allerlei Ständen so gar nicht zum frommen Anlass passen – aber offensichtlich ist gerade das schon seit Jahrhunderten der Fall.

Traditionell beginnt die Kirmes in den Orten der Verbandsgemeinde mit dem Ausgraben und Aufhängen oder Aufstellen des Kirmesmanns, einer bekleideten Strohpuppe, die zum Patron des Festes geweiht wird.

Dieser merkwürdige Brauch geht auf das Evangelium zurück, das ursprüng-

Von der Kunst des Beierns

An großen kirchlichen Festtagen wurde früher in allen Gemeinden »gebeiert«, d.h. man schlug die Glocken mit der Hand an, so dass kurze, eigentümliche Melodien erklangen. Nach dem Zweiten Weltkrieg, als viele uralte Glocken zum Guss von Geschützen eingeschmolzen waren und nun durch ein elektrisch gesteuertes Geläut ersetzt wurden, geriet dieser jahrhundertealte rheinische Brauch in Vergessenheit.

Rheinbreitbach ist einer der wenigen Orte, wo der seltsame Klang des Beierns zum Gemeindeleben gehört. Der heimatkundige Alfred Heß hat es verstanden, auch die jüngere Generation für dieses Handwerk zu begeistern und sie anzuleiten.

Dabei ist das »Beiern« eine hohe Kunst: Falsch ausgeführtes Beiern kann dauerhaft den Klang einer Glocke schädigen oder sie sogar bersten lassen. So gehört neben dem Taktempfinden schon ein ausgeprägtes Fingerspitzengefühl dazu, mit einem Hammer den inneren Rand der unbewegten Glocke so anzuschlagen, dass genau die richtige Lautstärke erzeugt wird und die eigentümlichen Melodien erklingen.

lich bei jeder Kirchweih-Messe vorgetragen wurde: die Einkehr Jesu beim Oberzöllner Zachäus. Zachäus soll ja der biblischen Überlieferung nach recht kleinwüchsig gewesen und auf einen Baum geklettert sein, um Jesus wenigstens von Ferne sehen zu können. Dieser hat sich daraufhin bei dem angeblich fiesen Kerl zur Überraschung aller Umstehenden zum Festmahl eingeladen, woraufhin Zachäus prompt geläutert wurde. Dem Kirmesmann ergeht es allerdings anders: Zum Ende des Festes wird über ihn Gericht gehalten und die Todesstrafe durch Aufknüpfen und Verbrennen verhängt. Am Kirmesdienstag vergräbt man seine Überreste erneut in dem ihm angestammten Grab. In Unkel dagegen versenkt man ihn im Rhein.

Natürlich gibt es am Kirmessonntag eine besonders feierliche Messe mit einer kleinen Prozession durch das Dorf oder rund um die Kirche. Noch mehr Zulauf hat mittlerweile allerdings der Königsumzug am Samstag Abend, wenn sich das halbe Dorf versammelt, um den frisch erkorenen Schützenkönig und seine Königin in ihrem Hause abzuholen. Dabei findet traditionell das Fähndelschwenken statt, das seinen Ursprung im 15. Jahrhundert hat. Vor allem die Rheinbreitbacher und Unkeler Junggesellen haben sich als Bundesmeister in dieser schwierigen Disziplin, bei der man die Fahne minutenlang durch die Luft wirbelt und auffängt, einen Namen gemacht.

Das »staatse« Königspaar (hier Monika und Karsten Fehr) umgeben vom Bürgerverein vor der Oberen Burg in Rheinbreitbach
Unten: Das unrühmliche Ende des Kirmesmanns – nach der Hinrichtung wird er aufgebahrt und begraben

Und ist der Ort auch noch so klein, er hat einen eigenen Junggesellenverein. Oben: Der Orsberger Junggesellenverein geht auf das Jahr 1716 zurück. Unten: Spannend – wer schießt den Vogel ab?

Zackig – die Junggesellenvereine holen ihr eigenes Königspaar ab.
Unten: Das Fähndelschwenken, wie hier in Scheuren, hat seinen Ursprung im 15. Jahrhundert und ist eine Disziplin, die viel Geschick verlangt.

Schwingende Glocke aus Rheinbreitbach

MARIÄ HIMMELFAHRT

Einst war Mariä Himmelfahrt – oder wie es heute heißt: »Fest der Aufnahme Mariens in den Himmel« – am 15. August ein Feiertag, der überall im Rheinland begangen wurde.
Dazu gehörte auch die Segnung des »Krutwöschs«, eines Kräuterbundes mit allerlei Heil- und Nutzpflanzen. »Mutterjoddes Bettstrüh« (Tüpfel-Hartheu) war fast immer Teil des Straußes, dazu Wermut, Beifuß, Rainfarn, Kamille, Schafgarbe, Baldrian, Dost, Pfefferminze und stets die Königskerze.

Wurzelnd in einem kosmisch-magischen Brauch der Germanen, wurde dieser Kräutersegen im 7. Jahrhundert von der lateinischen Kirche übernommen und Maria gewidmet. Dieser Brauch ist in den letzten Jahrzehnten in Vergessenheit geraten.
Doch nach wie vor hält Bruchhausen als Marienwallfahrtsort an einer feierlichen Lichterprozession zu Ehren der Muttergottes fest. Dabei wird das Gnadenbild – eine vielverehrte Madonnenfigur aus dem 14. Jahrhundert – von vier Mädchen durch den mit Kerzen geschmückten Ort getragen.

Ziel vieler Pilger – das Gnadenbild der Muttergottes in Bruchhausen

PFARRPATRONE

Bruchhausen: Johannes der Täufer

Die Kirche verehrt ihn als Cousin Jesu und Wegbereiter Christi, der Jesus im Jordanwasser getauft hat. Sein Namenstag wird am 24. Juni gefeiert. (Buchtipp: Adalbert Fuchs: Johannes der Täufer. Geschichte, Verehrung und Brauchtum. edition wolkenburg, Rheinbreitbach 2004)

Erpel: Severin

Der »Schutzheilige« der Erpeler Kirchengemeinde ist der heilige Severin, Kölner Bischof und Stadtpatron während des 4. Jahrhunderts. Sein Festtag ist der 23. Oktober.

Rheinbreitbach: Maria Magdalena

Sie ist die Schutzheilige der Sünderinnen, die Buße tun wollen, der Weinhändler, Verführten und vieler anderer. Im Neuen Testament ist sie erwähnt als die Büßerin, die Jesus, der sich im Hause Simons des Aussätzigen befand um dort zu essen, die Füße wusch und mit ihren Haaren trocknete. Er vergab ihr daraufhin alle ihre fleischlichen Sünden. Sie folgte ihm von da an als Gläubige. In der Bibel wird weiterhin berichtet, dass sie die Erste war, der Jesus bei seiner Auferstehung von den Toten vor dem Grabe erschien, an dem sie Wache hielt. Ihr Feiertag ist der 22. Juli. (Foto: Pfarrkirche Rheinbreitbach)

Rheinbreitbach: Leonardus

Die Leonarduskapelle hingegen ist dem Patron des Fruchtanbaus, der Viehzucht und des Bergbaus gewidmet. Sehr passend ist dies gerade für Rheinbreitbach, das in früheren Zeiten vom Bergbau und vom Wein lebte. Leonardus wurde wegen seines tugendhaften Lebens als Priester heilig gesprochen. Er verfügte über besonde-

res Wissen über Tiere und Natur, das ihn über viele Grenzen hinaus bekannt machte. Er wird auch als Patron der Gefangenen verehrt, da er sich aufopfernd um Inhaftierte bemühte und ihnen auch noch in der Freiheit half, ein geordnetes Leben zu führen. Er lebte und starb im 6. Jahrhundert. Sein Namenstag ist der 6. November.

Unkel: Pantaleon

Die Unkeler Kirche ist dem heiligen Pantaleon gewidmet, einem der 14 Nothelfer, der als Patron der Ärzte und Hebammen gilt. Ursprünglich war der Heilige ein kaiserlicher Arzt, der sich durch seine Großzügigkeit gegenüber Armen und Bedürftigen auszeichnete. Der Legende nach wurde er unter der Herrschaft Diokletians wegen seines christlichen Glaubens verfolgt und flüchtete als Märtyrer. Eine weitere Geschichte besagt, dass er auf seinen Reisen durch diese Gegend gekommen sei und deswegen zunächst die Anhöhe Unkels und später die Kirche nach ihm benannt wurde. (Foto: Pfarrkirche Unkel)

Unkel-Scheuren: Heiliger Joseph

Joseph, der Nährvater von Jesus, war bekanntermaßen Zimmermann, und so wird er auch traditionell mit Säge, Beil oder Bohrer dargestellt. In unserer Region wird er insbesondere als Schutzheiliger der Bergleute verehrt – schließlich vertrauten sie ihr Leben den hölzernen Stützen in den Stollen an.

Unkel-Heister: Sebastian

Der römischer Märtyrer aus dem 4. Jahrhundert gilt als Schutzherr gegen Krieg, Hunger und Pest. In unserer Region ist er allerdings eher als Patron der Schützen bekannt.

WEINFESTE

Schon vor vielen Jahrhunderten war es Sitte, nach den Mühen der Weinlese als Dank für die vielen fleißigen Helfer ein rauschendes Winzer- oder Weinfest zu feiern – ein Erntedankfest der besonderen Art. Dieser schöne Brauch wird in unserer Region auch heute noch oder schon wieder gepflegt. Allerdings hat sich mittlerweile in Unkel und Erpel der September als Zeitpunkt durchgesetzt – und damit eher der Beginn der Lese als das Ende. Traditionell wird im Ortskern ein Weindorf errichtet, wo der Rebensaft des Vorjahres in Strömen fließt. Charmante Gastgeberin ist die alljährlich neu gewählte Weinkönigin, begleitet von Weinprinzessinnen.

Ihnen zur Seite steht der efeuumkränzte Weingott »Bacchus« mit seinen Bacchantinnen.

Höhepunkt des Festes ist ein feierlicher Umzug am Sonntagnachmittag durch den Ort. Freitags- und Samstagabends gibt's natürlich Livemusik und Tanz.

In Unkel steigt beim »Wein- und Heimatfest« alljährlich sogar der Vater Rhein aus den Fluten, was mit einem prachtvollen Feuerwerk gefeiert wird. Erpel dagegen schwelgt beim sonntäglichen »Blütenkorso« in einem farbenfrohen Blumenmeer.

Relikt aus der römischen Zeit – der efeuumkränzte Weingott Bacchus

Prachtvolle Festwagen mit Lokalkolorit – hier die Glocke Osanna

Oben: Bruchhausener Landwirte – das so genannte Kleeblatt – beim Erpeler Weinfest in den 1950ern
Unten: Der Erpeler Bürgermeister Edgar Neustein hoch zu Ross

Ein Augenschmaus: Oben die Weinkönigin »Burgundia« Sanna I. aus Unkel mit ihren Weinprinzessinnen, unten die Erpeler Weinkönigin mit ihrem Gefolge beim Blütenkorso.

Ob in Unkel oder Erpel – Farbenfroher Blumenschmuck und fantasievoll kostümierte Fußgruppen

Trinkspruch

Sonnesching
un en warme Rään,
Himmelstau
un en Mötz voll Wind,
Schieferjestein
un jätt Lôess un Leim,
Winzerfleiß
un veezehnmôl Schweiß,
Jedold im Keller
un Jôttvertraue
dôzo allerwäje
des Himmels Säje,
jitt nit nur am Rhing
janz jewéss en jode Wing.

Met Aandaach
un em Dankeschön
lurt en aan,
ôb rut odder jôlde –
sing holdije Blom
durch de Nas üch lôsst folje –
üwwer de Léppe
schlürft saach erén –
de Aure maacht zo.
Rollt dann dat Drôeppche
üwer de Zung
eraff durch de Schlund:
erfreut séch die Seel
un dat Häzz bliiv jesund.

Pross!

Adalbert N. Schmitz
(aus: »Underem Ränbôre«)

ERNTEDANKFEST

Das »richtige« Erntedankfest wird in der katholischen Kirche zumeist am ersten Sonntag im Oktober gefeiert. Erntegaben – Getreide, Obst und Gemüse – schmücken den Altar. Sie erinnern daran, dass auch heute noch das tägliche Brot durch harte Arbeit auf dem Feld entsteht und wir eingebunden sind in den Kreislauf der Natur.

HALLOWEEN

Am Vorabend zum 1. November, Allerheiligen, klingeln seit den letzten Jahren oft gruselig verkleidete Kinder an den Türen, um mit dem unmissverständlichen Spruch »Süßes oder Saures« Süßigkeiten zu »erpressen«. Die toleranten Rheinländer nehmen auch diese Alberei mit Gelassenheit hin – wenn auch manche schmunzelnd darauf verweisen, dass doch bitte schön erst an St. Martin »gedotzt« wird. Der Vorwurf, dass dieser »neumodische« Brauch samt Kürbisfratzen ganz frisch aus den Vereinigten Staaten zu uns hinübergeschwappt ist, hat sich allerdings als haltlos erwiesen. Der uralte keltische Brauch hat bereits früher den Rheinländer »inspiriert«. Zumindest können sich manche daran erinnern,

Brot und Wein, Äpfel und Kohl – alles, was Wingert, Garten und Feld so hergeben – schön geschmückter Altar zum Erntedankfest in Bruchhausen

Neuer oder alter Brauch?
Halloween im Rheinland

dass auch sie schon vor fünfzig Jahren am 31. Oktober die Nachbarn mit schaurigen Steckrübenlaternen erschreckt haben …

SANKT MARTIN

Um den Feiertag des heiligen Martin herum findet in den Gemeinden ein Umzug statt, bei dem Schul- und Kindergartenkinder mit ihren Eltern und Betreuern durch die Straßen ziehen und Lieder singen, die dem heiligen Martin gewidmet sind. Es ist das Fest der Nächstenliebe, für die St. Martin als leuchtendes Vorbild gilt. In den Händen halten die Kinder selbstgebastelte Laternen, die in der Dunkelheit leuchten. Auch die Straßen sind geschmückt und durch Kerzen erleuchtet. Die Kindergruppen werden durch den »Heiligen« auf einem Pferd angeführt, der nach dem Umzug auch »Weckmänner« verteilt, ein Symbol der »Brotteilung« und Hilfsbereitschaft. Dieser Brauch ist der Erzählung des heiligen Martin nachempfunden, der einem notleidenden Bettler half. Der Geschichte nach teilte Martin seinen Mantel mit diesem Mann, um ihn vor der Kälte zu schützen. Deswegen trägt

Wer sagt denn, dass Kürbisse immer grimmig gucken müssen?

Sankt Martin, der Kinderfreund, verteilt seine »Weckmänner«

Hausfrauenstolz – der »Uhles« an Sankt Martin

der Reiter auf seinem Pferd einen meist leuchtendroten Mantel um die Schultern.

Nach dem Laternenumzug ziehen die Kinder meist noch durch die Straßen und singen vor den Häusern Lieder, um so Süßigkeiten und andere Gaben zu erbitten. Im Volksmund nennt man diesen Brauch »dotzen«. Ursprünglich ging es bei diesem »Bettellauf« um Brennholz für das Martinsfeuer. Dies besorgen nun aber die Gemeindearbeiter und die Feuerwehr; überall auf den Höhen leuchten am Abend des Laternenzugs lodernde Martinsfeuer.

Während des Martinszuges haben die Hausfrauen Gelegenheit, einen Kartoffelauflauf mit Wurstbeilage zu backen, der je nach Gemeinde »Uhles«, »Döppekoche« oder »Kesselsknall« heißt. Mittlerweile wird diese Spezialität nicht nur an Martini zubereitet, sondern auch zu anderen Gelegenheiten in dieser Jahreszeit.

Sehr oft wird am Martinstag in den Haushalten Gänsebraten serviert. Laut Legende war es eine Gans, die den bescheidenen Martin verriet, als er sich in einem Stall versteckte, um der Wahl zum Bischof zu entgehen. Die Gans war zudem ein Symbol für Dämonen, die in der Ernte hausten, während sie in den Speichern lag. So konnte man das Federvieh nach Ablauf der Mastzeit Mitte November guten Gewissens schlachten und genüsslich verspeisen.

ADVENT und WEIHNACHTEN

Naturgemäß gibt es im milden Winter des Rheinlands eher selten eine »weiße Weihnacht« – nur in den Höhenlagen, z.B. in Bruchhausen bleibt der Schnee mitunter länger liegen. Doch fernab vom Trubel großer Städte herrscht während der Advents- und Weihnachtszeit in allen vier Orten eine wohltuend-beschauliche Atmosphäre. Schön geschmückte Straßen und Schaufenster, kleine heimelige Adventsbasare und überschaubare Weihnachtsmärkte erhöhen die Vorfreude aufs Fest. Ansonsten steht aber das religiöse Brauchtum im Vordergrund.

Den Anfang macht natürlich der Heilige Nikolaus, der in Kindergärten und Schulen auch persönlich auftaucht – in seiner Bischofstracht, versteht sich, nicht als verkleideter Weihnachtsmann! In Erpel kommt er gelegentlich sogar im Hubschrauber angeflogen, um dem traditionellen Nikolaus-Lauf oben auf der Erpeler Ley einen Besuch abzustatten.

Kirchenchöre und Heimatvereine laden an den Sonntagen zu besinnlichen Adventskonzerten und -veranstaltungen ein. Auch hier wird meistens noch – anders als in vielen Städten – sehr

In Unkel-Scheuren ist der Nikolaus kein verkleideter Weihnachtsmann, sondern erscheint in seiner Bischofstracht

De Zinter Klôes

Dat ésse, de heilije Bischôf Nikelôs,
där om Stohl vun Myra sôß,
jeholefe hätt, wo är nur kunt
zo jéder Ziit un jéder Stund:
bei vill Beschwär un jrußer Nuut,
hätt är jebraach: Kôôn, Mähl un Bruut.

Och, wänn ôwends op de Strôß
de Hans Muff es bei däm Zinter Klôs,
bruch dôch keiner Angks ze han.
Hä bringk dôch nur en Heezemann,
mét em wiiße Piifje draan –
un Äppel, Nöss un Marzipan.

Adalbert N. Schmitz
(aus: »Underem Ränbôre«)

bewusst zwischen Advent und Weihnachten unterschieden.
In Kirchen und Kapellen baut man nun die Krippen auf, mancherorts mit alten, auch kunsthistorisch wertvollen Schnitzarbeiten. Gern besuchen die Gläubigen auch die Nachbargemeinden, um dort zu schauen und zu staunen. In diesem Zusammenhang sei auch die wunderschöne Wurzelkrippe im benachbarten Bad Honnef-Rommersdorf erwähnt, die allerdings jeweils an Weihnachten »geöffnet« wird.
Am Vormittag des 24. Dezembers herrscht allerorten noch stille Geschäftigkeit; am Nachmittag jedoch wird es ganz ruhig. In Bruchhausen und vom Rheinbreitbacher Koppel ertönen Weihnachtslieder – musiziert von hiesigen Musikvereinen – und stimmen ein auf die Heilige Nacht.

Sternsinger – bei Nacht und Nebel unterwegs für den guten Zweck

Beschaulich: Der Scheurener Dom und der Dorfplatz in der Vorweihnachtszeit

Im Advent

De schönste Ziit im janze Jôh,
dômôls, wi en Ströpp éch wô,
wô de Advent, di heilije Ziit.

Wenn op däm jröne Adventskranz
dat eeschte Käzje strahlt mét Glanz,
wô Weihnachte nit wiit.

Mét Zucker un mét jodem Mähl,
mét Botter, Hunnich, Eijerjäl
fing de Mamm et Backe aan.

De lätzte Wööz däten dann bringe:
Anis, Fänchel un Rosinge,
Mandele, Nöss un Marzipan.

Wôrop mer han jewaat seit Wôche:
Stäncher woten usjestôche,
Pädscher un en schöne Hahn.

Et wod jehämmert un jeklôpp,
jenäht, jestrék un och jestop
mét Fliiß un och Jeschék.

Di Junge jingen in de Bösch
öm Moss ze söke, jrön un frésch,
als Wise für de Krépp.

Dann wod dat Kréppsche opjebaut,
mét Stall un Schôefjer, altvertraut,
un Schôefer, alt un junge.

Ôôs un Ésel in de Stall,
Ängelscher mét Posauneschall
han Gloria jesunge.

Wenn vum Himmel feelen Flocke,
vum Kérchturm reefen alle Glocke,
freuten séch all' Fromme.

De Krésbaum, der jeholt om Maat,
wô wunderschön parat jemaat:
Jétz kunnt es Chréskind kumme.

Adalbert N. Schmitz

(aus: »Underem Ränbôre«)

Jesu Geburt im Rheinland – einmal traditionell in der Rheinbreitbacher Pfarrkirche St. Maria Magdalena, einmal mit viel Lokalkolorit (unten): Krippenlandschaft vor dem Bügeleisenhaus in Unkel

WEITERE FESTE

Man soll die Feste feiern, wie sie fallen. Neben den uralten Festen des kirchlichen Jahreskreises werden von der feierlustigen Bevölkerung immer wieder neue Anlässe für ein fröhliches Beisammensein geschaffen.

Traditionell ist mittlerweile das **Scheurener Domfest** im Monat Mai – ein mittelalterliches »Spektakulum« mit allerlei alten Handwerkskünsten, Gauklern, Rittern und Minnesängern.

Jeweils am Sonntag des Domfestes ist der Besucher außerdem zu einem kleinen Abstecher in das Heimatmuseum Rheinbreitbach eingeladen, das dann seine Pforten zu einem **Museumsfest** öffnet – nicht gerade im Stil des Mittelalters, aber doch der »guten, alten Zeit« vor etwa hundert Jahren.

Ebenfalls im Mai, zumeist am ersten Wochenende findet das Fest **»Rhein in Flammen«** statt. An diesen Tagen gibt es an den Rheinpromenaden zwischen Linz und Bonn, d.h. auch in Erpel, Unkel und Rheinbreitbach zahlreiche Attraktionen. Der Abend wird mit einem Feuerwerk in der Mainacht gekrönt. Die Schifffahrtgesellschaften bieten Abendfahrten den Fluss hinauf und hinunter an. Dabei hat man einen wundervollen Blick auf die Promenaden mit ihrer bengalischen Beleuchtung und kann die Feuerwerke an

Das ganze Dorf lädt ein zum Scheurener Domfest

den Ufern vom Schiff aus betrachten.

Alljährlich im August veranstalten die Ortsvereine von Rheinbreitbach gemeinsam das **Parkfest** rund um die Obere Burg. Hier gibt es dann abwechslungsreiche Open-Air-Musik aus dem Pavillon, verschiedene Tanzdarbietungen und natürlich allerlei Speisen und Getränke. Sonntags kann man bei einem riesigen Trödelmarkt, der fast den gesamten Ortskern einnimmt, so manches Altertümchen abstauben.

Trödel- und Flohmärkte kann man auch in Erpel und in Unkel besuchen. Im Sommer verbreitet der monatliche Antik-Trödelmarkt an der Unkeler Rheinpromenade ein besonderes Flair. Musikalisch Interessierten sei die Veranstaltungsreihe des **Förderkreises Obere Burg** in Rheinbreitbach empfohlen und die **Carl-Loewe-Serenadenkonzerte** bzw. -Musiktage in Unkel.

Und was trinkt man bei all diesen Festlichkeiten? Wein natürlich – oder Bier. Übrigens hat auch das Bier seine eigene Geschichte. Sprichwörtlich ist ja schon die uralte Rivalität zwischen Düsseldorf und Kölsch, was sich ebenfalls im Bier niederschlägt. So ist es zum Beispiel verpönt, in Köln ein Düsseldorfer Alt zu bestellen. Es kann dann durchaus passieren, dass man von der Bedienung geflissentlich ignoriert wird. In den Orten der Verbandsgemeinde nimmt man dies zwar nicht ganz so ernst, doch ist auch hier das ausgeschenkte Bier meist ein Kölsch oder das ebenfalls obergärig gebraute »Steffi« aus Kasbach. Na denn, Prost!

Das Kölsch

Helles Bier mit einem hohen Hopfengehalt, das seit Anfang des 15. Jahrhunderts gebraut wird. Es ist betitelt nach der Stadt seiner Herkunft: Köln. Gär- und Lagerzeit zusammen betragen knapp zwei Monate. Nur obergärig gebraute Biere aus Köln dürfen auch Kölsch genannt werden, allen anderen Bieren ist dieser Name untersagt, auch wenn sie nach einem ähnlichen Rezept gebraut wurden.

Kunst und Kitsch an der Unkeler Rheinpromenade – im Sommer kann man hier jeden Monat über einen Antik-Trödelmarkt schlendern

Wandertouren

WANDER-TOUREN

Wenn es auch heißt, die Deutschen hätten die Wanderkultur erfunden – im Grunde genommen ist das Wandern so alt wie die Menschheit. Von den ersten Menschen, die als Nomaden durch die Steppe zogen, bis hin zum Handwerksburschen, der zumindest zeitweise »auf der Walz« war, hat sich an dieser ursprünglichsten aller Fortbewegungsarten nicht viel geändert. Viele Jahrhunderte lang standen dann religiöse Motive im Vordergrund eines längeren Fußmarsches: Den frommen Pilgern lag es an Selbstüberwindung allein zu Gottes Ehr. Erst die Romantiker richteten ihr Augenmerk auf die Landschaft und deren Schönheit, die sie in Gedichten, Liedern und Gemälden priesen. Heute spielt auch die gesunde und erfrischende Entspannung vom Alltagsstress eine Rolle.

Im Folgenden seien einige **Touren** zum Erwandern unserer Region vorgeschlagen – vom kleinen Spaziergang über mehrstündige Wanderungen bis hin zum Tagesausflug. **Touren-Hinweise** sind bereits anderweitig genauer beschrieben worden. **Themenwanderungen** stellen Landschaft und Orte unter einem bestimmten Aspekt vor, **Radtouren, Bahnfahrten** und eine **Schifffahrt** runden das Programm ab.

Checkliste »Auf Schusters Rappen«

- ***Leichtes Schuhwerk*** *mit Profilsohle sind das A und O bei einer Wanderung.*
- ***Socken****: Von erfahrenen Wanderern weiß man, dass sich Frottee am besten eignet, während Wollsocken leider schnell zu unerwünschten Druckstellen führen können.*
- ***Pflaster****: Es empfiehlt sich, am besten gleich ein vollständiges* ***Erste-Hilfe-Set für Wanderer*** *bei sich zu haben mit Leukoplast und Schere, elastische Binde und Verbandsmull, Arnikasalbe gegen Verstauchungen sowie Sonnen- und evtl. Mücken- und Zeckenschutz.*
- ***Wetterfeste Bekleidung****: Hose und Pullover sollten bequem sitzen und nicht zu warm sein. Hemden und T-Shirts bestehen im Optimalfall aus Naturmaterial.*
- ***Regenschutz mit Kopfbedeckung:*** *Man sollte immer mit einer kleinen, auch unverhofften Regenhusche rechnen ...*

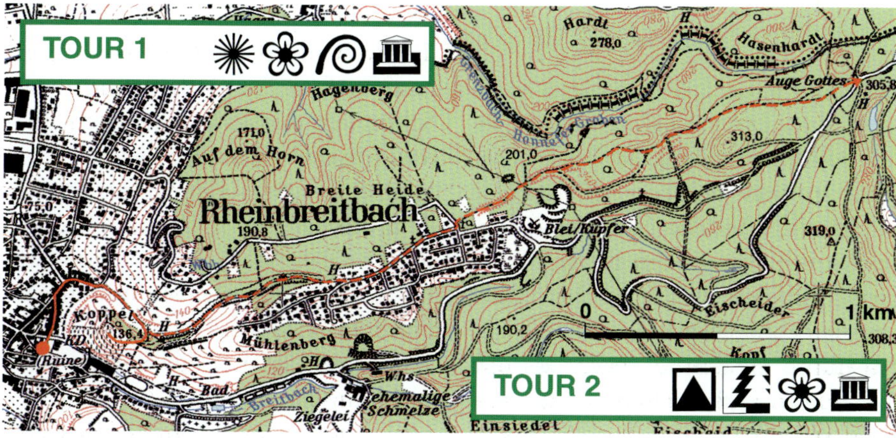

TOUR 1 – Spaziergang: Zum Rheinbreitbacher Hausberg, dem »Koppel«

Startpunkt: Parkplatz Ortsmitte oberhalb der Pfarrkirche Rheinbreitbach
Strecke: 2 km (hin und zurück)
Höhenunterschied: 60 m (bequem)

Gleich hinter der Kirche fällt der Blick über die Toranlage der ehemaligen Wasserburg und einem liebevoll restaurierten Fachwerkhaus empor zum Ziel des Spaziergangs, dem Koppel. Noch vor fünfzig Jahren erstreckten sich Rebstöcke bis hinauf zum Gipfel des Breitbacher Hausbergs. Heute ist er mit verwilderten Obstbäumen bewachsen – im Frühling eine Blütenpracht.

Der kleine Spaziergang führt durch die **Burgstraße** bis zur **Hauptstraße** und von dort rechts hinauf in die **Vonsbach-Straße** zum Platz für «Dick un Schmal“ – benannt zu Ehren eines karnevalistischen Duos aus Rheinbreitbach. Links am Hang wachsen Rebstöcke, Reste des ehemals weitverbreiteten Weinbaus. Wir halten uns jedoch rechts am Bachlauf und befinden uns hier direkt im Wald. Am Hang tritt unter dem Moos zuweilen das darunterliegende Gestein zu Tage: 400 Millionen Jahre alte Meeresablagerungen.

Am **Heiligenhäuschen** mit der Muttergottes führt die Tour rechts über den treppenartigen Weg und wieder rechts hinauf bis zum Kreuz, das den **Rheinbreitbacher Koppel** schmückt. Es wurde zum Gedenken an die gefallenen und vermissten Junggesellen während beider Weltkriege errichtet.

Von hier aus bietet sich eine **prachtvolle Aussicht** über das Rheintal. Im Norden prägt die Hügelkette des Siebengebirges den Horizont – dieser Blick hat Rheinbreitbach den Beinamen »das Fenster zum Siebengebirge«

eingebracht. In der Ferne nimmt das Auge die markanten Gebäude Bonns wahr, bei guter Sicht lässt sich sogar der Kölner Dom erkennen. Zu Füßen liegt beschaulich das Dorf Rheinbreitbach. Im Süden verbergen die Hügel des Westerwalds den Blick auf Unkel hinter dem Bogen des Rheins. Eine kleine Turmspitze ragt über den Baumwipfeln empor – Hohenunkel. So manches Kind vermutete einst, dass von hier aus an Weihnachten das Christkind seinen Weg in die Stuben Rheinbreitbachs antritt.

Für Abenteuerlustige bieten sich für den Rückweg zwei steile Fußpfade an: Der eine führt vom Aussichtsplateau durch die verwilderten Obstgärten direkt hinab zum Dorf, der andere zweigt erst später vom Hauptweg rechts ab und endet unten am Sportplatz. Bequemer geht's freilich auf dem Hauptweg zurück. Vom Platz »Deck un Schmal« biegt auf dem Rückweg links

Am Marienhäuschen rechts durch den lichten Wald zum Koppel

zunächst hinauf ein Weg ab, der an den alten Weinbergsmauern entlang zur Dorfmitte führt **(Weinbergsweg)**. Hier sonnen sich bisweilen Eidechsen auf den warmen Steinen. Kurz vor dem Ausgangs- und Endpunkt des Spaziergangs bietet sich nochmals der Blick auf das schöne Fachwerkhaus am Bach, das einst für das Gesinde der Burg bestimmt war. Gegenüber vom Spielplatz klapperte damals das Mühlrad einer Ölmühle im Bach.

Hinweis für Kinderwagen und Rollstühle: Falls der Waldweg vom Platz »Dick un Schmal« witterungsbedingt zu feucht ist, kann man auch den parallel verlaufenden Feldweg an der Trockenmauer nutzen.

Der Spaziergang lässt sich auch ausdehnen zur mehrstündigen Wanderung:

TOUR 2 – Streckenwanderung: Vom Rheinbreitbacher Koppel zum Auge Gottes

Startpunkt: *Koppel in Rheinbreitbach*
Strecke: 3 km (hin)
Höhenunterschied: 170 m (steil)

Vom Koppel aus geht es erst wieder ein Stück zurück auf dem Wanderweg. Am Marienhäuschen wenden wir uns nach rechts und erreichen rund einen Kilometer später den Rheinbreitbacher Ortsteil Breite Heide.

Prachtvolle Aussicht vom Koppel: Rheinbreitbach mit seiner Pfarrkirche und der Oberen Burg (links), von blühenden Obstbäumen umgeben

Wir folgen immer weiter geradeaus der Breite-Heide-Straße, die schließlich an der Bushaltestelle (Ecke Rheinblickstraße) wieder in einen Waldweg mündet. Stetig ansteigend führt der Weg nach knapp zwei Kilometern zu einem Bildstock.

Dieses »Auge Gottes« am Rheinhöhenweg oberhalb von Rheinbreitbach und Bruchhausen gehört zu den bekanntesten Wanderzielen der Region – obwohl der Ort, landschaftlich betrachtet, nicht herausragt. Dafür aber liegt das »Auge Gottes« an einer viele Jahrhunderte alten Grenze, nämlich zwischen dem Herzogtum Berg im Norden und dem Herzogtum Nassau im Süden, markiert durch einen Grenzbach, der just hier seinen Ursprung hat und von den Rheinbreitbachern »Honnefer Graben«, von den Honnefern dagegen »Rheinbreitbacher Graben« genannt wird. Auch die jetzige Landesgrenze verläuft hier und damit auch die Grenze zwischen dem Naturpark Siebengebirge und dem Naturpark Rhein-Westerwald. Seit uralter Zeit kreuzen sich an dieser Stelle mitten im Wald gleich mehrere Hauptverbindungswege, und so spürt man noch heute die Bedeutung dieses einstigen Verkehrsknotenpunktes.

Die Sage vom »Auge Gottes«

In der Gemarkung des Dorfes Bruchhausen heißt eine Flur noch heute »die alte Burg«, von welcher jedoch außer einzelnen Mauerresten nichts mehr zu sehen ist. Eine Sage aus damaligen Zeiten wurde jedoch von Generation zu Generation bis heute weiter erzählt.
Einst gehörte die »Alte Burg« einem vom Volk geachteten und geschätzten Grafen, der mit seiner treuen und geliebten Frau zwei Kinder hatte: Der Eltern Sonnenschein war Waltraud, ihr liebreizendes Töchterlein; ihr Sohn Bruno jedoch galt als missraten, aus seinem unsteten Auge glomm Hass und Niedertracht gegen alles, was ordentlich war. Sorgenvoll blickte die Familie und die Burgbauernschaft auf den jähzornigen, verdorbenen Jungherrn. Was sollte aus ihnen werden, wenn er einst die Grafschaft erbte?
Es kam, wie es kommen musste. Der alte Graf der Burg starb, und Bruno übernahm die Ländereien des Vaters. Mit seiner Willkür vergraulte er Mutter und Schwester, welche die Burg schließlich verließen und im nah gelegenen Nonnenkloster »St. Katharinen« ihr neues Zuhause fanden. Auch die Bauern spürten schnell, dass ein neuer, kalter Wind aufgekommen war. Hart regierte Bruno seine Untergebenen, und auch Gottes Geschöpfe der freien Natur behandelte er grausam. Während der alte Graf sein Wild schonte und liebte, packte den jungen Burgherrn die Mordsucht. Ohne Rücksicht auf Schonzeit und Verluste jagte er mit seinen Kumpanen durch die Wälder und schoss auf alles, was unter Gottes Hand zu Leben geworden war.
Eines Tages erspähte er eine Hirschkuh mit ihrem Jungen. Jeder Jäger schont in dieser Zeit eine Wildmutter mit ihrem Kind. Der »wilde Jäger« jedoch nicht. Ohne Gnade begann er die Tiere zu hetzen, denn es berei-

tete ihm Spaß, schwächere Geschöpfe zu jagen. Weit über den »Birkig« gejagt, konnte das Kleine vor Erschöpfung nicht mehr fliehen. In die Enge getrieben, verängstigt und nervös, trippelte die Hirschkuh um ihr Junges, um es zu schützen und vor dem Tode zu retten, doch war Gnade vom Jungherrn nicht zu erwarten.
Nein, unbarmherzig legte er sein Gewehr an und zielte voller Genugtuung auf die arme Hirschkuh. Doch was sah er da auf einmal? Vor die Hirschkuh schob sich plötzlich ein großes Auge, welches den »wilden Jäger« zum Absetzen der Waffe zwang. Warnend und strafend blickte das »Auge Gottes« den Grafen an.
Dieser war plötzlich von großer Angst befallen und floh, so schnell er konnte, aus dem Wald. Erschöpft und bleich im Gesicht, erreichte er seine Burg. Er wollte allein sein. Erst Wochen spät wurde er gefunden – er hatte sich erhängt. Bald darauf breitete sich in der Burg ein Feuer aus. Die Bauern im Umland ließen sie herabbrennen bis auf ihre Grundmauern.
Als die frühere Burgherrin und ihre Tochter von den Ereignissen erfuhren, schickten sie aus dem Kloster der Nonnen »St. Katharinen« ein Schreiben, welches allen eigenen Burgbauern ihre Freiheit beurkundete und ihnen sogar das Land, auf dem sie lebten, überließ. Der Teil des Landes, der dem Kloster zufiel, trägt heute den Namen »Nonnenfeld«. Aus Dankbarkeit errichteten die Bauern im Wald, wo Gott in das wilde Leben des Jungherrn eingegriffen hatte, ein Kapellchen mit dem »Auge Gottes«.

Der Rheinbreitbacher Heimatkundler Alfred Heß hat allerdings eine ganz andere »Variante« der Entstehungsgeschichte erforscht:
Demnach war es Johann Wilhelm Menden, 1820 in Rheinbreitbach geboren, der das »Auge Gottes« errichten ließ. Als Eigentümer des Hotels »Zur Post« – gelegen Ecke Hauptstraße/Rheinstraße – war er nicht nur Gastwirt, sondern auch Postagent. Bei ihm übernachteten die Postfuhrleute, ihre Pferde wurden in den Stallungen neben dem Gasthof untergebracht. Es waren nicht wenige, denn in Rheinbreitbach mündete einer der damals wenigen Zufahrtswege vom Westerwald zum Rhein; oberhalb des Dorfs gab es eine belebte Kreuzung, umgeben von Mendens Grund und Boden. Der findige Geschäftsmann entdeckte die Marktlücke – just an dieser Stelle ließe sich doch ein lukratives Gasthaus bauen. Dann könnte er dort auch darauf achten, dass ihm nicht mehr so →→

Uralter Kreuzungspunkt an der Grenze zwischen Westerwald und Siebengebirge – das geheimnisvolle »Auge Gottes«

Zum sagenhaften Ruf dieses Ortes trägt insbesondere ein markanter Bildstock mit dem viel zitierten »Auge Gottes« bei, um den sich einige Legenden ranken.

Rund um das Auge Gottes gibt es einen detailreichen Vogelschutz- und Waldlehrpfad, den eine Rheinbreitbacher Privatinitiative ins Leben gerufen hat.

➔ häufig Holz und Gras gestohlen würde. Aber die Gemeindeforst-Naturbehörde lehnte seinen Antrag ab. Natürlich war Menden enttäuscht über diese Entscheidung – zumal kurze Zeit später der Nachbarort Honnef den Weg im Schmelztal als Zufahrtsstraße in den Westerwald ausbaute und daraufhin wirtschaftlichen Aufschwung nahm. Doch wenigstens sein Hab und Gut wollte Menden schützen. Und wie heute noch in den kleinen Läden Süditaliens Marienbildchen als Schutzmaßnahme gegen Diebstahl aufgestellt werden, ließ er das Gottesbild erbauen, getreu nach dem Motto: «Gottes Auge sieht alles!«

Rheinhöhenweg

Der Rheinhöhenweg mit seiner ca. 100 Jahre alten Geschichte führt durch drei Bundesländer: Nordrhein-Westfalen, Rheinland-Pfalz und das Saarland. Links und rechts vom Rhein verlaufend, verbindet er Regionen, Kulturen, Menschen und die Natur. Geschichtlich und kunsthistorisch sind beide Rheinhöhenwege mit einer ***Gesamtlänge von 500 km*** *hochinteressant. Kleine Dörfer und Städte zeugen noch heute von einer bis zu tausendjährigen Geschichte.*

*Die Wanderungen entlang des Rheinhöhenweges führen durch **Rheingau, Taunus, Westerwald und Siebengebirge** und ermöglichen durch den aktiven Landschafts- und Naturschutz der Regionen herrliche Erholungsmöglichkeiten und ein faszinierendes Naturerlebnis.*
*Die Rheinhöhenwege sind mit einem großen »**R**« auf weißen Grund markiert (stellenweise auch weißes R auf schwarzem Grund). Innerhalb der Ortschaften ist beim Suchen der Markierungen zuweilen etwas Detektivsinn gefragt. Häufig sind sie an Verkehrs- oder Straßenschildern am Stab in Augenhöhe angebracht. In kleineren Ortschaften entdeckt man sie jedoch oft auch an Hausecken.*
*Verknüpft werden die verschiedenen Stationen des Rheinhöhenwegs mit den sogenannten **Rheinhöhen-Verbindungswegen**, welche durch das Zeichen **(RV)** gekennzeichnet sind.*
*Auf der **linksrheinischen Seite** misst der Weg eine Strecke von ca. 230 Kilometern und erstreckt sich über Koblenz und Mainz bis nach Alsheim. Diese Strecke stellt bis Bingen einen Teil des Europäischen Fernwanderweges E8 dar, welcher ausgehend von der Nordsee und entlang an Rhein, Main und Donau bis in die Karpaten führt.*
*Der **rechtsrheinische Rheinhöhenweg (rR)** verbindet Wiesbaden und Bonn-Beuel. Seine Strecke beträgt ca. 270 Kilometer. In der **Verbandsgemeinde Unkel** verläuft er nur auf der Hochfläche, und zwar vom Erpeler-Ley-Plateau über Bruchhausen bis zum Auge Gottes.*

TOUR 3 – Themenwanderung: Die sieben Zwerge – Erzbergwerke in Rheinbreitbach und Bruchhausen

Startpunkt: Rheinbreitbach, Gebrüder-Grimm-Schule (gegenüber der Oberen Burg)
Strecke: 8 km
Höhenunterschied: 125 m

Rheinbreitbach bildet den Start- und Endpunkt dieser abwechslungsreichen Wanderung. Hier verbrachten Mitglieder der Familie Grimm in der Mitte des 19. Jahrhunderts so manchen unbeschwerten »Urlaubstag«.
Die Wanderung beginnt an der Gebrüder-Grimm-Schule, die ihren Namen zu Ehren der berühmten Sprach- und Märchenforscher Gebrüder Grimm trägt.
Für den naturnah angelegten Schulhof hat ein Künstler aus Basaltstein Spielgeräte in Gestalt von Märchenfiguren geschaffen, z.B. einen Esel, einen rie-

sigen Frosch und natürlich Zwerge. Auch außerhalb der Schulzeiten darf das phantasievoll gestaltete Gelände von Kindern »bespielt« werden.
An der Kreuzung biegen wir links in die Straße »Am Grendel« ein und kurz darauf oben rechts in die Westerwaldstraße, der wir nun folgen. Auch die Rheinbreitbacher Bergleute sind hier vor gut 200 Jahren auf ihrem täglichen Gang zur Arbeit entlang gekommen. An einer Wegabzweigung steht ein Holzkreuz, das 1980 nach alten Vorlagen neu errichtet wurde. An dieser Stelle verweilten die Bergleute jeden Morgen und verrichteten ein Gebet, bevor sich ihr gemeinsamer Weg trennte: Die einen bogen rechts zur Grube Marienberg ab, die anderen zogen weiter geradeaus zur Grube Virneberg, dem nächsten Ziel unserer Wanderung. Schon der Name »Virneberg« (Firn = alt) weist auf einen alten Ursprung hin, vermutlich geht das Bergwerk bereits auf die Römer zurück; zumindest fand man hier in einem augenscheinlich alten Stollen reichlich römische Münzen. Zum ersten Mal schriftlich erwähnt wurde die Grube 1604, als ein Bartholomäus Brück das kurfürstliche Bergwerk in Betrieb genommen hatte. Während des 30jährigen Kriegs verwüsteten die Schweden jedoch die Schmiede und die Wasserkunst – ein

Erinnert an Deutschlands berühmteste Sprach- und Märchenforscher – die Rheinbreitbacher Gebrüder-Grimm-Schule mit immerhin drei Zwergen

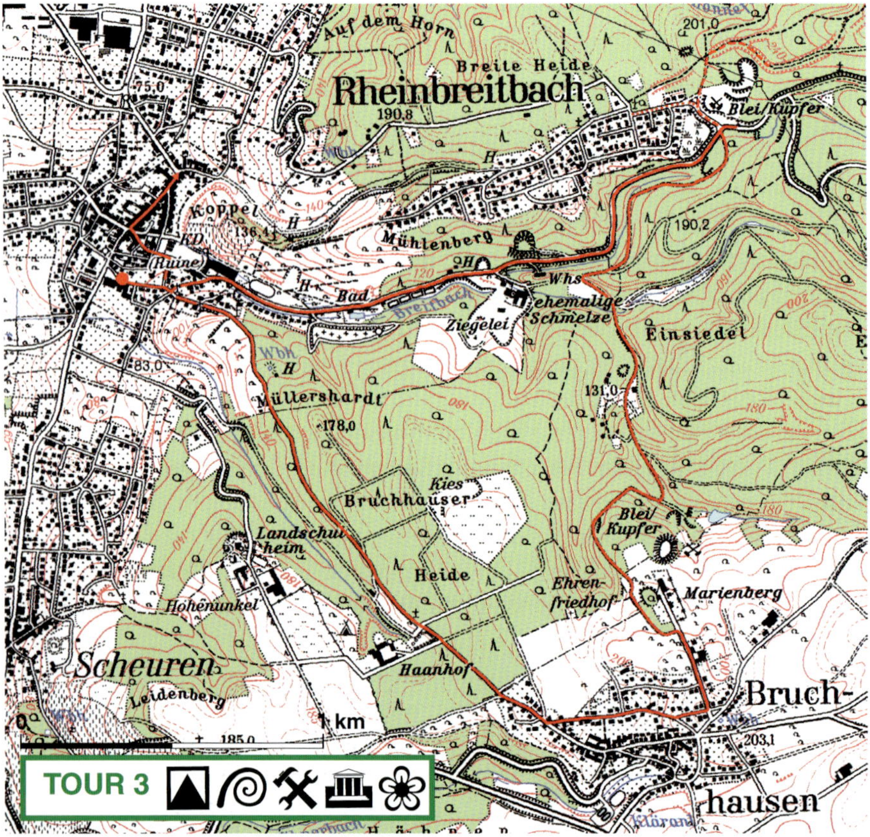

Schaden, von dem sich das Bergwerk nur schwer wieder erholen konnte.
1694 vergab Kurfürst Josef Clemens, Herzog von Bayern, die Bergbaurechte an den Kölner Brückenbaumeister Anton Clouth. Unter seiner Führung wurde der Virneberger Grundstollen angelegt, der auf einer Länge von über einem Kilometer das Bergwerk aufschloss und entwässerte. Das Stollenmundloch befindet sich noch heute in der Nähe der Westerwaldstraße, nicht weit von den Tennisplätzen entfernt, im Wald. Um 1732 wurde der Grubenname offiziell in »St. Josephsberg« umgeändert.
Seine Blütezeit erlebte der Rheinbreitbacher Bergbau jedoch während des 19. Jahrhunderts unter der Leitung der Brüder Rhodius. Im Rekordjahr 1861 wurden hier über 42.000 t gefördert. Auch eine Glocke des Bonner Münsters enthält zu großen Teilen Rheinbreitbacher Kupfer.
Aufbereitet wurde das Kupfererz hier unten im Breitbachtal. In der ehema-

Die Bergwerkskreuze

Die Bergleute pflegten ein reiches religiöses Brauchtum, setzten sie doch täglich bei der Arbeit in der Grube ihr Leben aufs Spiel. Von ihrer Frömmigkeit zeugen in Rheinbreitbach mehrere eindrucksvolle Wegekreuze.

Das Holzkreuz an der Westerwaldstraße

An der Weggabelung, an der sich die Wege zu den beiden Kupfergruben in Rheinbreitbach und Bruchhausen trennen, erinnert noch heute ein Holzkreuz an die frühere Betstelle. Ein erstes Kreuz gab es hier vermutlich schon um die Mitte des 18. Jahrhunderts. Die Inschrift lautete damals wie heute: »Lieber Wanderer, lass dir Zeit, sprich ein Gebet für die Ewigkeit.«

Das Virneberger Kreuz

Gegenüber vom Stolleneingang (an der Fahrstraße zur Breiten Heide) befindet sich das so genannte Virneberger Kreuz. Es wurde der Überlieferung nach von der St. Josephsberger Gewerkschaft, bestehend aus den Brüdern Rhodius, am 17. April 1840 dort errichtet, wo sie allmorgendlich vor der Einfahrt in die Grube gemeinsam beteten. Der Spruch auf dem Querbalken stellt vielleicht ihr tägliches Gebet dar:

»Christe Du hast Dein Leben
am Kreuz für uns gegeben.
Segne uns all und bewahre uns
vor Seelen und Leibes Gefahr.«

Der lateinische Spruch »Felix iter tibi in signo ...«, dessen Großbuchstaben man als römische Zahlen zur Jahreszahl der Errichtung aufaddieren kann, bedeutet sinngemäß: »Glücklicher Weg, dir Wanderer. In diesem Zeichen mögest du überwinden die harten Beschwerden der Arbeit.« 1986 wurde das Kreuz vom St. Joseph-Bürgerverein – der aus der ehemaligen Knappschaft entstanden ist und mit rund 230

Jahren den ältesten Verein Rheinbreitbachs darstellt – unter viel Mühen originalgetreu erneuert.

Das Clouthe-Kreuz

Im Jahre 1890 errichteten Mitglieder der Familie Clouth – der Rheinbreitbach das Wiederaufleben des Kupferbergwerks zu Beginn des 18. Jahrhunderts zu verdanken hat – zum Gedenken an ihre Vorfahren ein Kreuz mit der Mahnung: »Wanderer, wer Du auch sein magst, Bete für die Verstorbenen, Denke an Dein Letztes, damit Du nicht sündigst.«

Im Zweiten Weltkrieg wurde dieses Kreuz völlig zerstört. Auf Initiative des St. Joseph-Bürgervereins wurde in Anlehnung an das alte Denkmal und seiner Inschrift ein neues Kreuz errichtet: »Kreuz zum Andenken an die Vorfahren der Familie Clouth, die vor 200 Jahren den Virneberg neu in Betrieb setzten. Neuerrichtet vom St. Joseph-Bürgerverein.«

Das Blutkreuz

Das wohl ungewöhnlichste Kreuz befindet sich in der Nähe der Schmelze: Aus Latit bestehend, hat es die Größe eines Grabkreuzes und trägt in der Mitte einen blutroten Glastropfen. Von der ursprünglichen Inschrift ist nur noch ein Teil lesbar: »gefunden worden R.I.S.P.« Dem Volksmund nach wurde das Kreuz von dem Fahrsteiger Hieronymus Bermel und seiner Frau errichtet, die ihre kleine Tochter hier ermordet auffanden. Die untröstlichen Eltern ließen zum Gedenken an das Mädchen ein Fläschchen mit dem Blut ihres Kindes füllen und stellten es in die Nische des Kreuzes. Im Laufe der Zeit zerfiel das Kreuz; der übrig gebliebene untere Teil ging 1994 verloren, wurde aber vor kurzem wiedergefunden. Bürgerverein, Heimatverein und die Jagdgenossenschaft Rheinbreitbach ließen es restaurieren und ergänzen.

ligen **Schmelze** im Bereich der heutigen »alten Ziegelei« wurden die Erzbrocken in einem Pochwerk zerkleinert und das Kupfer darin aufgeschmolzen. Rund ein Kilometer weiter oberhalb, im Ortsteil **Breite Heide,** erreicht der Kupfererzgang fast die Erdoberfläche. Dorthin wandern wir nun parallel zur kurvenreichen Fahrstraße. An einer Linkskurve der Straße biegt ein Weg rechts ab. Hier haben sich gleich mehrere Zeugnisse der einstigen Bergwerkstätigkeit erhalten können. Direkt an der Straße befinden sich zwei **Eingänge des Umlaufstollens,** die unlängst vom St.-Josephs-Bürgerverein sorgsam wieder aufgebaut und gesichert wurden. Am Wanderweg rechts erkennen wir im Hintergrund einen Teil der ursprünglichen Halde. Leider wurde der Großteil vor einigen Jahren mit Erdreich aufgefüllt; früher fand man dort mit Sachverstand und etwas Glück kostbare Mineralien.

Davor spricht das **»Virneberger Kreuz«** (s. Kasten) ein beredtes Zeugnis von der harten Arbeit der Bergleute. Auch wenn es in der Grube zum Glück keine größeren Unfälle gegeben hat – Stollen und Schächte waren im harten Quarzgestein ausgehauen – wurden die Bergleute aufgrund der ungesunden Arbeit selten älter als 40 Jahre. Im weiteren Verlauf der Straße **(Breite-Heide-Straße/Rheinblickstraße)** befindet sich ein weiteres Kreuz, das an die Grubeneigentümer erinnert **(Clouthe-Kreuz)**.

Eingang des Umlaufstollens auf der Breiten Heide in Rheinbreitbach

Weitere Spuren uralter Bergwerks- und Handelstätigkeit sind übrigens die zahlreichen Hohlwege, die sich ins weiche Gestein geschnitten haben. Vor kurzem hat der Rheinbreitbacher »Freizeit-Heimatforscher« Jürgen Fuchs in einem solchen Hohlweg sogar Jahrhunderte alte Wagenspurrillen entdeckt. Daraufhin wurde das gesamte **Hohlwegesystem** östlich des Virnebergs im Frühjahr 2004 von der Unteren Denkmalschutzbehörde in Neuwied zur Denkmalzone erklärt.

Wir beschreiten jedoch zunächst weiter den Weg neben dem Virneberger Kreuz und biegen scharf rechts ab. Bald befinden wir uns wieder in der Nähe der ehemaligen Schmelze, schwenken aber kurz vorher links und wenig später rechts ein und überqueren einen

Wie alt mögen diese Spurrillen wohl sein? Jahrhunderte alter Hohlweg in der Nähe des Bergwerks Virneberg – neuerdings ein Bodendenkmal

Wasserlauf. Im Wald nehmen wir bereits die ersten Spuren der Bruchhausener Kupfererzgrube wahr: Hier verzweigen einige Wasserrinnen aus dem St. Marienberger Grundstollen.
Nun geht es stetig bergauf zur Bruchhausener **Grube St. Marienberg**. Vermutlich wurde hier bereits im Spätmittelalter Kupfererz abgebaut; überliefert ist die Bergbautätigkeit mit Hilfe einer »Wasserkunst« im 17. Jahrhundert, noch vor dem Dreißigjährigen Krieg. Als kurfürstliches Bergwerk unterlag die Grube dem Landesherrn und Erzbischof zu Köln und erhielt vor diesem religiösen Hintergrund 1724 den Namen St. Marienberg – ein Pendant zum Rheinbreitbacher St. Josephsberg. In der zweiten Hälfte des 18. Jahrhunderts waren hier zeitweise um die 150 Bergleute beschäftigt. 1874 wurde der Betrieb endgültig eingestellt. Rund um das Gelände des heutigen Schulungszentrums der Provinzial-Versicherung sind z.T. heute noch einige Reste der ehemaligen Schacht- und Stollenanlagen erhalten. Einige wurden jedoch kürzlich durch Erdanhäufungen leider unkenntlich gemacht.
Der Wanderweg mündet ein in die Marienbergstraße, wo an der Ecke zur Gartenstraße ein Förderwagen zur Erinnerung an die traditionelle Bergwerkstätigkeit aufgestellt ist, der

allerdings nicht von hier stammt. Es wurden in den hiesigen Stollen und Schächten kleinere Förderwagen – so genannte »Hunte« – und hauptsächlich einrädrige Laufkarren verwendet. Befüllt ist die Lore mit Quarzbrocken von der Grube St. Marienberg, das Begleitgestein des Kupfererzes.

Wer keinen Abstecher zur schönen Kirche von Bruchhausen machen möchte, biegt nun rechts in die Grabenstraße und daraufhin rechts in die Siebengebirgsstraße ein. Sie geht nahtlos in einen Wanderweg über, der nach rund zwei Kilometern wieder in der Schulstraße mündet. Von hier aus sei ein Blick in die Rheinbreitbacher Kirche empfohlen, wo sich eine schöne barocke Figur des Heiligen Joseph befindet, der von den Bergleuten als Schutzpatron verehrt wird. Nach achtzig Jahren Abwesenheit – sie war während der Inflation an eine Kirche im Braunkohle-Bergbaugebiet veräußert worden – kehrte sie erst vor kurzem wieder zurück und ist seitdem am Taufbrunnen aufgestellt.

Einen umfassenden Eindruck von der Bergbaugeschichte des Ortes vermittelt ein Besuch des hiesigen **Heimatmuseums** in der Hauptstraße 29, das regelmäßig sonntags seine Pforten bzw. seine zweigeteilte »Schladdertüre« öffnet (Öffnungszeiten z. Zt.: 2. und 4. Sonntag im Monat, 14.30 bis 17.30 Uhr). Im ersten Stock ist ein **Bergbau-**

Aus der Luft kaum als solches zu erkennen – ehemaliges Bergwerksgelände in Bruchhausen: oben das Schulungszentrum, vorne der Dockenmühlenhof

Historisches »Gezähe« – Bergbaugeräte im Heimatmuseum Rheinbreitbach. In der Mitte unten ein kleiner Pochhammer für Kinderhände

zimmer eingerichtet, das neben gut verständlichen Informationstafeln, glänzenden Erzstücken und bunt glitzernden Mineralien auch eine Bergmannsuniform und historische Abbaugeräte enthält. Unter diesem so genannten »Gezähe« (also Schlegel und Eisen) befindet sich auch ein winziger Pochhammer. Waren also doch Zwerge im Virneberg zugange? Nein, das kleine Werkzeug wurde von Kindern bedient, die damals gängigerweise im Scheidwerk die Erzbrocken zerkleinerten.

Eine letzte Spur der Gebrüder Grimm bringt uns zum Eckhaus **Vonsbach/ Hauptstraße**. Hier befand sich Mitte des 19. Jahrhunderts der **»Clouthsche Hof«** – »das Gastliche Haus«, wie es die Grimms nannten. Dort nämlich, in dem Gasthof, den die Bergbaufamilie Clouth seit 1815 führte, verweilten sie während ihrer Aufenthalte in Rheinbreitbach. Dort trafen sie sich auch mit anderen »Prominenten« ihrer Zeit, so mit Ferdinand Freiligrath, Karl Simrock und Ernst Moritz Arndt (s. Literarischer Wanderweg S. 328). Einkehren kann man hier freilich nicht mehr – in den hiesigen Cafés und Bäckereien kann der hungrige und durstige Wanderer jedoch heute noch fündig werden.

TOUR 4 – Rundwanderung: Von Rheinbreitbach zu den Gutshöfen von Bruchhausen

Startpunkt: Gebrüder-Grimm-Grundschule Rheinbreitbach
Strecke: 4 km
Höhenunterschied: 110 m

Der Haanhof und Gut Hohenunkel (vgl. S. 76) sind die Ziele dieser kleinen Wanderung, die durch Wald und Flur führt. Wir folgen der Schulstraße, die recht bald bergan führt und in einen breiten Waldweg übergeht. Fast zwei Kilometer geht es stets bergauf, schließlich ist aber die Hochfläche erreicht.
An einem Wegekreuz biegen wir rechts zum etwas versteckt liegenden Haan-

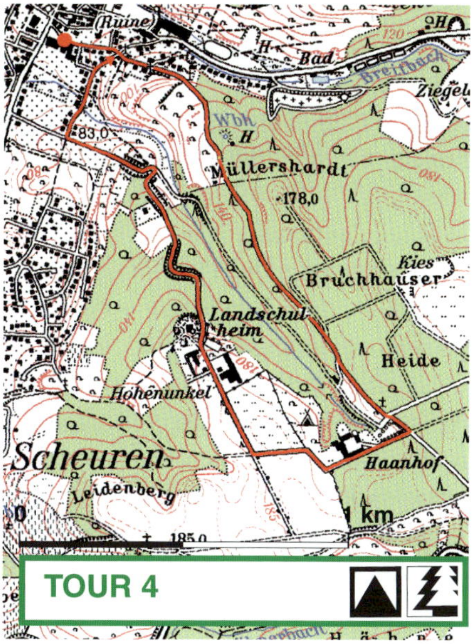

Beliebt bei Ross und Reiter – Gut Hohenunkel

hof ab, einer Gutsanlage aus dem 19. Jahrhundert. Entlang des Campingplatzes und der weiten Wiesenflächen wandern wir weiter und wenden uns schließlich erneut nach rechts Richtung Hohenunkel.
Wer möchte, kann zuvor (am Wegekreuz zuerst geradeaus) einen Abstecher zum rund einen Kilometer entfernten Dorf Bruchhausen mit seiner sehr schönen Wallfahrtskirche machen. Den ehemaligen Gutshof Hohenunkel erreichen wir dann auf dem Rückweg, wenn wir am Ende der Siebengebirgsstraße links abbiegen und später die prachtvolle Allee nach Hohenunkel wählen. Diese Gutsanlage, zuletzt als Reiterhof genutzt, stammt ebenfalls aus dem 19. Jahrhundert.
Der Weg hinab führt teilweise durch einen Hohlweg und endet schließlich

an der Neuwieder Straße. Hier biegen wir rechts ein und erreichen wenig später wieder den Ortskern von Rheinbreitbach.

TOUR 5 – Rundwanderung: Rund um den hohen Asberg

Startpunkt: unterschiedlich, s.u.
Strecke: mindestens 4 km
Höhenunterschied: mindestens 40 m

Der Asberg selbst ist nicht mehr zu besteigen – der einst sehr stattliche Gipfel mit archäologischen Funden wurde durch den Basaltabbau im letzten Jahrhundert abgetragen. Wegen Steinschlag und Absturzgefahr dürfen die ehemaligen Steinbrüche und Abbruchkanten nicht betreten werden. Aber auch aus anderen Gründen sollte sich der Wanderer an dieses Verbot halten: In den tiefen Steinbrüchen hat sich Regenwasser angesammelt – kein Zulauf kann dieses Feuchtbiotop verunreinigen, und so lebt dort eine Vielzahl von seltenen Amphibien, darunter auch die gefährdete Gelbbauchunke. Sie ist sogar in den kleinen Wasserlöchern von Fahrrinnen der Holzrücke-Traktoren anzutreffen.
Es empfiehlt sich jedoch eine kleine Wanderung rund um den Asberg, der mit seinen namengebenden Eschen und einem Ilexgebiet auch botanisch sehr interessant ist.

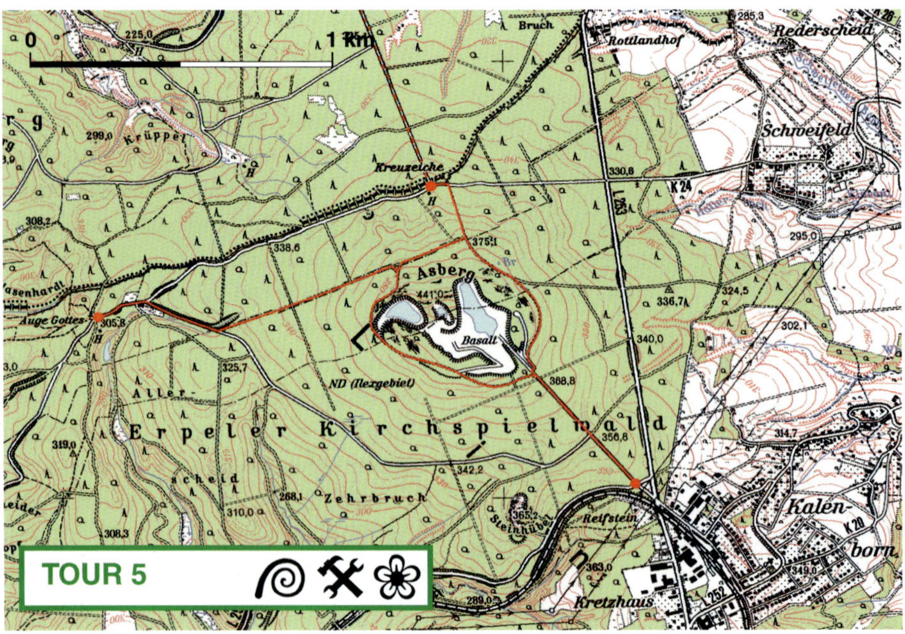

Der Asberg – vom Basaltsteinbruch zum wertvollen Feuchtbiotop

Dabei kann man unter folgenden Startpunkten wählen:

a) Auge Gottes, dem beliebten Kreuzungspunkt an der Grenze des Naturparks,

b) Kreuzeiche, z.B. erreichbar über den Stellweg von der Honnefer Schmelztalstraße aus oder von Schweifeld aus,

c) Zigeunerplatz in Kretzhaus (direkt mit dem Auto zu erreichen). Alle Wege münden in einen Wanderweg, der weitestgehend um den Asberg führt.

Vom Arbeitsplatz der Waldarbeiter aus kann man einen beeindruckenden Blick in die Tiefen des Steinbruchs werfen.

TOUREN-HINWEIS A: Spaziergang durch Unkel

(eben, rädertauglich, Kultur)
Die Tourismus-Information bietet mit dem »Spaziergang durch Unkel« einen informationsreichen, beschriebenen Stadtrundweg durch Unkel an. Durch eine gute Bebilderung und einen Weg- und Straßenplan sind zahlreiche Sehenswürdigkeiten Unkels erschlossen.

TOUREN-HINWEIS B: Geologischer Stadtrundgang durch Unkel

(eben, rädertauglich, Kultur)
Ein ungewöhnlicher Spaziergang wird im Buch »Aus Feuer und Wasser« vorgeschlagen, nämlich ein geologisch/architektonischer Rundgang durch die Unkeler Innenstadt. Er führt die unterschiedlichen Baumaterialien und deren Verwendung während verschiedener Epochen vor Augen.

TOUREN-HINWEIS C: Rotbäckchen-Rundwanderweg

Ausgangspunkt: Bruchhausen, Ortsmitte (Kirche)
Strecke: 11,5km lang / 3 Stunden

Der ausgeschilderte Rotbäckchen-Rundweg beginnt in **Bruchhausen** und führt von dort aus in Richtung

Orsberg durch die herrliche Natur zur **Erpeler Ley.** Hier bietet sich ein schöner Blick auf das Rheintal und Linz, **Remagen** und **Erpel** mit den Resten seiner berühmten **Remagener Brücke** (s. S. 175). Auf dem Abstieg nach Erpel geht es vorbei an alten Fachwerkhäusern, dem Rathaus und der Kirche **St. Severin** bis zur **Rheinpromenade** und von hier aus weiter in Richtung Unkel. Es lohnt sich auch der Blick auf die andere Rheinseite, wo sich auf halber Höhe Apollinariskirche, Schloss Marienfels und Haus Ernich befinden. In **Unkel** sind besonders der alte **Gefängnisturm** am Rhein (ist zu besichtigen) und die **Kirche St. Pantaleon** interessant. In der malerischen Unkeler Innenstadt geht es über die **Frankfurterstraße** und die **Bahnhofstraße** auf dem im Anschluss beschriebenen **Unkeler Rundwanderweg** weiter.

TOUREN-HINWEIS D: Unkeler Rundwanderweg

Ausgangspunkt: Unkel, Parkplatz Schulstraße
Strecke 6,2 km lang / 1 ¾ Stunden.

Vom **Unkeler Parkplatz** geht es durch die malerische Altstadt auf der **Frank-**

Im Gefängnisturm mit Unkels Stadtarchivar Rudolf Vollmer – ob Beethoven hier wirklich seine Adelaide komponiert hat?

Erstes Haus am Platz – das aufwändig renovierte historische Rheinhotel Schulz direkt an der Rheinpromenade von Unkel

furter Straße über den **Oberen und Unteren Markt**. Auf der **Bahnhofstraße** führt der Weg weiter über den Bahnübergang und in die **Scheurener Straße.**

Nach Überqueren der **B42** befindet man sich im Ortsteil **Scheuren**; vorbei an der um 1500 erbauten **Kapelle** folgt der Weg bergauf der **Josefstraße**. Am **Gut Haanhof** vorbei geht es in den Ort **Bruchhausen** mit seiner sehenswerten **Marien-Wallfahrtskirche St. Johann Baptist.** (Hier ist der Rotbäckchen-Rundwanderweg beendet.)

Hinter dem Ortsausgang wandert man durch Feld und Wald hinauf zum **Stuxberg** mit seiner Aussicht auf das Rheintal und die Eifelberge. Mit dem Abstieg zurück nach **Unkel** endet diese Tour.

TOUR 6 – Spaziergang: Durch den Wingert zur »Unkeler Schweiz«

Ausgangspunkt: Unkel, Grillhütte Gerhardswinkel (Zufahrt möglich, B 42, Abzweig nach Bruchhausen, gleich die erste Zufahrt rechts)
Strecke: durch den Wingert: 1 km, insgesamt 3 km
Höhenunterschied: (nur Rückweg: 30 m)

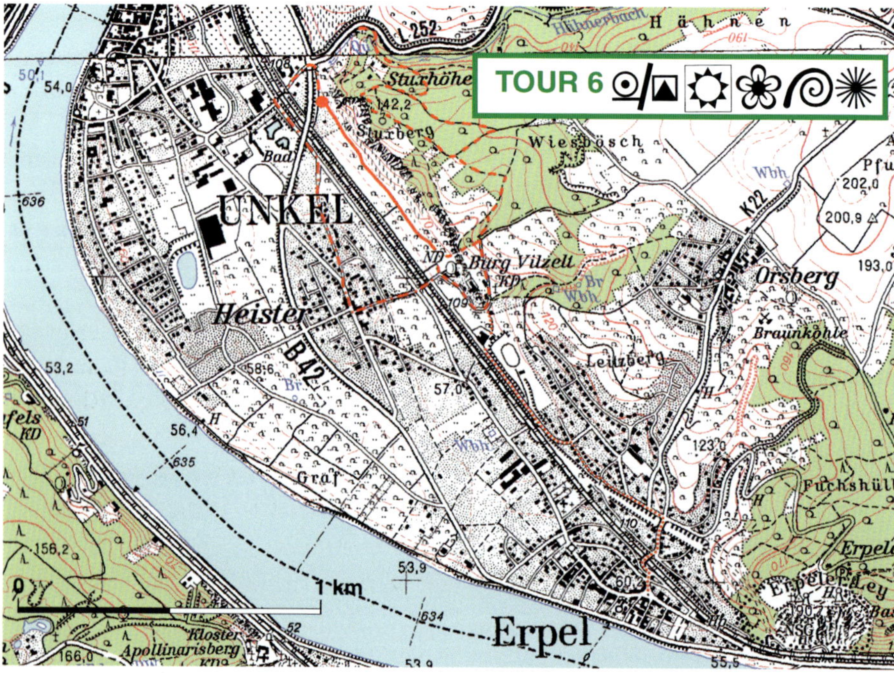

Viel Sonne tanken kann man auf einem kurzen, bequemen Spaziergang entlang der Weinberge, während uns der Rückweg zur Kaskade der ehemaligen Urbachsmühle durch die malerische »Unkeler Schweiz« führt.

Wir wandern von der **Grillhütte Gerhardswinkel** immer weiter geradeaus nach Südosten. Auf der linken Seite zieht sich der Bergrücken des **Stux**. Hier liegen die Felsschichten fast waagerecht; es handelt sich um 400 Millionen Jahre alte Meeresablagerungen. Die Hänge wurden seit jeher für den Weinbau verwendet, eignet sich das schiefrige Gestein doch hervorragend für diesen Zweck. Die Trockenmauern – ein wertvolles Biotop mit seltenen wärmeliebenden Pflanzen und Tieren – wurden in den letzten Jahren durch ein Projekt der Caritas für arbeitslose Jugendliche in schweißtreibender Arbeit wieder aufgebaut. Es lohnt ein Blick auf die vorderste Trockenmauer direkt am Weg. Sie sind teilweise von Mauerpfeffer bewachsen, hin und wieder erkennt man im Gestein, das allerdings nicht direkt in Unkel gebrochen wird, »Bonifatiuspfennige«: fossile Seelilienstängel aus dem Erdaltertum. Aus unserer Zeit stammen dagegen die großen Gehäuse der Weinbergschnecke. Die Weinstöcke auf den nach Südwesten gerichteten Steilhänge fangen jeden Sonnenstrahl ein. Hier wachsen und gedeihen verschiedene

Rebsorten, rote und weiße. Vom Weg aus kann man gut die unterschiedlichen Vegetationsphasen der Rebstöcke beobachten: vom ersten grünen Trieb im Mai über die unscheinbare Weinblüte im Sommer bis hin zum Reifen der Traube.

Am südlichen Ende des Weinhangs bietet sich eine kleine Obstbaumwiese als geeignete Stelle für ein Picknick an (bitte nicht die Wiese zertreten). Nur wenig weiter erheben sich die massiven Mauern der **Wasserburg Vilszelt**, die etwas versteckt unter den uralten Bäumen liegt. Sie stammt im Kern aus dem Mittelalter und wird zur Zeit bewohnt.

Wer einen steilen Aufstieg nicht scheut, sei zum **Rückweg über den Stux** ermuntert. Dazu biegt man vor der Burg Vilszelt links in den Wald ab (Wildgatter bitte schließen) oder folgt dem Fahrweg an der Burg vorbei und dann links hinauf an einem Wegekreuz mit der Inschrift »INNRI« (sic!) vorbei. An der bunten Blumenwiese, wo alljährlich das Martinsfeuer entzündet wird, halten wir uns erneut links. Zum Gipfel des Stux mit Blick auf das Rheintal biegen wir später in einen Pfad nach links ein. Der Rückweg nach Unkel führt durch das reizvolle Hähnerbachtal mit dem berühmten Wasserfall am Ausgang.

Am Fuße des Stux führt der Wanderweg direkt am Wingert entlang

Kaskade aus Eis – der Wasserfall in der »Unkeler Schweiz«

Wem der steile Weg über den Stux zu anstrengend ist, dem seien hier zwei ***Alternativen für den Rückweg*** *genannt:*

1. Über Heister

Kurz vor der Burg Vilszelt biegt rechts eine Straße über die Bahngleise ab. Sie führt über die Flutbrücke, die nach dem verheerenden Hochwasser von 1926 gebaut wurde. Unser Wanderweg liegt nämlich in einem ehemaligen Rheinarm, der sich auch heute noch regelmäßig bei Überschwemmungen füllt. Hinter der Brücke befindet sich der Ortskern von Unkel-Heister mit einigen hübschen Fachwerkhäusern und einer Kapelle. Von hier aus kann man den Rückweg zur Gerhardshütte antreten (immer rechts halten und nach Bedarf die Fußgängerbrücke nutzen).

2. Weiter nach Erpel

Der Spaziergang lässt sich verlängern bis nach Erpel (immer weiter geradeaus wandern). Kurz vor dem Ortskern Erpels passiert man die **Mariengrotte** – ein ehemaliger Stolleneingang, der während des Zweiten Weltkriegs als Unterschlupf für die Erpeler diente. Heute ist er mit einer Marienfigur und Blumenschmuck liebevoll zu einer Gebetsstätte gestaltet.

Aus Dankbarkeit so sorgsam gepflegt – die Mariengrotte in Erpel, ein ehemaliger Stolleneingang, diente im Zweiten Weltkrieg als »Bombenkeller«

Im Stollen der Erpeler Mariengrotte: Heiner Schlüter und Matthias Ott

Rheinischer Sonnenuntergang auf der Erpeler Ley

TOUR 7 – Rundwanderung: Durch die Verbandsgemeinde Unkel

Startpunkt: Gefängnisturm Unkel
Strecke 12 km, 135 Höhenmeter
Ausblick, Kultur, Natur

Die Wanderung beginnt am Gefängnisturm **(Unkeler Rheinpromenade)** und führt nach Südosten über den Leinpfad zum Backesweg, der die Bundesstraße **B 42** überquert (Ortsteil **Heister**). Bergwärts geht es durch die **Brückenstraße** und dem Weg folgend, weiter durch die herrliche Natur **Richtung Erpeler Ley** (nähere Informationen siehe Tour 8).

In **Orsberg** angekommen, folgen wir der **Kapellenstraße** in den alten Ortskern, welcher von einer langen Geschichte als Bauern- und Winzerdorf zeugt. Am Ortsausgang geht es über den am Basaltkreuz nach rechts abbiegenden **Leyweg (RV - Rheinhöhen-Verbindungsweg)**. Von hier aus ist die Strecke zur **Erpeler Ley** ausgeschildert. Auf der Erpeler Ley bietet sich das Ausflugslokal »Bergesruh« zu einer ersten Einkehr an. Vom Ausblickspunkt am hohen Friedenskreuz aus genießt der Wanderer eine sagenhaft schöne Sicht auf das Rheintal und das Eifelpanorama.

Zurück zum **Rheinhöhenweg (R)** führt die Rundwanderung nun in Richtung **Bruchhausen** über **Beuelsrast** und **Orsberger Straße** am Friedhof rechts in den Ort. In Bruchhausen empfiehlt es sich, das Gnadenbild »Maria, Zuflucht der Sünder« zu besichtigen (siehe S. 212). Über die

Kirchstraße und **Siebengebirgsstraße** geht es in westlicher Richtung weiter, aus Bruchhausen hinaus, durch den Wald bis zum **Gut Haanhof**.

Von dort durchschreiten wir die alte **Baumallee**, wo sich eine interessante Aussicht auf die Vulkanruinen vom Siebengebirge mit dem markanten **Drachenfels** bietet, wieder bergabwärts in den Wald.

Über einen **Hohlweg** hinweg wird der **Unkeler Stadtteil Scheuren** erreicht und von dort aus geht es schließlich wieder zurück nach **Unkel**.

TOUREN-HINWEIS E: Themenwanderung: Aus Feuer und Wasser – geologischer Lehrpfad

Startpunkt: Unkel Schule

Die Hauptwanderstrecke führt von Unkel aus über Heister nach Orsberg und Bruchhausen sowie über Scheuren nach Unkel. Dabei legt man eine »Zeitreise« durch drei Epochen der Erdgeschichte zurück. Zentrale Themen bilden dabei die Meeresab-

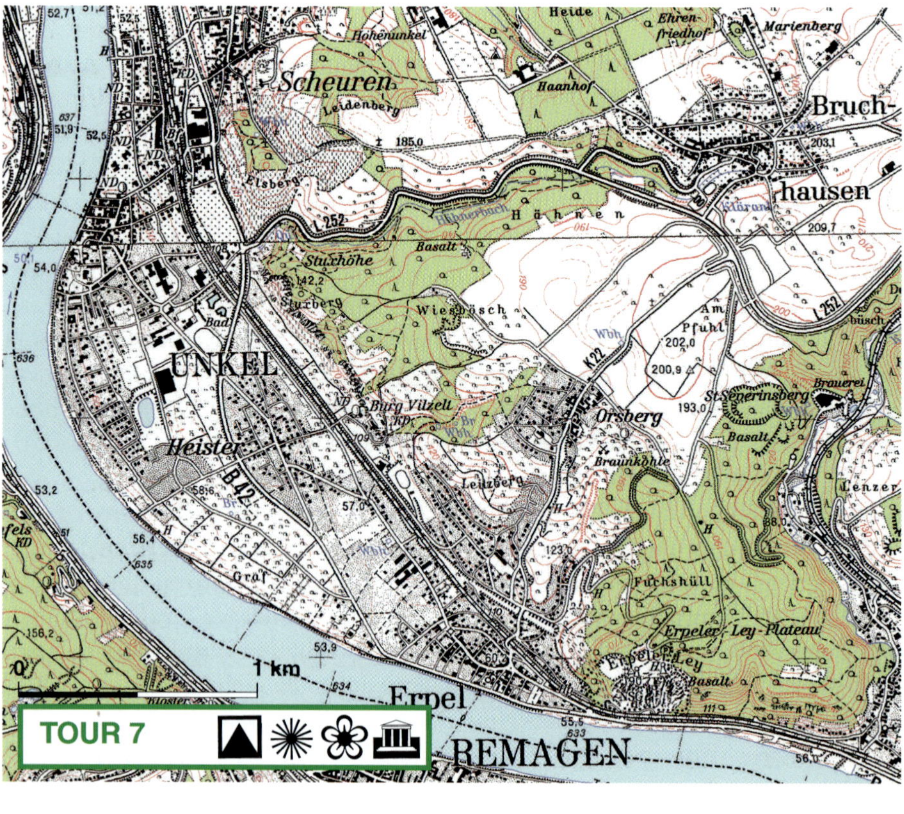

lagerungen des Stux aus dem Devon (schiefriges Gestein, vor 400 Millionen Jahren), Vulkanausbrüche im Tertiär (Unkelsteine – Basalt, vor 25 Millionen Jahren) und die Modellierung der Landschaft durch den Rhein während der Eiszeiten (Rheinterrassen – Kiesel, Ende vor rund 10.000 Jahren).
Zur Wanderung ist ein reich bebildertes, sehr informatives und leicht verständliches Buch geschrieben, das die Touren beschreibt und Hintergründe im Frage-Antwort-Spiel erklärt.

TOUR 8 – Spaziergang: Auf der Erpeler Ley

Ausgangspunkt: Die Zufahrt zur Erpeler Ley ist ab Erpel ausgeschildert.
Strecke: < 1 km
Höhenunterschied: < 10 m

Die 191m hohe Erpeler Ley gehört zu den markantesten Felsen im Rheintal. Im Gegensatz zu vielen anderen »Ley«-Erhebungen am Rhein – wie z.B. die Loreley oder die Stuxley in Unkel – handelt es sich bei der Erpeler Ley um einen erloschenen Vulkan. Für die jetzige Form ist der Basaltabbau verantwortlich. Das gesamte Gebiet der Erpeler Ley wurde 1941 unter Naturschutz gestellt.
Auf dem Plateau bietet sich ein bequemer Spaziergang an, auf dem sich neben der fantastischen Aussicht und der interessanten Flora zahlreiche Denkmäler bewundern lassen.
Weithin sichtbar ist das »**Friedenskreuz**«. Das rund 5 m hohe Holzkreuz wurde 1954 von der Gemeinde Erpel zur Erinnerung an die Schrecken und Leiden der Bevölkerung und Soldaten im Zweiten Weltkrieg errichtet, insbesondere »im Gedenken an die

Sage vom Teufelsloch

Einst hausten zwei Teufelchen tief im Innern der Erpeler Ley, wo sie sich im heißen Vulkanschlot eine gemütliche Hölle eingerichtet hatten. Seit langer Zeit stritten und zankten sie sich, wie es sich nun einmal für echte Satansbraten gehört. Doch eines Tages wurde es dem einen zu bunt und auf dem kürzesten Weg stob er zornig davon – durch das Bergmassiv und durch die Luft bis zur Teufelsley an der Ahr. Noch heute ist an der steilen Bergwand auf halber Höhe die Stelle zu erkennen, an der das Teufelchen wutentbrannt die gemeinsame Wohnstätte verließ.
Der Erpeler Heimatforscher Willi Christmann hat für das Leyenloch eine etwas nüchternere Erklärung parat: Das Loch diente den Steinbrucharbeitern zum Transport des Basalts.

Das Friedenskreuz auf dem Plateau der Erpeler Ley – im Hintergrund die Hügelketten der Eifel

Opfer des Brückenkopfes Remagen-Erpel in den Jahren 1944/45«, wie die Inschrift lautet. Damals war die so genannte Ludendorffbrücke als einzige Rheinbrücke in die Hände amerikanischer Soldaten gefallen und kurze Zeit später zusammengestürzt. Unmittelbar an der B 42 mahnen Überreste dieser Brücke zum Frieden.

Recht unscheinbar ist ein **Gedenkstein für den ehemaligen »Hauptlehrer« Hans Eich** († 1962), der auf der Erpeler Ley faunistische und floristische Forschungen angestellt hat. Der schlichte Basaltwürfel trägt eine eingemeißelte Eiche und die Aufschrift: »Dem Heimatfreund Hans Eich zum Angedenken 1962«.

Ebenfalls aus Basalt sind die drei Säulen einer **Gedenkstätte der Burschenschaft Rheno-Germania-Bonn**. Von jeher war die Erpeler Ley ein beliebtes Ausflugsziel Bonner Studenten. Hier sollen dann eben auch die drei Gründungs- und Wiedergründungstage der Burschenschaft gefeiert worden sein, und zwar jeweils an Himmelfahrt der Jahre 1860, 1904 und 1949. Die Aufstellung des Denkmals erfolgte ebenfalls an Christi Himmelfahrt, im Jahre 1993.

Auf dem höchsten Punkt des Gipfelplateaus errichtete die Gemeinde Erpel einen **Gedenkstein an die »Sturmfahrt« des Grafen Ferdinand von Zeppelin**, der am 2. August 1909 höchstpersönlich in einem seiner berühmten Luftschiffe die Überfahrt von Frankfurt nach Köln wagte. Das spektakuläre Ereignis lockte zahlreiche Menschen auf die Ley, wo sie voll Spannung verfolgten, wie der Graf mit waghalsigen Manövern gegen ein Unwetter ankämpfte. Zwanzig Meter vor dem Felsen musste er schließlich abdrehen und die Rückreise antreten.

Der rund 100 Zentner schwere Trachytbrocken, wahrscheinlich vom Steinbruch Perlenhardt in Ittenbach, wurde mittels eines Pferdefuhrwerks vom Siebengebirge hierhin verschafft. Beim Aufstellen kam ein weiteres Unwetter auf – ein Blitz fuhr in den Stein und zertrümmerte einen hölzernen Dreibock. Dennoch konnte das Denkmal rechtzeitig am 11. September 1910 feierlich eingeweiht werden.

Am schönsten freilich ist der **herrliche Panoramablick** auf den Rhein mit dem malerischen Ort Erpel, die Römerstadt Remagen, die »Goldene Meile« rund um die Ahrmündung auf der gegenüberliegenden Seite und die »unendlich« weiten Hügelketten der Eifel. Von der Südkuppe erblickt man am Rhein das Dorf Kasbach, dahinter die »Bunte Stadt« Linz. Wer sich daran satt gesehen hat, kann in der heimeli-

Gedenkstein an die »Sturmfahrt« des Grafen von Zeppelin

Das bescheidenste Denkmal auf der Ley zu Ehren des Lehrers Eich

Eine fantastische Aussicht genießt man auf der Erpeler Ley auch in Richtung Süden über die »Goldene Meile« rund um die Ahrmündung

gen Gaststätte »Bergesruh« einkehren, den kleinen privaten Tierpark erkunden oder sich auf dem ebenfalls privaten Spielplatz mit Mini-Seilbahn und Reifenschaukel austoben.

***Alternative:* Wanderung von Erpel zur Erpeler Ley**

Von Erpel aus führt eine Fahrstraße zum Plateau der Ley. Um den Gipfel jedoch zu Fuß zu erklimmen, stelle man seinen Wagen auf einem der Parkplätze im Ort ab. Der Kurztrip dauert von hier aus zwischen 20 und 30 Minuten.

TOUR 9 – Streckenwanderung: Von Kasbach über die Erpeler Ley nach Erpel

Startpunkt: Kasbach Ortsmitte (südlich von Erpel)
Strecke: 4 km
Höhenunterschied: 130 m

Der kleine Winzer- und Bauernort **Kasbach** südlich von Erpel ist über 1100 Jahre alt. Einige schöne, gepflegte Fachwerkhäuser zeugen von der Handwerkskunst seiner Bewohner. Die Tour beginnt am **Bürgerhaus.** Gegenüber, an einem hübsch hergerichteten Platz mit Ruhebänken und Spring-

brunnen zweigt der Weg zur Erpeler Ley ab. Ein Pfad führt in steilen Stufen durch lichten Wald hinauf bis zu einer blühenden Streuobstwiese.
Hier ragt ein hohes schlichtes Kreuz aus Basalt empor; es trägt die Jahreszahl 1734 und die Inschrift »Jesus Maria und Josef«. Die ortsansässige Jagdgenossenschaft hat es in den 1980er Jahren restaurieren lassen und – um 90 Grad gedreht – wieder aufgestellt. Der Legende nach erinnert es an ein Unwetter, bei dem ein Mensch an dieser Stelle den Tod fand. Seit Jahrhunderten führte hier ein **Pilgerweg** vom Kasbachtal nach Bruchhausen. Eine Bank lädt zum Verweilen und Betrachten der bunten Blüten und Insekten ein. Weithin reicht die Sicht bis zur Kuppe der Erpeler Ley im Westen. An der nächsten Gabelung zweigt der Weg dorthin links ab. Dichte Eichen und Buchen schenken kühlenden Schatten, auf dem Boden zeugen weißschimmernde Kiesel vom einstigen Lauf des Rheins auf der Hochfläche der **Erpeler Ley** (siehe Tour 8).

Ein herrliches Fleckchen Erde – Streuobstwiese mit Basaltkreuz

Alternativ zum Weg an der Fahrstraße erfolgt ein steiler Abstieg auf einem Pfad, der zwischen Friedenskreuz und Berggasthof links hinabführt. Von hier aus ist auch ein Abstecher zum alten **Judenfriedhof** Erpels möglich.

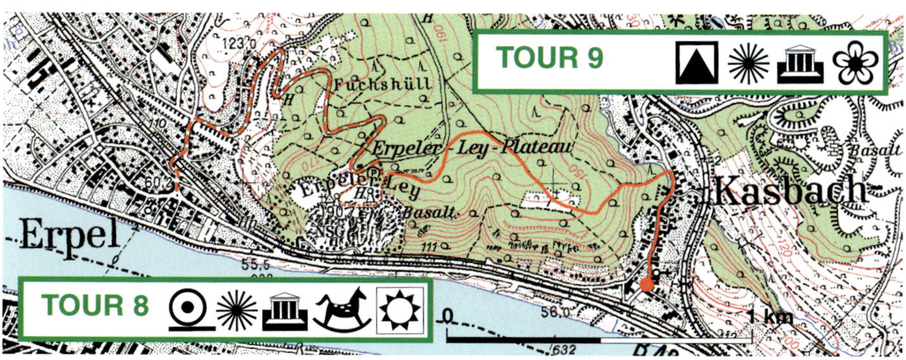

TOUR 10 – Themenwanderung: Die Kriegsveteranen-Tour – vom »Auge Gottes« nach Remagen

Ausgangspunkt: Auge Gottes
Strecke: 11 km (Anfahrt zu einzelnen Etappenzielen möglich)
Höhenunterschied: 250 m (abwärts)

Die Ereignisse des Zweiten Weltkriegs in unserer Region sind noch vielen Bewohnern und Gästen präsent, insbesondere der Kampf um die Brücke von Remagen, der gerade in Erpel zum Tod vieler Menschen und zu enormen Zerstörungen geführt hat. Aber viele erinnern sich auch an den Einmarsch der Amerikaner als ersten Schritt zu einem freundschaftlichen Verhältnis, das heute noch Bestand hat. Aus dieser Zeit haben sich zahlreiche Zeugnisse erhalten, die zu einem Teil als »berühmte Sehenswürdigkeiten« im Blickpunkt stehen, zu einem anderen Teil jedoch verborgen im Wald liegen. Die Tour für Kriegsveteranen erschließt einen Großteil dieser letzten Spuren. Dabei kann man sämtliche »Zeitzeugen« innerhalb einer recht ausgedehnten Wanderung erreichen, oder aber – soweit möglich – einzeln anfahren. Startpunkt der Wanderung ist das Auge Gottes, das mit 305 m über NN den höchsten Punkt der Strecke darstellt. Möglich ist die Anfahrt über die Landstraße von Bruchhausen nach Kretzhaus, wo sich nach rund vier Kilometern auf der rechten Seite ein Wanderparkplatz befindet. Von hier aus sind es nur knapp zwei Kilometer durch den Wald bis zum Startpunkt. Im Sommer kann man sonntags auch mit der Kasbachtalbahn bis nach Kalenborn fahren und sich auf diese Weise den mühsamen Anstieg ersparen (s. Tour 13).

In der Umgebung vom Auge Gottes und vom Asberg befinden sich Reste von vier Abschussrampen der berüchtigten Vergeltungswaffe V1, die dort von der deutschen Luftwaffe in den letzten Kriegsmonaten aufgestellt wurden.

Im Erpeler Wald – die besterhaltene V1-Stellung in Deutschland

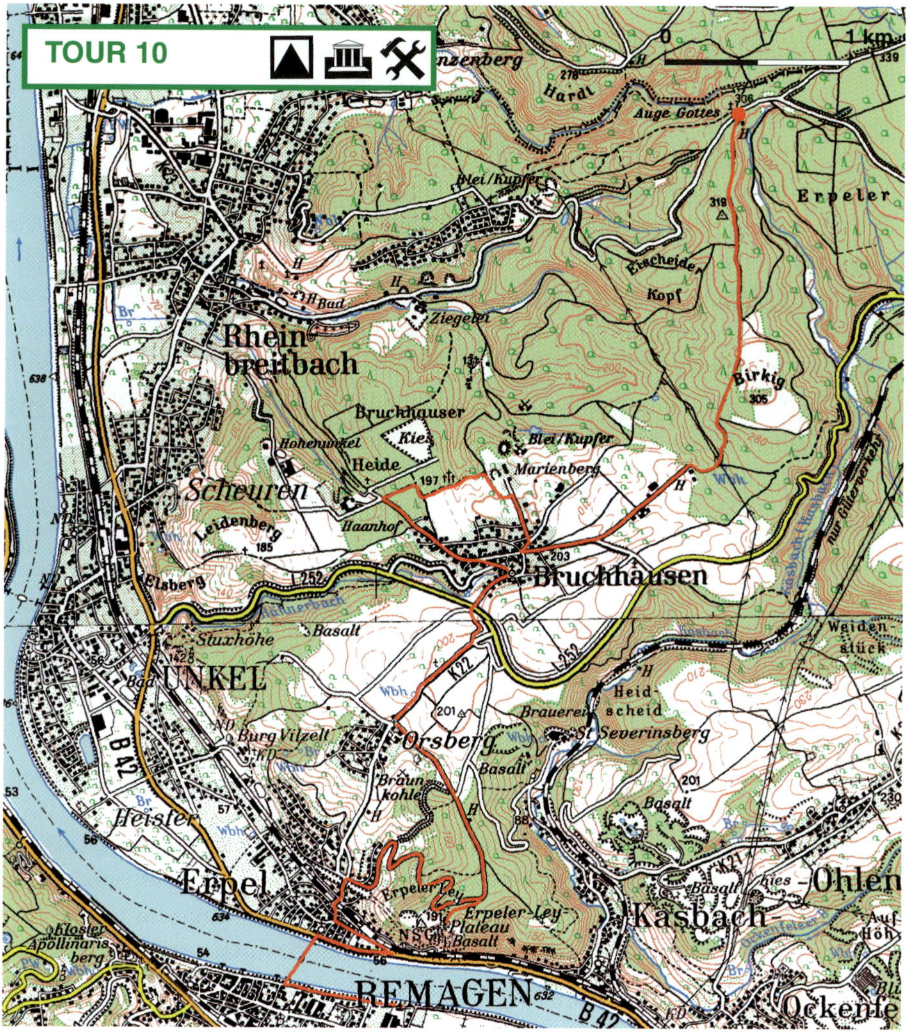

Von hier aus führt die Strecke über den Rheinhöhenweg nach Bruchhausen. Der Weg zum Ehrenfriedhof am Marienberg, unserem nächsten Ziel, ist ausgeschildert. Hier liegen die Menschen begraben, die in den letzten Tagen des Kriegs gefallen sind. Zum Gedenken wird jedes Jahr zum Volkstrauertag ein Kranz niedergelegt.

In der unmittelbaren Umgebung, dem Kiesgrubengelände am Haanhof, waren Flakstellungen eingerichtet. Die dazugehörigen Scheinwerfer und Horchgeräte waren entlang der Ver-

Szene des Zweiten Weltkriegs – deutsche Soldaten auf dem Weg in amerikanische Gefangenschaft (hinten die noch intakte Ludendorffbrücke)

bindungsstraße zwischen Bruchhausen und Orsberg eingegraben.
Wir folgen dieser Straße und wandern weiter Richtung Erpel. Vom Plateau der Erpeler Ley aus bietet sich ein weiter Blick über das gesamte Rheintal. Das hohe Holzkreuz, errichtet zur Erinnerung an die Schrecken und das Leiden der Bevölkerung und der Soldaten im Zweiten Weltkrieg, mahnt zum Frieden.
Weiter leitet uns die Strecke nach Erpel. Am Erpeler Rheinufer sind noch die pechschwarzen Basalttürme der ehemaligen Ludendorffbrücke erhalten; sie stehen leer. Auch der Eingang zum Eisenbahntunnel, der nach dem Krieg vorübergehend zur Champignonzucht und als Erdgezeitenmessstation genutzt wurde, ist vermauert und zugesperrt. Der Ort selbst mit seinen historischen Bauten war gegen Kriegsende zum großen Teil (54%) zerstört und wurde vorbildlich wieder neu errichtet. Die Brücke jedoch hat man nie wieder aufgebaut.
Mit der »Nixe«, der Erpeler Fußgängerfähre, überqueren wir den Rhein und besuchen das Friedensmuseum, das der Remagener Bürgermeister Hans Peter Kürten in den gegenüber liegenden Brückentürmen eingerichtet hat. Die finanziellen Mittel dazu entstammten übrigens dem Verkauf kleiner Brücken-

steine, die 1977 bei der Entfernung der Pfeiler aus dem Rhein anfielen. Heute zählt die Dokumentation und Ausstellung in den Brückentürmen zu den eindrucksvollsten Friedensmuseen bundesweit.

TOUREN-HINWEIS F
Themenwanderung: Auf den Spuren der Hexenkönigin von Bruchhausen

Startpunkt: Bruchhausen

Das 17. Jahrhundert steht im Mittelpunkt dieser Themenwanderung und damit eines der grausamsten Kapitel der Geschichte: die Hexenverfolgung. 1631 wurden in Erpel zwanzig unschuldige Personen als »Hexen und Unholde« zum Tode verurteilt und öffentlich verbrannt. Eine von ihnen war die Bruchhausener Gräfin Anna Katharina von Spee, deren Prozessakten erhalten sind.
Ihre Spuren beschreibt die Bruchhausener Autorin Dr. Gisela Born-Siebicke in dem Buch »Die Hexenkönigin von Bruchhausen«. Neben dem historischen Hintergrund schildert sie dabei die Schauplätze in Bruchhausen, Erpel und Umgebung: von der Burg Spee bis zum Gerichtsplatz Erpel (am Rathaus), von angeblichen »He-

Letzte Ruhestätte der Opfer in den Märztagen 1945 – der Ehrenfriedhof am Marienberg in Bruchhausen

Das Westerwaldlied

Heute wollen wir marschier'n
Einen neuen Marsch probier'n
I: In dem schönen Westerwald
Ja, da pfeift der Wind so kalt :I

Refrain: O du schöner Westerwald!
Über deine Höhen pfeift der Wind so kalt
I: Jedoch der kleinste Sonnenschein
Dringt tief in's Herz hinein :I

2. Und die Gretel und der Hans
Geh'n des Sonntags gern zum Tanz
I: Weil das Tanzen Freude macht
Und das Herz im Leibe lacht :I

Refrain: O du schöner Westerwald!
Über deine Höhen pfeift der Wind so kalt
I: Jedoch der kleinste Sonnenschein
Dringt tief in's Herz hinein :I

3. Ist das Tanzen dann vorbei
Gibt's gewöhnlich Keilerei
I: Und dem Bursch', den das nicht freut,
Man sagt, der hat keinen Schneid :I

xentanzplätzen« am Waldrand der Hochfläche bis hin zur Hinrichtungsstätte Eulenloch im Kasbachtal.
Einen besonderen Stellenwert nimmt die katholische Pfarrkirche St. Johann Baptist in Bruchhausen ein, an und in der sich mehrere Kunstwerke auf das Schicksal der »Hexenkönigin« beziehen (z.B. der Grabstein des Ehemannes Robert von Spee und das Votivbild der Schmerzensreichen Muttergottes) und in der noch in unseren Tagen jährlich eine Stiftungsmesse für Anna Katharina von Spee gelesen wird (s.S. 214).

TOUR 11 – Themenwanderung: Die sieben Fußfälle – religiöses Brauchtum von Scheuren nach Bruchhausen

Startpunkt: Scheuren Ortsmitte (Dom)
Strecke: 2,5 km (hin)
Höhenunterschied: 125 m

Von der Barockzeit bis in die 1920er Jahre war es in unserer Region Sitte, für einen sterbenskranken Nachbarn durch das Beten der sieben Fußfälle einen gnädigen Tod zu erbitten. Dafür machten sich sieben weibliche Personen auf den Weg von der Scheurener Kapelle hinauf nach Bruchhausen. Dort verweilten sie in der Wallfahrtskirche und zogen anschließend zurück zum Haus des Sterbenden. Unterwegs betete man den schmerzhaften Rosenkranz und an den sieben Stationen das Fünf-Wunden-Gebet. Das Verhältnis zum Tod war damals offensichtlich unverkrampfter als heute – als Dank für diesen Dienst erhielten die Beterinnen von den Angehörigen des Kranken ein Brot, Süßigkeiten oder eine kleine Münze. Von den Jahrhunderte alten Stationen haben sich noch einige in Form von Wegekreuzen aus Stein oder Holz erhalten.

Erste Station der »Sieben Fußfälle« in Scheuren

Erneuertes Holzkreuz an der Scheurener Bergstraße

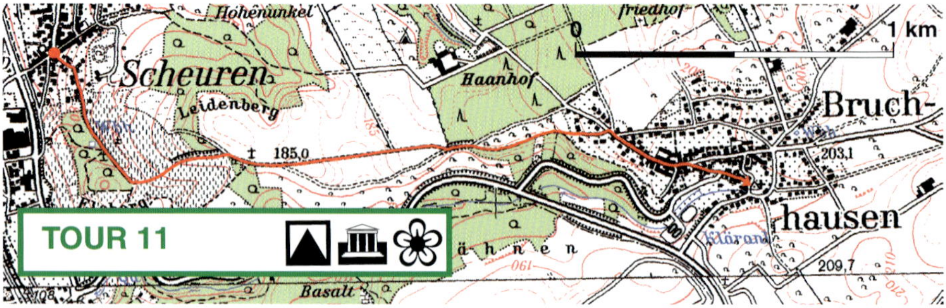

Die Wanderung beginnt am **Scheurener Dom** und führt die steile **Bergstraße** hinauf durch Wald und Wingert auf die Hochfläche. Hier wandern wir durch die Felder hindurch weiter bis zur **Wallfahrtskirche von Bruchhausen**. Für den Rückweg bietet sich die bequeme Strecke über den Haanhof und Gut Hohenunkel an oder der schmale, recht steile Steig durch den Wingert am Elsberg zur Kaskade von Unkel.

TOUREN-HINWEIS G – Themenwanderung: Literarischer Simrock-Freiligrath-Weg

Diese Wanderung führt von Bad Honnef/Menzenberg über Rheinbreitbach und Scheuren nach Unkel am Rhein. Ausführliche Informationen zu dieser Wanderung sind in der Unkeler Tourismus-Information erhältlich. Der Wanderplan enthält eine Karte und interessante Informationen über Simrock und Freiligrath sowie Zeittafeln und literarische Häppchen, die Lust auf mehr machen.

TOUR 12 – Bahnfahrt: Mit der Kasbachtalbahn von Linz nach Kalenborn

Ausgangspunkt: Linz Bahnhof
zu Fuß: Strecke 10 km
Höhenunterschied: 300 m

Mit seiner 90-jährigen Geschichte ist die Kasbachtalbahn für jeden Eisenbahn-Freund ein Muss. Aber auch Naturliebhaber bekommen bei einer Fahrt einen Eindruck von dem wildromantischen Kasbachtal, das bereits als Filmkulisse diente.

Die Tour beginnt am **Bahnhof Linz,** von wo sich der Schienenbus in nördlicher Richtung auf die Steilstrecke begibt. Die Kasbachtalbahn stammt aus dem Jahre 1956 und schafft die Strecke von 8,9 km bei einem Anstieg von 296 m mit seinen beiden Motoren und 150 Pferdestärken mit Leichtigkeit.

Am steilen Hang entlang klettert der Zug den Berg hinauf. Hier bietet sich ein herrlicher Blick ins Rheintal. Nachdem bei **Kasbach** eine Wegüberführung durchfahren ist, überquert der Schienenbus einen hohen **Viadukt** und fährt nach ca 2,3 km den ehemaligen **Bahnhof Kasbach** an. Diesen Aufenthalt nutzten einst die Heizer, um noch einmal »Dampf zu machen«.

Die weitere Fahrt führt in vielen Kurven und Krümmungen durch das schmale und waldreiche **Kasbachtal** an der idyllisch gelegenen **Brauerei Steffens** vorbei.

Zwischen **Asberg** und **Mehrberg** fährt die Kasbachtalbahn in einem Rechtsbogen auf **Kalenborn** zu. Der Aufstieg ist geschafft, wenn die Überführung über die L 365 (Kretzhaus-Rottbitze) kurz vor Kalenborn passiert wurde.

In Kalenborn endet heute die Bahnstrecke, die einst von **Linz** über **Neustadt** und **Flammersfeld** bis nach **Altenkirchen** führte. Damals standen die heimische Basaltindustrie und ihr Transportbedarf im Mittelpunkt, während die heutigen 56 Sitzplätze haupt-

Einen echten Schaffner gibt's im Schienenbus der Kasbachtalbahn

Wandern für junge Leute – der Rheinsteig

Noch ist er im Entstehen begriffen, im Frühjahr 2006 soll er feierlich eröffnet werden – der »Rheinsteig«, ein anspruchsvoller Wanderweg für sportliche Wanderer. Von Wiesbaden bis Bonn auf der rechten Seite des Rheintals wird er über ca. 300 km Wegstrecke verlaufen und dabei auch mitten durch die Verbandsgemeinde Unkel. Ziel ist, Weltkulturstätten – Burgen, Schlösser, Klöster und Winzerorte in der Weinbergslandschaft – auf einem Weg in fast unberührter Natur miteinander zu verbinden. So bietet sich dem Wanderer eine abwechslungsreiche Szenerie der Natur- und Kulturlandschaft. Die naturbelassenen, stellenweise steigartigen Pfade sprechen auch ein jüngeres Publikum an und eröffnen ständig neue Perspektiven mit eindrucksvollen Aussichten.

Weitere Infos unter www.rheinsteig.de

Urwüchsige Natur umfängt den Wanderer im Kasbachtal – und selbst den Reisenden der Kasbachtalbahn ...

sächlich für Liebhaber und Touristen bereit stehen.
Beim **Zwischenstopp in Kalenborn** werden die Sitze mit wenigen Handgriffen so umgelegt, dass bei der Talfahrt die meisten Gäste in Fahrtrichtung sitzen. Am Bahnhof an der **Steffens-Brauerei** angekommen, geht es nun zu Fuß weiter. Es besteht auch die Möglichkeit, von Kalenborn aus die ganze Strecke über den neuen Wanderweg durch das wildromantische Kasbachtal zurückzuwandern (s. Karte hinterer Umschlag).
In **Kasbach-Ohlenberg** empfiehlt sich ein kurzer Ausflug über die Kasbachtalstraße in das historische Zentrum, wo sich die 1100 Jahre alte Geschichte des Ortes in beeindruckenden Fachwerkhäusern und der bereits erwähnten Privatbrauerei widerspiegelt.
Entlang an Weinbergen geht es von **Kasbach** weiter über **Linzhausen** in Richtung **Linz,** wo die Tour endet.

TOUR 13 – Schifffahrt: Mit dem »Dampfer« von Bonn nach Linz

Ausgangspunkt: Bonn bzw. Bonn-Beuel

Mit der Bahn reisen wir nach Bonn-Beuel bzw. mit der Straßenbahnlinie

66 von Bad Honnef nach **Bonn** und steigen dort um in ein Schiff der Weißen Flotte. Schon bald zeichnen sich am Horizont die Umrisse des Siebengebirges ab. Wir passieren den **Petersberg** mit dem repräsentativen Bundesgästehaus und den berühmten **Drachenfels**.

Mitten im Strom liegen die **Inseln Grafen- und Nonnenwerth**, zwischen denen wir weitergleiten. Auf der rechten Seite (vom Schiff aus gesehen) erhebt sich der **Rolandsbogen** und der Birgeler Kopf.

Auf der linken Seite erstreckt sich das sonnenverwöhnte **Unkel** mit seinen historischen Gebäuden am Rheinufer. Dahinter erkennen wir den **Stux**. Links wiederum zieht eine Reihe von Schlösschen und Villen an uns vorbei, so das **Haus Ernich** und das **Schloss Marienfels**. Kaum erhebt sich hier die neugotische **Apollinariskapelle**, da grüßt von der anderen Seite **Erpel** herüber und bald auch das markante Bergmassiv der **Erpeler Ley**.

In der **Stadt Linz** angekommen, bieten sich viele Einkaufs- und Einkehrmöglichkeiten. Unterschiedlichste, prachtvolle und farbenfrohe Fachwerkhäuser aus verschiedenen Jahrhunderten säumen die engen Gassen. Sehenswert sind auch die historischen Überreste der Linzer Stadtmauer, zu denen das Rheintor, das Neutor und der Pulverturm gehören.

Ein herrliches Ausflugserlebnis – eine »Dampferfahrt« auf dem Rhein vor der malerischen Kulisse des Siebengebirges (links der Drachenfels)

»Heidewitzka, Herr Kapitän ...

... mit dingem Bötchen fahren mer so jän ...«
Ein Schiffsausflug auf dem Rhein ist ein wunderbares Erlebnis. Mitten auf dem Strom bieten sich prachtvolle Blicke auf beide Ufer – eine Sichtweise, die so manche Überraschung birgt. Gleichermaßen anregend wie entspannend ist auch das Reisetempo. Anders als bei einer Auto- oder Bahnreise nähert man sich den schönen Ansichten mit Bedacht – und ebenso würdevoll gleiten sie vorbei.
In ***Unkel*** *bietet sich an der Schiffsanlegestelle die Möglichkeit, die Tour mit einer* ***Schiffahrt*** *über den Rhein zu variieren. Sowohl in Richtung* ***Linz*** *als auch in Richtung* ***Bonn*** *fahren in der Saison vom Frühjahr bis in den Spätsommer täglich Schiffe der »Weißen Flotte«, von den großen Schiffen der Köln-Düsseldorfer (Foto: der neue Katamaran, der ab Sommer 2004 auf dem Rhein verkehrt) bis hin zu kleinen Booten regionaler Schifffahrtslinien.*
Für ein »kurzweiliges Rheinerlebnis« eignet sich übrigens auch die preiswerte Benutzung einer Fähre. In Erpel gibt es die gemütliche Personenfähre »Nixe«, die zu einem Ausflug auf die andere Rheinseite, etwa nach Remagen, einlädt.

Von Linz aus kann man mit dem Bus (Linie 565) oder der Bahn zurück nach Unkel fahren.

TOUR 14 – Radtour: Von Rheinbreitbach nach Königswinter

Strecke: 8 km (eine Strecke)
Höhenmeter: < 5 m
leicht, Familien-freundlich

Startpunkt ist der schön gelegene Biergarten Baumgarten am Rheinbreitbacher Rheinufer. Gleich hier kann man zwischen zwei Alternativen wählen: entweder die befestigte Straße rechts vom Biergarten (Heerstraße – für Schnellfahrer oder ungeübte Kinder geeignet, da sie kaum von Autos befahren wird) oder den schmalen Leinpfad direkt am Rhein (Vorsicht vor der Böschung!). Die Strecke passiert die Bad Honnefer Rheinfähre und führt dann weiter entlang der Insel Grafenwerth, die über Tennisplätze und ein Freibad verfügt. Für Familien mit kleinen Kindern lohnt sich die autofreie Insel als Zielpunkt. Hier kann man nach Belieben radeln, auf den ausgedehnten Rasenflächen spielen, durch den Sand zur Nordspitze mit Blick auf den Drachenfels waten oder an der Südspitze zwischen alten Wei-

Treffpunkt zur Familienradeltour nach Königswinter – der Biergarten Baumgarten in Rheinbreitbach direkt am Rhein

den Rheinkiesel titschen lassen. Auch hier gibt es einen hübschen Biergarten und für die Kleinen (oder Großen) ein Eis. Bei Niedrigwasser bedarf man gar nicht der beiden Brücken, die zur Insel führen, sondern kann trockenen Fußes über die Basaltbrocken balancieren, die von der Rheinfähre und von der Honnefer Längsseite aus nach Grafenwerth führen. Vor der Insel liegt der historische Aalschokker »Aranka«. Von der Straßenbahn-Endhaltestelle aus geht es Richtung Bad Honnef-Rhöndorf, das als Wohnort von Konrad Adenauer berühmt geworden ist. Neben dem Adenauerhaus gibt es dort aber noch viel mehr zu sehen, insbesondere sehr hübsche Fachwerkbauten. Von Rhöndorf aus führt ein Weg durch die Weinberge zum Gipfel des Drachenfels. Wir fahren jedoch zunächst weiter parallel zur Straßenbahnstrecke nach Königswinter. Bei Hochwasser wird die Rheinpromenade samt Gleisen überspült und ein »Schienenersatzverkehr« mit Bussen eingerichet.

Aalschokker vor der alten Brücke zur Insel Grafenwerth (Bad Honnef)

Königswinter selbst ist recht touristisch geprägt. An der gepflegten Rheinpromenade mit Kopfweiden befindet sich eine Schiffsanlegestelle nach der anderen. Neben der sehenswerten Hauptstraße mit schönen Gebäuden aus verschiedenen Jahrhunderten lohnt sich ein Abstecher in das sehr informative Siebengebirgsmuseum in der Kellerstraße. Weiter am Berghang hat man Anschluss an die Zahnradbahn Richtung Drachenfels. Er lässt sich aber auch per pedes (vorbei an teils kitschigen, teils nostalgischen Andenkenbuden) oder – für Kinder – auch auf einem Esel erreichen. Diesen unermüdlichen Begleitern ist an der Rheinpromenade eigens ein Denkmal gesetzt worden.

Alternativen für den Rückweg:

1. Mit der Straßenbahn

Den Rückweg kann man sehr bequem mit der Straßenbahn verkürzen. Die Strecke zwischen Königswinter und Bad Honnef führt direkt am Rhein entlang und gehört zu den schönsten

Ein Märchenschloss – Schloss Drachenburg am Drachenfels

weit und breit. Fahrkarten, auch für das Rad, kann man an den Automaten oder direkt in der Bahn lösen und entwerten.

2. Auf der anderen Rheinseite

Mit der Autofähre lässt sich schnell und bequem Mehlem erreichen. Hier führt der Weg an der Insel Nonnenwerth (mit Kloster und Gymnasium, für Fremde nicht zu besuchen) vorbei und am romantischen Rolandsbogen.

3. Weiter zurück nach Remagen

Auf der anderen Seite empfiehlt sich auch eine Tour zur alten Römerstadt Remagen mit zahlreichen Sehenswürdigkeiten. Von hier aus kann man mit der Fußgängerfähre nach Erpel übersetzen.

TOUR 15 – Radtour: Die erlebnisreiche Rheinstrecke von Neuwied nach Rheinbreitbach

Die Radtour ist ca. 30 km lang und beginnt an der **Deichmauer in Neuwied.** Sie führt dann in nördlicher Richtung am Schlosspark vorbei nach **Irlich.** Nach **Überquerung der Wied** und **Unterquerung der B 42** biegt sie links in die **Kurtrierer Straße** ab, wo die Straße nach einiger Zeit zum Rad- und Gehweg wird.

An der **B 42** entlang geht es weiter bis zum Stadtteil **Fahr** und ab Ortsausgang Fahr ca. 1 km entlang der **B 42** (Radweg vorhanden) bis nach **Leutesdorf.**

Am **Leutesdorfer** Ortseingang biegt die Tour von der B 42 in Richtung **Rheinanlagen** ab. Sehenswert ist das Zolltor aus der Barockzeit (errichtet 1638) sowie der Frohnhof Ecke Kirchstraße/ Rheinallee (erstmals 868 erwähnt).

Am Ende der Rheinanlagen geht es dann nach rechts in die **Hintergasse** und von dort links in die **Krautsgasse,** welche nach einiger Zeit zum Langenbergsweg wird.

Am Ende des Weges führt die Radtour links in die **Hauptstraße** und nach nur

Ein römischer Wachturm am Anfang des Limes (in Rheinbrohl)

50 m rechts in die **Rätsgasse**. Diese Gasse führt mit leichter Steigung zum **Werner-Hammerschlag-Weg**, von welchem links abgebogen wird. Nach ca. 1 km ist rechts das **Hochkreuz** zu sehen, eine neugotische Kreuzgruppe aus dem Jahre 1856. Mit einer leichten Steigung führt die Tour nun durch die Weinberge, wo sich an einer Schutzhütte eine kurze Pause mit Blick auf **Insel Hammerstein** und die Hubertusburg empfiehlt. Auf der anderen Rheinseite erkennt man die Zwiebeltürme des Klosters Namedy.

Dem Radweg weiter folgend geht es an der Ruine Hammerstein vorbei und dann bergab (eventuell absteigen) bis in den Ort Hammerstein.

In **Hammerstein** führt der Weg bis zur **Kapellenstraße** und biegt dort rechts ein, um zum Marktplatz mit der »Königlichen Kapelle« aus dem 11. Jahrhundert zu gelangen.

Über den Markenweg führt die Tour an der **Rheinbrohler Ley** vorbei und weiter bis nach **Rheinbrohl.**

Auf der Hauptverkehrsstraße in Richtung Ortsmitte geht es hinter dem Bahnhof links in die **Hilgersstraße,** von welcher der Radweg bis Bad Honnef nun ausgeschildert ist. Am Übergang Hilgersstraße / Vogtstraße befindet sich der **Gertrudenhof** (877), der heute als Rathaus von Rheinbrohl genutzt wird.

An der Rheinpromenade ist der **Limes-Turm** einen Blick wert, eine Rekonstruktion eines römischen Wachturms an der damaligen Grenze zur Provinz Germanien. Der Limes, der just hier seinen Anfang nimmt, gehört zum UNESCO-Weltkulturerbe. Ein Limes-Informationszentrum ist in Planung, schon jetzt aber kann man den Spuren der antiken Grenzen in Form einer Wanderung folgen.

Von **Rheinbrohl** aus immer am Rhein entlang, mit Blick auf das gegenüber liegende Ufer mit Burg Rheineck, gelangt man nach **Bad Hönningen**. In den Rheinanlagen liegt die Rheinpark-Therme, ein im venezianischen Stil ausgestaltetes Thermalschwimmbad. Es besteht die Möglichkeit, bei der

Kirchstraße einen kurzen Aufenthalt in der Fußgängerzone der Stadt Bad Hönningen einzulegen und die Altstadt zu erkunden. Am Rhein dagegen bietet sich ein schöner Kinderspielplatz für eine Pause an. Nicht weit von Bad Hönningen, umgeben von Weinbergen, liegt das Schloss Arenfels.
Weiter geht es in **Richtung Ariendorf** mit seinen sehenswerten Fachwerkhäusern bis nach **Leubsdorf,** wo sich eine Burg mit romantischen Vierecktürmchen und gotischem Wohnturm aus dem 14. Jahrhundert und weitere denkmalgeschützten Fachwerkhäuser bestaunen lassen.

Anschließend erreicht man den Ortsteil Wallen in der Ortsgemeinde **Dattenberg**. Die Burg Dattenberg ist hier mit Sicherheit einen Blick wert. Die nachfolgende **Stadt Linz** – wegen seiner farbenfrohen Fachwerkhäuser aus verschiedenen Jahrhunderten »die bunte Stadt am Rhein« genannt – bietet dem Besucher zahlreiche Möglichkeiten zum Einkehren und Einkaufen und natürlich jede Menge Sehenswürdigkeiten, z.B. die historischen Überreste der Linzer Stadtmauer mit Rheintor, Neutor und Pulverturm gehören. Das **historische Rathaus** aus den Jahren 1317 bis 1527 mit Glockenspiel,

Hoch über Bad Hönningen – das Schloss Arenfels. Angeblich hat es so viele Fenster wie das Jahr Tage.

die romanische St. **Martinskirche** aus den Jahren 1206 bis 1214, die **Marienkirche** mit Marienaltar aus dem Jahre 1463 und der Kaiserberg mit der **Donatuskapelle** sind weitere sehenswerte Linzer Ziele. Empfehlenswert ist ein Besuch der kurfürstlichen **Burg Linz** aus dem Jahre 1365 mit einer gastronomischen Einrichtung.
Entlang der Weinberge geht es dann weiter über Linzhausen in Richtung **Kasbach-Ohlenberg**. Weit oben am Hand liegt die **Burg Ockenfels**. An ihrer Stelle befand sich früher die **Burg Leyen**, welche jedoch im Jahre 1475 zerstört wurde. Zwischen 1924 und 1927 wurde auf den Ruinen das heutige Burghaus errichtet. Bei **Kasbach-Ohlenberg** empfiehlt sich ein kurzer Ausflug über die Kasbachtalstraße in das historische Zentrum. Die 1100 Jahre alte Geschichte des Ortes spiegelt sich in gepflegten Fachwerkhäusern und einer Privatbrauerei wider.

Unkel einmal anders – Mondscheintour mit Nachtwächter Jagau

Danach führt die Strecke entlang der B 42 oder auf dem bergseitigen Weg entlang der Bahnstrecke in Richtung Erpel. In jedem Fall passiert man die Reste der im Zweiten Weltkrieg berühmt gewordenen «Remagener Brücke«. Die »Herrlichkeit« Erpel gefällt insbesondere durch ihren schönen Marktplatz und das alte Rathaus direkt neben der romanischen Kirche. Sehr sehenswert sind auch der Fronhof und das Neutor.
Von hier aus geht es weiter bis zur **Stadt Unkel**, deren reizvolle Rheinpromenade sich mit dem markanten Gefängnisturm ankündigt. Entlang der herrlich gelegenen Unkeler Pfarrkirche mit ihrem alten Friedhof und mittelalterlichen Herrensitzen führt die Strecke mit zum Freiligrathhaus.
Ab hier heißt es absteigen und einige Hundert Meter schieben – die Parkanlage mit ihren riesigen Pappeln ist Fußgängern vorbehalten – oder die Unkeler Altstadt mit ihren malerischen Gassen erkunden.
An der Bahnstrecke entlang führt ein Fahrradweg bis nach **Rheinbreitbach.** Die Radtour kann nun noch nach eigenem Ermessen bis **Bad Honnef** fortgesetzt werden (s. Tour 15). Beschil-

Nach der Radtour schmeckt's doppelt so gut. Prost, Friederike!

derungen sind vorhanden und weisen den rechten Weg. *(Die Tour folgt im Wesentlichen einer Empfehlung der Rad-Rundkurse im Landkreis Neuwied, herausgegeben von der Sparkasse Neuwied. Ein Set mit weiteren Radtouren incl. Panoramakarten ist erhältlich.)*

Ausflüge in die weitere Umgebung

Einige weitere Städte mit ihren Sehenswürdigkeiten:

Bad Honnef: Ruhige Kongressstadt mit Flair. Frühgotische Pfarrkirche St. Johann Baptist, Kurhaus im Jugendstil, gründerzeitliche Villen und Parks entlang der Hauptstraße, mittelalterliche Burgfundamente Reitersdorf, Ortsteil Rhöndorf mit Adenauer-Haus, Ortsteil Rommersdorf mit Villa Schaaffhausen (Bildungsstätte und vegetarisches Restaurant), Fachwerkhäusern und romantischem Annatal, Rheininsel Grafenwerth mit Freibad und Tennisanlagen, mittelalterliche Burgruine Löwenburg (Siebengebirge).

Königswinter: Traditionelle Fremdenverkehrsstadt am Fuße des Drachenfels mit Schloss Drachenburg, Nibelungenhalle, Reptilienzoo; Petersberg mit Bundesgästehaus und keltischem Ringwall; Hauptstraße mit Winzerhöfen und Bürgerhäusern aus vier Jahrhunderten, Siebengebirgsmuseum; Kloster und Chorruine Heisterbach; landeskundliches Museum Haus Schlesien; Oberdollendorf: altes Winzerdorf mit historischen Weingütern, Brückenmuseum; Oberpleis: schöne romanische Probsteikirche. Königswinter-Margarethenhöhe: Naturparkhaus Siebengebirge

Linz: »Bunte Stadt« am Rhein: Kurfürstliche Burg Linz (erbaut 1365) mit Kinoptikum, Puppenstube, Waffen- und Folterkammer, römische Glashütte, mittelalterliche Gastronomie (der mittleren und gehobenen Klasse), romanische Pfarrkirche St. Martin mit Fresken des 13. Jahrhunderts, alte

Schönste Romanik – Klosterkirche Maria Laach in der Vulkaneifel

Stadtbefestigung, Fachwerkhäuser aus drei Jahrhunderten, Rathaus aus dem 16. Jahrhundert mit Glockenspiel.

Remagen: Wallfahrtskirche St. Apollinaris, Friedensmuseum »Brücke von Remagen«, Rolandsbogen, Klosterinsel Nonnenwerth (von Fremden nur zur Samstagabendmesse zu erreichen), Arpmuseum Bahnhof Rolandseck, Wildpark Rolandseck, Yachthafen Oberwinter, Römisches Museum, Romanisches Pfarrhoftor, Skulpturenufer, Straußenfarm.

Neuwied: Hochwasserschutzdeich, Zoo, Viertel der Herrnhuter Brüdergemeinde, Galerie in der ehemaligen Mennonitenkirche, Burgruine Altwied, Museum für die Archäologie des Eiszeitalters Schloss Monrepos, Schloss Neuwied und Schlosspark, Schloss Engers, Ruine Kreuzkirche, Kreismuseum (u.a. mit Möbeln von Abraham und David Roentgen), Feldkirche und die Abtei Rommersdorf.

Koblenz: Eine der ältesten Städte Deutschlands am Zusammenfluss von Rhein und Mosel. Zeugnisse der über 2000jährigen Geschichte der Stadt sind Kirchen, Schlösser, ehemalige Adelshöfe und herrschaftliche Bürgerhäuser. Deutsches Eck, Ludwig-Museum im Deutschherrenhaus, Basilika St. Kastor, Peter-Altmeier-Denkmal, Deutscher Kaiser, Florinskirche, Mittelrheinmuseum im alten »Kauf- und Danzhaus«, Liebfrauenkirche, Alte Burg, Balduinbrücke, Münzplatz – Alte Münze – Haus Metternich, Vier Türme, der Plan, Jesuitenplatz, Schängelbrunnen, Rheinkran am Konrad-Adenauer-Ufer, Theater und Obelisk, Kurfürstliches Schloss, Kaiserin-Augusta-Anlagen und Görres-Denkmal; Koblenz-Ehrenbreitstein, Beethoven-Gedenkstätte, Festung Ehrenbreitstein; Schloss Stolzenfels, das Weindorf, Fort Konstan-

Nostalgischer Charme der 50er – Märchenpark in Bad Breisig

tin mit Fastnachtsmuseum Koblenz, Fort Asterstein; 2011 Ausrichter der Bundesgartenschau als erste Stadt in Rheinland-Pfalz.

Im Jahr 2002 hat die UNESCO das obere Mittelrheintal, eine der großartigsten und ältesten Kulturlandschaften, in die Reihe der Weltkulturerbestätten aufgenommen. Von der alten Römerstadt Koblenz bis zur sagenhaften Loreley spannt sich der Bogen der Burgen und Schlösser in den Steillagen der bekannten Rheinweine.

Ausflugstipps in aller Kürze:

- Märchenwald in Bad Breisig
- Ahrtal mit dem Nürburgring
- Kloster Maria Laach in der Vulkaneifel
- Geysir in Andernach (weltweit größter Kaltwassergeysir auf dem Namedyer Werth)

Literatur zu weiteren Ausflugszielen und Touren

BERG, Guido: Siebengebirge – Ein Reisehandbuch, Kobo Verlag, Remagen, 2000

BLITZ, Georg / MÜLLER, Emmerich: Wandern und Einkehren, Westerwald/Siebengebirge, Drei Brunnen Verlag Stuttgart, 1999

CASPERSEN, G. / PUTZBACH, C. : Lust aufs Land, Ellert&Richter Verlag, Hamburg, 1999

DÖRR, Josef: Das Naturpark-Wanderbuch. 25 Wanderungen im Naturpark Rhein-Westerwald Bd. 1; Verlag Sänger, Bonn, 1990

FREMDENVERKEHRSVERBAND RHEINLAND-PFALZ (Hrsg.):
- Der Rheinhöhenweg – linke und rechte Rheinseite.
- Der Rheinhöhenweg – Wandern durch eine alte Kulturlandschaft.

KELLER, G.: Das Picknickbuch für Köln (und Umgebung) – die besten Plätze und die leckersten Rezepte, Campanions Verlag, Hamburg 2002

KREMER, Bruno P. (Hrsg.): Naturführer Bonn und Umgebung, Bouvier Verlag, Bonn 1992

MERZHÄUSER, Willy / WENZEL, Hansjürgen: Eisenbahnen im Westerwald. Freiburg 1996

RICHTER, Günter R.E.: Wanderführer Westerwald mit Siebengebirge. Rund- und Streckenwanderungen. Kompass Wanderführer. Deutscher Wanderverlag Dr. Mair & Schnabel, Stuttgart 1980

SQUENTZ, PETER : Tippeltouren, Bd. 1, 2, 3 und 9, Bachem Verlag, Köln

SIEWERS, U.: Erlebnis-Wandern beiderseits des Rheins, Bd. 1, Lempertz Verlag, Bonn, 2001

VERKEHRSAMT UNKEL (Hrsg.):
- Rundwanderwege in und um Unkel
- Unkel–Rundwanderweg
- Rotbäckchen-Rundwanderweg

WESTERWALD-VEREIN (Hrsg.): Großer Westerwaldführer. Montabaur 1996

Karten:

Landesvermessungsamt Rheinland-Pfalz: Naturpark Rhein-Westerwald, Blatt 1 (West), Topographische Karte 1: 25 000

Sparkasse Neuwied: Radwandern im Landkreis Neuwied – Panoramakarten für Rad-Rund-Kurse in der Region

Westerwald-Verein: Wandern im Westerwald – Die Hauptwanderwege des Westerwald-Vereins e.V., Montabaur

GeoMap: Radwanderkarte »Köln – Bonn und Umgebung«, 1:50.000 (Freizeiteinrichtungen, Sehenswürdigkeiten, Regionalverkehr)

Anreise in die Verbandsgemeinde Unkel (Skizze S. 2)

Anreise mit PKW:
- Aus Richtung Köln: A 555 bis Bonn, A 565 Bonn-Beuel Nord, A 59 Richtung Königswinter, B 42 bis Rheinbreitbach, Unkel oder Erpel
- Aus Richtung Ruhrgebiet bzw. Leverkusen: A 3, A 59, B 42 bis Rheinbreitbach, Unkel oder Erpel
- Aus Richtung Frankfurt: A 3 bis Abfahrt Bad Honnef/Linz.
- Aus Richtung Koblenz: B 9, Autoschnellfähre (z.B. Bad Hönningen, Linz oder Bad Honnef) oder direkt über B 42 am Rhein entlang.

Anreise mit dem Flugzeug:
Köln/Bonn Airport,
Mit dem Auto: 20 Minuten Entfernung, Anreise über Flughafenautobahn A 59 Richtung Bonn
Mit dem Bus: Über Köln, Bonn, Flughafenlinie 670, dann Stadtbahnlinie 66

Anreise mit der Deutschen Bahn:
Strecke Köln/Koblenz:
RE 8 Rhein-Erft-Express und RB 27 Rhein-Erft-Bahn. Halt in Erpel, Unkel und Bad Honnef.
Takt: ca. alle 30 Minuten

Anreise mit der Siebengebirgsbahn:
- von Bonn/Siegburg mit Stadtbahn Linie 66 bis Endhaltestelle Bad Honnef, Weiterfahrt mit Buslinie xyz

Buslinien

Buslinie 565 (Becker/VRS)
Bad Honnef – Rheinbreitbach – Scheuren – Unkel – Heister – Erpel – Linz.

Buslinie 134 (RWN)
Unkel – Bruchhausen – Orsberg

Schiffahrtslinien

Personenschiffahrt Siebengebirge
Siebengebirgslinie
53173 Bonn-Bad Godesberg
Rheinallee 59
Tel. 02 28 / 36 37 37
Fax 02 28 / 36 49 94
www. siebengebirgslinie-bonn.de

KD – Köln-Düsseldorfer Rheinschiffahrt AG
Agentur Unkel, Rheinpromenade
Tel. und Fax 0 22 24 / 7 13 66

Bonner Personen Schiffahrt
53111 Bonn, Brassertufer, Alter Zoll
Tel. 02 28 / 63 63 63
Fax 02 28 / 69 52 12
www.B-P-S.de

Personen- und Radfähre Erpel-Remagen: Fährbetrieb Dieter Lasch
53579 Erpel, Rieslingstrasse 16
Telefon 0172/2313539
www.Nixe.Erpel.org

Rheinfähre Linz-Kripp GmbH
Petrus-Sinzig-Str. 3
53545 Linz/Rhein
Tel. 0 26 44 / 96 15 50
Fax 0 26 44 / 96 15 40
www.rheinfaehre-linz-remagen.de

Weitere Adressen

Verkehrsamt Unkel
Rathaus
53572 Unkel
Tel. 0 22 24 / 33 09

Touristinformation Unkel
Linzer Straße 2 (Rathaus)
53572 Unkel
Tel 0 22 24 / 90 28 22
Fax 0 22 24 / 90 28 85
E-Mail: Unkel@t-online.de
www.rhein-wied.net/Unkel
Dort auch Auskunft und Verkauf von DB-Fahrkarten.

Auskünfte:
Verbandsgemeindeverwaltung
53572 Unkel/Rhein
Tel. 0 22 24 / 1 80 60

VRM - Verkehrsverbund Rhein-Mosel GmbH
Schloßstraße 18–20
56068 Koblenz
www.vrminfo.de
Info-Hotline: 018 05 - 986 986 (0,12 EURO / Minute)

Jugendherberge Bad Honnef
Selhofer Str. 106
53604 Bad Honnef
Tel. 0 22 24 / 7 13 00
Fax 0 22 24 / 7 92 26

Campingplatz Alexander Klinger am Rhein
Maarweg 2
53619 Rheinbreitbach
Tel. 0 22 24 / 7 11 03

Kleinwochenend-Platz Bruchhauser Heide
Petra Kayser, Gut Haanhof
53572 Bruchhausen
Tel. 0 22 24 / 7 67 85

Reiterhof Telohe
Gut Hohenunkel
53572 Bruchhausen
Tel. 0 22 24 / 7 33 30

Kanu-Club Unkel e.V.
Auf dem Rheinbüchel 32 a
53572 Unkel
Tel. 0 22 24 / 7 89 15

Westerwald-Verein e.V.
Peter-Altmeier-Platz 1
56410 Montabaur
Tel. 0 26 02 / 12 42 2
Fax 0 26 02 / 12 45 42

Deutsche Wanderjugend
Tannenweg 22, 71364 Winnenden
Tel. 0 71 95 / 9 24 50
http:/www.wanderjugend.de

LITERATUR

BÜCHER

ADENAUER, Heinz: Der Weinbau in Bruchhausen in Vergangenheit und Gegenwart. Vortrag anlässlich der Festveranstaltung 100 Jahre Winzerkeller Bruchhausen am 23.09.2001. Hrsg. Heimat- und Geschichtsverein Bruchhausen.

AICHELE, Dietmar: Was blüht denn da? Wildwachsende Blütenpflanzen Mitteleuropas. Wissenschaftliche Buchgesellschaft, Darmstadt 1994

AICHELE, Dietmar und Renate / Schwegler, Heinz-Werner und Anneliese: Welcher Baum ist das? Bäume, Sträucher, Ziergehölze. Wissenschaftliche Buchgesellschaft, Darmstadt 1992

AUBIN, H.: Geschichtlicher Handatlas der Rheinprovinz. Bachem Verlag, Köln, 1926

BAATZ, Dietwulf: Der römische Limes. Gebr. Mann Verlag, Berlin 1993

BARTOLOSCH, Thomas : Basalt im Westerwald – Zur Wirtschafts- und Sozialgeschichte der Basaltindustrie im Westerwälder Wirtschaftsraum. Westerwälder Beiträge 2, Hachenburg 1982

BASALT AG LINZ: 50 Jahre (1888-1938) Basalt AG Linz. Nachdruck 1994. Hrsg.: Heimat- und Geschichtsverein Bruchhausen

BECKER-HUBERTI: Feiern, Feste, Jahreszeiten – Lebendige Bräuche im ganzen Jahr

BERRES, Frieder: 2000 Jahre Schiffahrt am Siebengebirge. Königswinter in Geschichte und Gegenwart, Heft 6. St. Augustin 1999

BERRES, Frieder: Gesteine des Siebengebirges. Entstehung – Gewinnung – Verwendung. Rheinlandia Verlag, Siegburg 1996

BÖCKING, W.: Nachen und Netze – Die Rheinfischerei zwischen Emmerich und Honnef. Rheinland-Verlag, Köln 1982

BOEHNCKE, Heiner / SARKOWICZ, Hans: Die rheinischen Räuberbanden. Eichborn Verlag, 1997

BOOS, R.: Rheinschiffahrt einst. Bd. XXI der Reihe »Historisches vom Strom«. Verlag Mann, Gelsenkirchen

BORN, Gisela /BRACH, Rainer / ROHFLEISCH, Martina: Aus Feuer und Wasser. Geologischer Wanderführer durch Stadt und Land. Band 1: Unkel und Bruchhausen. edition wolkenburg, Rheinbreitbach 2003.

BOSINSKI, G. / EVERS, D: Jagd im Eiszeitalter. Rheinland-Verlag, Köln, 1979

BRACH, Rainer: Aus der Vergangenheit Unkels. Unkel 1988

BRAUN, Andreas / MÖRS, Thomas: Geologie und Paläontologie im Devon und Tertiär der ICE-Trasse im Siebengebirge. Selbstverlag des Naturhistorischen Vereins Bonn. Dechenania-Beiheft (Bonn) Nr. 39. Bonn 2001

BROSS, Jacques: Mythologie der Bäume. Patmos Verlag / Walter Verlag, Düsseldorf Zürich 2001

BRÜNE, Lothar / WEILER, Jakob: Remagen im März 1945 – Eine Dokumentation zur Schlußphase des 2. Weltkrieges. Hrsg. Friedensmuseum Remagen, 2. Aufl. 1994

BUSCH, Gabriel: Alte Kirchen um den Michaelsberg. Bd. II. Siegburg 1986

CLEMEN, Paul: Die Kunstdenkmäler der Rheinprovinz. Bd. 16: Die Kunstdenkmäler des Kreises Neuwied. 1940

DAUB, Richard.: Wallfahrtsort Bruchhausen in Geschichte und Sage. 1956, Neuauflage 1986

DT. GESELLSCHAFT FÜR FREIZEIT (HRSG.): Natur und Erholung – Probleme – Grundsätze – Forderungen. Düsseldorf (DGF) 1983

DITTMAYER, Ralf (Hrsg.): Rheinbreitbach – ein Dorf am Strom. Der Fotograf Karl Bornheim. Quartett-Verlag, Rheinbreitbach, 1991

DIX, A. (Hrsg.): Angewandte Historische Geographie im Rheinland. RVDL-Verlag, Köln 1997

DÖRING, Alois: Glockenbeiern im Rheinland. Rheinland-Verlag, 1988

ENGELBRECHT, J. / KÜHN, N. / WIEMER, K.P.: Rheingold. Menschen und Mentalitäten im Rheinland. Eine Landkunde. Verlag Böhlau, Köln 2003

ENGLBRECHT, Jolanda: Blumen aus dem Bauerngarten. Gräfe und Unzer, München 1993

Das ERZBISTUM KÖLN. Von den Anfängen in der Römerzeit bis zum Ende des 20. Jahrhunderts. Bd. I–V. Echo Verlag, 1994–1998

FAUST, Berthold / HUTTER, Claus-Peter: Wunderland am Wegesrand. Thienemann Naturwegweiser, Stuttgart 1988

FEDERHEN, Franz Josef: Der Heilige Joseph kehrt zurück. edition wolkenburg, Rheinbreitbach 2004

FRECKMANN, K. / Kühn, N.: Die Verehrung des hl. Hubertus im Rheinland. RVDL-Verlag, Köln 1994

FUCHS, H. J. / KALBHENN, S. / MUHR, M.: Rheinbreitbach mit Schlägel und Eisen. Bergbaugeschichte, Geologie, Mineralien. Doris Bode Verlag, Haltern/Westf. 1986

GEBHARDT / KINZELBACH / SCHMIDT-FISCHER (Hrsg.): Gebietsfremde Tierarten – Auswirkungen auf einheimische Arten, Lebensgemeinschaften und Biotope – Situationsanalyse. Ecomed Verlag, 1996

GECHTER, Michael / GECHTER, Marianne / JAGAU, Siegfried / VOLLMER, Rudolf: 1100 Jahre Unkel, 700 Jahre Scheuren. Stadt Unkel 1986

GERKEN, B. / MEYER, C.: Wo lebten Pflanzen und Tiere in der Naturlandschaft und der frühen Kulturlandschaft Europas? Höxter 1996

GESCHICHTSVEREIN UNKEL (Hrsg.): Unkeler Geschichtsbote
- Nr. 4/1997: Wegekreuze in Unkel
- Nr. 5/1998: Fastnacht – Fasching – Karneval.
- Nr. 7/1999: Ende des Krieges und Nachkriegszeit in Unkel.
- Nr. 8/2000: Schule in Unkel: damals – heute.
- Nr. 10/2001: Unkeler Gasthäuser – einst und jetzt.

DAS GROSSE BUCH VOM HOLZ. Holzwirtschaft, Rohstoff, Baustoff, Werkstoff, Handwerk, Kunst, Geschichte, Holzartenlexikon. Nikol Verlagsgesellschaft Hamburg 2003

HACHENBERG, F: 2000 Jahre Waldgemeinschaften am Mittelrhein. Landesmuseum Koblenz, 1992

HEIMAT- UND GESCHICHTSVEREIN BRUCHHAUSEN (Hrsg.):

- Die Hexenkönigin von Bruchhausen. Auf den Spuren der Anna Katharina Spee. Von Gisela Born-Siebicke, Ernst Breit, Elmar Wiegelmann. edition wolkenburg, Rheinbreitbach 2002

- Johannes der Täufer. Geschichte, Verehrung und Brauchtum. Von Adalbert Fuchs. edition wolkenburg, Rheinbreitbach 2004

- 1000 Jahre Bruchhausen. Beiträge zur Ortsgeschichte. Ein Heimatbuch. Bruchhausen 1995

HEIMATVEREIN RHEINBREITBACH (Hrsg.):

- Altes Handwerk in Rheinbreitbach. Stellmacherei – Lohschälen – "Fruchhaue mem Seech". Von Ferdinand Eberweiser, Jürgen Fuchs und Bernd Hamacher. Rheinbreitbacher Heimathefte 2002.

- De Steinwäch eraff op de Bröck an. Wörterbuch und Histörchen in Rheinbreitbacher Mundart. Rheinbreitbacher Heimathefte 2000.

- Haus Elisabeth. Häuser erzählen Geschichte. Von Franz Josef Federhen. Rheinbreitbacher Heimathefte 2001.

- 1923. Vor 80 Jahren: Inflation – Separatistenherrschaft – Kirche und Vereine. Rheinbreitbacher Heimathefte 2003. edition wolkenburg, Rheinbreitbach 2003

- Rheinbreitbacher Kirchengeschichte. Katholische Pfarre und Kirche St. Maria Magdalena, Leonarduskapelle, Evangelische Kirchengemeinde. Von: Franz Josef Federhen, Bernd Hamacher, Ferdinand Eberweiser. Rheinbreitbacher Heimathefte 1999

- Sagenhaftes Rheinbreitbach. Geschichten rund um den Koppel. Rheinbreitbacher Heimathefte 1998

- 750 Jahre Herren von Breitbach, 1246–1996. Von Franz Josef Federhen und Bernd Hamacher. Rheinbreitbacher Heimathefte 1996

- Stille Zeugen der Vergangenheit. Wegekreuze in Rheinbreitbach. Rheinbreitbacher Heimathefte 1995

HEINEN, N. (Hrsg.): Naturschutz im Rheinland – RVDL Jahrbuch 1989-1991. Kommissions Verlag Neuss 1993

HILLEBRAND, Walter / LOTT, Heinz / PFAFF, Franz: Taschenbuch der Rebsorten. Fachverlag Dr. Fraund. Mainz 1972

HIRSCHFELDER, G.: Europäische Esskultur, Campus Verlag, 2002

HOHENADL, Jörg: Stadt, Land, Fluß – Kulinarischer Wegbegleiter durch den Naturpark Rhein-Westerwald. Neuwied, 1997

HOFFMANN, A.: Beschreibung rheinland-pfälzischer Bergamtsbezirke. Bd. 1, Betzdorf, 1964

HONNEN, Peter: Kappes, Knies und Klüngel. Regionalwörterbuch des Rheinlandes. Rheinland Verlag, Köln 2003

100 JAHRE ST.-JOSEPH-BÜRGERVEREIN SCHEUREN. Fest- und Heimatschrift anlässlich des 100jährigen Bestehens des St.-Joseph-Bürgervereins Scheuren, Kirmes 2001. Unkel-Scheuren 2001

HUTH, G.: Die Sache mit der Wilderei – Ursachen, Methoden, Jagdschutz. BLV-Verlag,1983

HUTTER, Claus-Peter / LINK, Fritz-Gerhard: Wunderland am Waldesrand. Thienemann Naturwegweiser Stuttgart 1990

JUNGBLUTH, Uli: Hitlers Geheimwaffen im Westerwald. Zum Einsatz der V-Waffen gegen Ende des Zweiten Weltkrieges. Montabaur/Westerburg 1996

KASTNER, Dieter / Torunsky, Vera: Kleine rheinische Geschichte 1815–1986. Rheinland-Verlag, Köln 1987

KELLER, Hiltgart L.: Reclams Lexikon der Heiligen und der biblischen Gestalten. Stuttgart 1996

KEMP, Franz Hermann: Alt-Unkeler Bilderbuch. Geschichte der Stadt in Bildern. Löwenburg Verlag Bad Honnef 1979

KLEMME, B. / HOLTERMAN, D.: Delikatessen am Wegesrand – Un-Kräuter zum Genießen. Bd. I und II, W. Rau Verlag, 1996

KLINGENSTEIN, F./ Ludwig, G.: Ursachen des Artenrückgangs von Wildpflanzen und Möglichkeiten zur Erhaltung der Artenvielfalt. Bundesamt für Naturschutz, Münster: Landwirtschaftsverlag, 1998

KLÖHS, Karl Josef: Kaiserwetter am Siebengebirge. Edition Loge 7, Königswinter 2003

KNOCHE, Bianca: Auf den Hund gekommen? Natur- und Kulturgeschichte des Hundes.Westf. Museum für Naturkunde, 2001

KOENIGSWALD, Wighart v. / Meyer, Wilhelm (Hrsg.): Erdgeschichte im Rheinland. Fossilien und Gesteine aus 400 Millionen Jahren. Verlag Dr. Friedrich Pfeil, München 1994

KOENIGSWALD, Wighart v. (Hrsg.): Fossillagerstätte Rott bei Hennef im Siebengebirge. Rheinlandia Verlag, Siegburg 1996

KREISVERWALTUNG DES WESTERWALDKREISES (Hrsg.): Landschaftsmuseum Westerwald Hachenburg. Museumsführer. Montabaur 1993

KREISVERWALTUNG NEUWIED, UNTERE DENKMALSCHUTZBEHÖRDE (Hrsg.): Unter Dach und Fach. Fachwerkhäuser und –höfe im Landkreis Neuwied. Denkmalpflege im Landkreis Neuwied. Von Dr. Reinhard Lahr. Neuwied 2000

KREMER, Bruno P.: Lebensraum aus Menschenhand – Schützenswerte Biotope der rheinischen Kulturlandschaft. RVDL-Verlag, Köln, 1997

KREMER, Bruno P.; Mit dem Schiff durch die Erdgeschichte - von Bonn nach Linz. Bouvier Verlag Bonn, 1993

KREMER, Bruno P. (Hrsg.): Das Siebengebirge. Natur, Landschaft, Kultur. Wienand Köln 2002

KREMP / LAUTZAS: Landesgeschichtlicher Exkursionsführer Rheinland-Pfalz. Bd. 3. Reg.Bez. Koblenz, 1993

KRETSCHMER, Horst: Der Gefängnisturm von Unkel und die frühere Stadtbefestigung. Kur- und Verkehrsverein Unkel 2000

LANDESJAGDVERBAND RHEINLAND-PFALZ (Hrsg.): Wald und Wild – kulinarisch erleben. Gensingen

LANDKREIS NEUWIED. Aus der Reihe: Deutsche Landkreise im Portrait. »Edition Städte – Kreise – Regionen. Verlag Kommunikation & Wirtschaft, Oldenburg 2002

LANDSCHAFTSVERBAND RHEINLAND, AMT FÜR RHEINISCHE LANDESKUNDE (Hrsg.):

- Rheinischer Städteatlas, Erpel, Lieferung XIII Nr. 69, Köln 1998,
- Der Wald – Beiträge der Colloquien »Wald und Naturschutz« und »Kulturlandschaft Wald«. Verlag Rhein. Verein für Denkmalpflege und Landschaftsschutz, Köln, 1997
- Wallfahrt im Rheinland. 1981 (Volkskundliche Untersuchung; 14)

LANDSCHAFTVERBAND RHEINLAND (Hrsg.): Obstwiesen in Kultur und Landschaft – Tagungsdokumentation 10/2000. LVR Köln, 2001

LANGENSIEPEN, Fritz (Hrsg.): Bierkultur an Rhein und Maas. Bouvier Verlag, 1998

LAUDERT, Doris: Mythos Baum – Was Bäume uns Menschen bedeuten – Geschichte, Brauchtum, 30 Baumporträts. BLV Verlag, München 1998

MAGKA, HEINZ: Liebe in Unkel – Eine Freiligrath-Novelle. Bad Honnef, Horlemann, 2002

MANTEL, Kurt: Wald und Forst in der Geschichte. Ein Lehr- und Handbuch. Verlag Schaper, 1990

MICHEL, C.: Goethe – Der Dichter und der Wein. Insel Verlag Frankfurt, 2000

MINISTERIUM FÜR UMWELT UND NATURSCHUTZ, Landwirtschaft und Verbraucherschutz des Landes Nordrhein-Westfalen: Fische unserer Bäche und Flüsse. Düsseldorf 2001

MITTELRHEIN-MUSEUM – STADTARCHIV KOBLENZ (Hrsg.): Im Wandel der Zeit – 2000 Jahre an Rhein und Mosel.

- Heft 11: Handel und Schiffahrt.
- Heft 18: Landwirtschaft und Weinbau. Waanders Verlag, 2000 und 2001

MÜLLER, G.: Alte Obstsorten. Kosmos Verlag, 1995

MÜLLER, K.: Kulinarisches Paradies Rheinland – Küchengeheimnisse, Rezepte und andere leckere Geschichten. Eichborn Verlag

MÜLLER-VELTIN, Kurt: Mittelrheinische Steinkreuze aus Basaltlava.

MUSEUM FÜR DT. VOLKSKUNDE (Hrsg.): Das Bild vom Bauern – Vorstellungen und Wirklichkeit vom 16. Jahrhundert bis zur Gegenwart. Berlin 1978

ORTSGEMEINDE ERPEL (Hrsg.): Die Ludendorffbrücke Erpel – Remagen. O.J.

ORTSGEMEINDE RHEINBREITBACH (Hrsg.): Gebrüder-Grimm-Schule. Zur Eröffnung. Von Franz Josef Federhen. O. J.

OSSENDORF, Karlheinz: Danken und Feiern – Erntedankfeste an Rhein und Sieg einst und jetzt. Rheinlandia Verlag, Siegburg 1997

OSSENDORF, Karlheinz: Mönche als Weinbauern. Die Bedeutung der Heisterbacher Zisterzienser für den Weinbau am nördlichen Mittelrhein. Rheinlandia Verlag, Siegburg 2000

OSSENDORF, Karlheinz: Sankt Martin war ein guter Mann – Uralte Bräuche zum 11. November. Rhein und Sieg im Wandel der Zeit, Rheinlandia Verlag, Siegburg 1999

OSSENDORF, Karlheinz: Weggeld und Hillich fordern – Hochzeitsbrauchtum links und rechts des Rheines aus historischer Sicht. Rheinlandia Verlag, Siegburg 1998

OSSENDORF, Karlheinz: »Wenn dä Mann dat Fähndel schwenk ...« Vom schwingenden Brauch der Junggesellen – Geschichte und aktueller Stand. Rheinlandia Verlag, Siegburg 2000

PACZENSKY, G. v. / Dünnebier, A.: Kulturgeschichte des Essens und Trinkens. Orbis Verlag,1994

PITZEN, Hubert: Von Wölfen und Hunden in der Eifel. Helios Verlag, 2001

PRÖSSLER, Helmut: Das Weinbaugebiet Mittelrhein in Geschichte und Gegenwart. Rhenania-Fachverlag, Koblenz 1979

RHEINISCHER VEREIN FÜR DENKMALPFLEGE UND LANDSCHAFTSSCHUTZ (Hrsg.):

- Das Rheintal – Schutz und Entwicklung. RVDL-Verlag, Köln
- Rheinische Kunststätten Heft 406: Bruchhausen (Verbandsgemeinde Unkel). Von Werner Schönhofen. Köln 1994
- Rheinische Kunststätten, Heft 29: Erpel am Rhein. Von Hans Vogts, überarbeitet und ergänzt von Paul-Georg Custodis. Köln 1998
- Rheinische Kunststätten, Heft 359: Der Rolandsbogen in Remagen-Rolandswerth. Zur Wiedererrichtung vor 150 Jahren. Von Josef Ruland. Köln 1997
- Rheinische Kunststätten Heft 106: Stadt Unkel am Rhein. Von Hans Vogts und Franz Hermann Kemp, ergänzt von Paul-Georg Custodis. Köln 1987.

RHEINREISE 2002 – Romantik, Reisen, Realitäten – Frauenleben am Rhein, Bonn 2002

RHEINREISE 2002 – Wein, Weib und Gesang, Bonn 2002

RHEINWALD, G.: Die Vögel zwischen Sieg, Ahr und Erft. Ginster Verlag, 2002

ROESSLER, K.: Der rheinische Dichter Guillaume Apollinaire (1901–1902).Teil 1 – Unkel und Umgebung. Bornheim: Roessler, 2000

ROESSLER, K. u.a.: Literarischer Simrock-Freiligrath-Weg – von Bad Honnef-Menzenberg über Rheinbreitbach und Scheuren nach Unkel am Rhein. Verlag. K. Roessler, Bornheim 2000

RULAND, Josef: Erhalten und gestalten – 75 Jahre Rhein. Verein für Denkmalpflege und Landschaftsschutz, Rhein. Verein, Köln, 1981

SAMBRAUS, H.H.: Gefährdete Nutztierrassen – Ihre Zuchtgeschichte, Nutzung und Bewahrung. Ulmer Verlag, 1994

SAMBRAUS, H.H.: Sambraus Atlas der Nutztierrassen. Ulmer Verlag, 5. Aufl. 2002

SCHLAFKE, Jakob: Wallfahrt im Erzbistum Köln. E. Vey Verlag, Köln, 1989

SCHMITZ, Adalbert N.: Krumscheid. So lebte man einst im Westerwald. edition wolkenburg, Rheinbreitbach 2003

SCHMITZ, Adalbert N.: Lausbub, Meßdiener und Pimpf. Splitter einer Kindheit am Rhein 1931–1947. edition wolkenburg, Rheinbreitbach 1999

SCHMITZ, Adalbert N.: Underem Ränbôre. Gedichte in Linzer Mundart. Hrsg.: Kulturkreis Linz. edition wolkenburg, Rheinbreitbach 2000.

SCHEUREN, Elmar und TRAPP, Christoph: Separatisten im Siebengebirge. Die »Rheinische Republik« des Jahres 1923 und die »Schlacht« bei Aegidienberg (16./17.11.1923). Von Elmar Scheuren und Christoph Trapp. Hrsg.: Stadt Königswinter, Siebengebirgsmuseum der Stadt Königswinter. 1993

SCHNEIDER, Rolf: Vor 1000 Jahren. Alltag im Mittelalter. Weltbild Buchverlag, Augsburg 1999

SCHREIBER, G.: Deutsche Weingeschichte – Der Wein in Volksleben, Kult und Wirtschaft. Rheinland Verlag, Köln 1980

SCHÖNHOFEN, Werner: Bruchhausen (Verbandsgemeinde Unkel). Rheinische Kunststätten, Heft 406. Hrsg.: Rheinischer Verein für Denkmalpflege und Landschaftsschutz. Köln 1994

SCHUCHERT, Josef: Aus dem Leben der Winzer und Bauern am Siebengebirge vor 200 Jahren. Verlag Anton Uelpenich, Oberpleis 1969

STADT KÖNIGSWINTER (Hrsg.): Vor 2000 Jahren ... zur Archäologie der Eisenzeit. Eine Ausstellung des Siebengebirgsmuseums der Stadt Königswinter. Rheinlandia Verlag, Siegburg 1999

STIFTUNG NATURSCHUTZGESCHICHTE (Hrsg.): Wegmarken – Beiträge zur Geschichte des Naturschutzes. Klartext Verlag Essen, 2000

UECKERMANN, E.: Jagd und Jagdgeschichte. Rheinland-Verlag, Köln, 1984

UECKERMANN, E.: Kulturgut Jagd – Ein Führer durch die Jagdgeschichte Nordrhein-Westfalens und zu jagdhistorischen Stätten. Landwirtschaftsverlag Münster, 1994

VAUK, Gottfried / BEHRENDT, Lutz / STUMPF, Jens: Speisekammer Wald und Heide. Wildbret und Wildfrüchte aus heimischen Revieren. Landbuch Verlag Hannover 2000

VERKEHRS- UND VERSCHÖNERUNGSVEREIN ERPEL (Hrsg.):

- Erpel am Rhein. 600 Jahre Kirchenglocke »Osanna«, 600 Jahre 1388er Weistum. Erpel 1988
- Der Marktplatz zu Erpel am Rhein. Erpel 1987
- Die Rheinbrücke von Erpel. 1987

VOIGTLÄNDER, Dorothea F.: Geschichte und Geschichten vom Rhein. 1990

VOIGTLÄNDER, Dorothea F.: Rheinbreitbach – einst und jetzt. Hrsg. vom Heimatverein Rheinbreitbach. Rheinbreitbach 1974

VOLLMER, RUDOLF: Andere Zeiten, anderes Geld – Geldwährungen im kurkölnischen, nassauischen und preußischen Rheinland. Önel Verlag, 1999

VOLLMER, Albert: Hunnen-Sturm am Rhein. Wo gingen die Hunnen über den Rhein? Alvo Verlag 1996

VOLLMER, Rudolf: Unkel am Rhein – Chronik einer Stadt. Önel Verlag, Ankara und Unkel 1995

WEBER, Hermann Joh.: Im Kreuz ist Heil. Betrachtungen zu rheinischen Kunstwerken der gotischen St. Pantaleonskirche Unkel. Verlag Wort und Werk, St. Augustin, 1977

WESTERWALD-VEREIN: Die Zukunft des Westerwaldes als Natur- und Lebensraum - Fachtagung des Westerwaldverein. Montabaur 1993

WIRZ, Ferdinand: Was man von unseren Waldbäumen wissen sollte. Bonn, Koblenz 1966

WOLF, Irmgard / ENGELHARDT, Manfred: Kleine Kulturgeschichte der Rheinlande. Bonn 1998

WOLF, Irmgard / ENGELHARDT, Manfred: Kleine Chronik der Rheinlande. General-Anzeiger Bonn, 1995

WOLF, Irmgard / ENGELHARDT, Manfred: Rheinisches Winter- und Weihnachtsbuch. Brauchtum, Rezepte & Geschichten von St. Martin bis Lichtmess. Avlos Verlag, Köln 2001

WOLF, Irmgard / ENGELHARDT, Manfred: Von Karneval bis Erntedank. Rheinische Bräuche, Rezepte, Sagen & Geschichten. Avlos Verlag, Köln Duisburg 2001

ZEITSCHRIFTENAUFSÄTZE

ADENAUER, Heinz: Alte Friedhofs- und Wegekreuze als Zeitzeugen in Bruchhausen. In: Heimatjahrbuch des Kreises Neuwied, 2003, S.99-105

ADENAUER, Heinz: Der Fernbesitz der Doppelabtei Stablo/Malmedy in Bruchhausen. In: Heimatjahrbuch des Kr. Neuwied 2002, S. 132

CURDT, K.D.; 1000 Jahre Bruchhausen. In: Der Westerwald 3/1995, S. 121

»Do you remember Bruchhausen?« In: The Flash 12/1991, No 4, S. 6

DÖRING, Alois: Weinbau und Weinkultur. In: rhein. Heimatpflege 1/2003, S. 30

EBBINGHAUS, Gerhard: Bruchhausen – Frömmigkeit des späten Mittelalters und der frühen Neuzeit. In: Heimatjahrbuch Kr. Neuwied 1995, S. 78

FUCHS, Adalbert: Das Ende der »großen Räuber« – Wölfe im unteren Westerwald und im Rheinland. Wolf Magazin 2/ 2003, S. 30; Rhein. Heimatpflege 2/2003. S. 146

FUCHS, Heinrich: Weinbau in Bruchhausen. In: Heimatjahrbuch des Kr. Neuwied 1995. S. 130

HAMACHER, Bernd: Stille Zeugen der Vergangenheit – Restaurierung der Rheinbreitbacher Kreuze. In: Heimatjahrbuch des Kr. Neuwied 2001, S. 99

HARTMANN, Mechthild: Naturschutz außerhalb von Schutzgebieten. In: Rhein. Heimatpflege 2/1996. S. 142

HENNIG, J.: Die »Wiege« der Verfassung (RP) stand in Unkel. In: Heimatjahrbuch des Kr. Neuwied, 1998, S. 20

KLEIFELD, H.: Denkmale und Gedenkstätten auf der Erpeler Ley. In: Rheinische Heimatpflege, 1/2000, S. 30

KÜHN, C.: Wallfahrt – Kirmes – Karneval – 300 Jahre Leonhardusverehrung in Rheinbreitbach. In: Heimatjahrbuch des Kr. Neuwied 1991, S. 92

KREMER, Bruno P.: Naturschutz im Naturpark. Überlegungen zu einem Naturschutzgebiet im nördlichen Kreis Neuwied. In: Heimatjahrbuch des Kreises Neuwied, 2003, S.37-42

OEHL, H.: Monrepos – Museum für Archäologie des Eiszeitalters. In: Heimatjahrbuch des Kr. Neuwied, 1989, S. 43

REUTER, Gerhard: Die wechselvolle Geschichte der Kupfererzgrube St. Marienberg. In: Heimatjahrbuch des Kr. Neuwied 1997, S.52

REUTER, Gerhard: V-Stellungen aus dem Zweiten Weltkrieg im Wald bei Bruchhausen. In: Der Westerwald 2/1996, S. 81

RÖDER, Hans-Joachim: Wertvolle Kirchenglocken in Bruchhausen und Rheinbreitbach. In: Heimatjahrbuch des Kreises Neuwied, 2003, S.90-94

ROHFLEISCH, Martina: Die Leonarduskapelle in Rheinbreitbach. In: Heimatjahrbuch des Kreises Neuwied, 2003, S.95-98

SCHARFENSTEIN, Christa: Fronleichnam. In: Heimatverein Rheinbreitbach (Hrsg.): De Steinwäch eraff op de Bröck an. Rheinbreitbacher Heimathefte 2000.

SCHMITZ, Adalbert N.: Die Wallfahrt nach Bruchhausen. Heimatjahrbuch des Kr. Neuwied 1993, S. 65

VOLLMER, Rudolf: Der Rückgang des Weinbaus in der Bürgermeisterei Unkel. In: Heimatjahrbuch des Kr. Neuwied 1990, S. 120

VOLLMER, Rudolf: Die ehemalige jüdische Gemeinde der Bürgermeisterei Unkel. In: Heimatjahrbuch des Kr. Neuwied, 1994, S. 74

VOLLMER, Rudolf: Die Folgen der Rodung des Unkeler Rheinufers im Jahre 1783. In: Heimatjahrbuch des Kr. Neuwied 2000, S. 98

WEBER, H.: Zur Geschichte der Dampfschiffahrt auf dem Rhein. In: Heimatjahrbuch des Kreises Neuwied, 1983, S. 105

Internetadressen

Verbandsgemeinde Unkel: www.vg-unkel.de
http://liveserver2.ionas.de/rpn/vg_unkel/

Bruchhausen: www.bruchhausen.net
www.meinestadt.de/bruchhausen/home

Erpel: www.herrlichkeit-erpel.de
www.rheinreise.de/Erpel.html
www.erpel.net
www.om-maat.de
www.meinestadt.de/erpel/home

Rheinbreitbach: www.rheinbreitbach.net
http://www.rheinreise.de/Rheinbreitbach.html
www.meinestadt.de/rheinbreitbach/home

Unkel: www.geschichtsverein.unkel.org
www.rhein-wied.net/unkel/
www.rheinreise.de/Unkel.html
www.general-anzeiger-bonn.de/ region/ kommunen/**unkel**.html (Die Region / Sehenswertes)
www.meinestadt.de/unkel/home

Ausflüge: www.general-anzeiger-bonn.de / Die Region / Sehenswertes

Veranstaltungstermine: http://vg-unkel.de/ termine.htm
http://unkel.net/termine.htm
http://bruchhausen.net/termine.htm
http://rheinbreitbach.net/termine.htm
http://erpel.net/termine.htm

Siebengebirgsmuseum: www.7gmuseum.de

Tourismus Siebengebirge GmbH: www.unkel.de
www.siebengebirge.com

Wald: www.payer.de/cifor/cif03.htm
www.lpb.bwue.de/aktuell/bis/1_01/wald10.htm
www.waldschrat.net

Landwirtschaft: www.ulmer.de (Infoportal für Garten, Gartenbau, Landwirtschaft, Tiere, Pflanzen, Biologie)

Weinbau: www.deutscheweine.de (Deutsches Weininstitut - Anbaugebiete, Rebsorten, Winzer, Rezepte)
www.winety.com
www.kuw-online.de (Kontrolliert umweltschonender Weinbau Pfalz e.V.)

Rhein: www.lpd.bwue.de/aktuell/bis/2_00/ rhein05.htm: (Rheinschifffahrt)
www.wsa-minden.de/gueterschifffahrt.htm
www.EdelkrebsprojektNRW.de

Bergbau: www.fuchs-rheinbreitbach.de
www.rheinbreitbach.net/buergerverein/ bergwerksgeschichte.htm

Brauchtum: www.brauchtum.de
www.arl.lvr.de (Landschaftsverband Rheinland zum Thema »Alltagskultur im Rheinland«)

Wandern: www.reisegeschichte.de/geschich/ fussreise.htm

Wetter – Blitz-Informationsdienst: www.blids.de.

Bildquellen

Hans-Joachim Röder mit frdl. Unterstützung von **Heinz Adenauer, Willi Christmann, Willi Flor, Walburga Fuchs, Alfred Hess, Manfred Marmé, Lothar Schaack, Heribert Siebertz, Rudolf Vollmer, Olaf Willms:** Umschl. v. o., Umschl. h. r., 14, 20, 34 u., 35, 40 (2) 42 (8), 56 u., 57, 72, 74 r., 76, 82, 83, 84 r., 91, 97, 98, 100, 102, 103, 104 (3), 105, 107, 109 (4), 110, 115, 116, 118 (2), 119, 120, 122, 124, 127, 128, 129, 130 (2), 131 r., 135 (2), 137 (2), 140, 141 (2), 142, 143 (2), 144 (2), 151 (2), 153, 157, 160 (2), 164, 166, 173, 175, 176 (2), 177, 178 r., 179, 184 (2), 189, 191 (2), 193, 194, 195, 198 (2), 201, 202, 205, 207, 208, 209, 211, 212, 213, 214, 215, 217, 220, 223, 229 o., 236 r., 237 r., 238, 247, 249, 250, 252, 254, 255, 256 (2), 257 (2), 258 (3), 259 (4), 260 (3), 261 (2), 262, 263, 264, 265, 266 o., 270 (2), 271 (2), 272 (2), 273, 275 (2), 276 u., 277 (2), 278 (2), 279, 280 u., 281 (2), 282, 283 (2), 285, 286 (2), 287, 288, 301, 302, 303, 304, 307, 310, 311, 313 r., 314, 315 (2), 318, 319, 320, 322, 324, 325, 326, 333.

Martina Rohfleisch: Umschl. v. u., Umschl. h. l., 16, 17 l., 18, 19, 21, 22 (2), 23 (2), 24, 25, 26, 27 (2), 28 (3), 30, 31 (4), 34 o., 37, 38, 39, 43, 46, 47 (2), 50, 52, 54 (4), 55, 56 o., 58, 59 (29), 60 (4), 61, 65, 67, 68 (4), 70, 71 (3), 74 u., 79, 81, 84 l., 85, 87, 88, 94, 95, 117, 125, 131 l., 145, 149, 150, 154, 162, 172, 178 l., 188, 200, 206, 216, 219, 222, 224, 225, 226 (2), 227, 228, 229 u., 230, 231 (2), 232, 233, 234, 235, 236, 237, 239, 240 (2), 241, 242, 243 (2), 244 (2), 245 (2), 246, 248, 266 u., 274, 280 o., 289, 292, 293, 294, 296, 299, 306, 309, 313, 319 r., 321, 327 (2), 329, 334, 335, 336, 337, 340, 341.

Weitere: 8, 10, 148, 155, 156, 221, 284: privat; 17 r: Medenbach; 32: Londoner Psalter der Königin Maria; 33, 147: Friederike Hilscher-Ehlert; 36: Landschaftsmuseum Westerwald Hachenburg; 44, 48, 62, 64: Internet o.A.; 45: Armin Jagel; 49: Peter H. Emmert; 51, 74 o.l.: Ulrich Dohle; 63: Klaus Dichmann; 66: Ulrich Sander; 73 o., 182: Jürgen Fuchs; 73 u.: Heimatarchiv Bruchhausen; 77, 78, 276 o., 305, 332: Archiv Elmar Fuchs; 86: Manfred Adenauer; 93: Geschichtsverein Unkel; 96, 106 (2): Heimatarchiv Rheinbreitbach; 111–114 (5): Hillebrand 1972; 132 (2): Vollmer 1995; 134 (4): Ministerium für Umwelt und Naturschutz ... 2001; 136: ten Haaf; 139, 203, 204, 331: Christoph Weinkopf; 146: Johannes Hartmann; 148: privat; 155, 156: privat nach Sachsenspiegel; 159, 181: Torsten Leuchter; 169 (3), 170 (2): Rudolf Vollmer; 183: Ferdinand Eberweiser; 187 (2): Basalt AG; 196: Steffens Brauerei; 197: Rabenhorst; 199: Plump; 253: Hilde Koch; 269 (3): Archiv Fehr; 297: Panoramakarte Landkreis Neuwied, Sparkasse Neuwied; 330: Rainer Bohnet.
Karten: Landesvermessungsamt Koblenz
Trotz aller Recherchen konnten nicht alle Urheberrechtsfragen geklärt werden. Bei einem Versäumnis bitten wir um Nachricht.

Register

MEETING BUSINESS CHALLENGES
WWW.FH-BAD-HONNEF.DE
TASK
Bachelor-, Diplom- und Masterstudiengänge in
_ EVENTMANAGEMENT
NEU
_ HOTELMANAGEMENT
_ INTERNATIONALE BETRIEBSWIRTSCHAFT
_ LUFTVERKEHRSMANAGEMENT
_ TOURISMUSMANAGEMENT
Internationale Fachhochschule Bad Honnef · Bonn
Mülheimer Straße 38 · D-53604 Bad Honnef · Phone +49(0)2224-9605-102 · Fax -115

TASK
LECKERbissen
STRESSFREIE MITTAGSPAUSE?
AUSSERGEWÖHNLICH FEIERN?
BEI UNS IM ST. ANNO.
MO. 12–15 UHR
DI. 12–15 UHR
MI.–FR. 12–22 UHR
SA. 18–22 UHR
SO. 12–22 UHR
St. Anno Park Restaurant
Mülheimer Str. 38 | Hochschul-Campus Bad Honnef | www.st-anno-park.de | Phone 0 22 24 . 96 05 - 333